U0898327

中国旅游业普通高等教育应用型规划教材

旅游资源开发与管理

主编 邓爱民 张大鹏

中国旅游出版社

前言

随着《旅游法》、国务院《关于促进旅游业改革发展的若干意见》等重要法规、政策的出台，旅游业的产业地位不断加强，旅游经济发展持续繁荣，到2020年我国将成为世界上最大的旅游目的地。旅游业发展的核心要素就是旅游资源，旅游资源是旅游业发展的源泉与动力。

改革开放以来，我国对旅游资源的开发已经从粗糙式向精深化发展，旅游资源概念的内涵和外延也在不断发展和扩大。当前，对于旅游资源开发规划方面的研究已颇为丰富，相关著作、教材较多。然而，在旅游资源开发的实践过程中，诸如旅游资源产权不明、旅游资源遭到破坏等现实问题仍然较为突出。为了旅游资源的可持续利用和旅游业的永续发展，必须将旅游资源视作不可再生的资源进行系统有效的管理，从而保证旅游资源的科学合理开发。基于此，我们结合多年旅游管理教学和旅游规划实践经验，通过深入思考和文献分析，设计和编写了此书，将系统管理理念融入旅游资源开发与管理的各个环节，力求为旅游资源的有序开发和科学保护做出贡献。

本书共13章，章节顺序安排由浅及深、循序渐进、富有逻辑。本书围绕旅游资源管理所涉及的各个环节、要素进行了系统阐述，包括旅游资源调查与评价管理、产权管理、开发管理、整合管理、质量管理、环境管理、保护管理、信息管理及可持续发展管理等。同时，又按照旅游资源的类别详解了自然旅游资源、人文旅游资源、非物质文化遗产旅游资源的管理问题。

本书既注重理论性，又突出实践指导意义。每章均含有丰富的阅读材料和经典案例，作为延伸内容和专题讨论补充，力求提高教材的易读性、趣味性和实用性。总之，本书旨在培养学生科学认识旅游资源，引导学生树立科学的旅游资源开发与管理理念，成为一名合格的旅游资源开发规划人才。

本书由邓爱民、张大鹏负责拟定大纲、组织撰写和修订。各章分工为：第一章，张大鹏、万雪；第二章，张大鹏、李小飞；第三章，邓爱民、方草；第四章，张大鹏、薛丽娟；第五章，邓爱民、周兵琴；第六章，邓爱民、周伊琦；第七章，张大鹏、王灿；第八章，邓爱民、付瑜；第九章，邓爱民、万芬芬；第十章，邓爱民、廖潇竹；第十一章，邓爱民、陈雅麒；第十二章，张大鹏、曹晓丹；第十三章，邓爱民、王婷婷。本书编写过程中，参阅和引用了国内外大量的著作、论文等研究成果，向相关作者表示衷心的感谢和深深的敬意！同时，我们得到了中国旅游出版社的大力支持，在此一并表示感谢！

本书的编写，无论是体系还是内容都是一次创新和探索，加上编者学识有限，如有错误疏漏之处，期望得到读者的批评指正。

邓爱民
2015 年 11 月 6 日

目录
CONTENTS

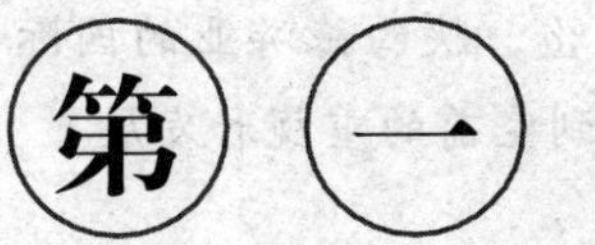

第一章 导论

【学习目标】

学习本章后，你应该能够：

1. 熟练掌握旅游资源的概念；
2. 理解旅游资源的内涵，熟记旅游资源的特点；
3. 了解旅游资源的基本属性及其分类，区分不同类型的旅游资源；
4. 理解旅游资源开发的主要理念及其开发的主要内容。

【章前引例】

2015 年 5 月，陕西省出台《关于促进旅游业改革发展的实施意见》，其中提出将加快以西安为起点的丝绸之路风情体验旅游走廊等文化旅游产品建设，打造丝绸之路旅游精品线路和项目。同时，陕西省文物局正规划将汉唐帝陵、汉传佛教祖庭、秦直道等 14 处 60 个文物旅游资源点列入陕西省下一步申遗重点对象中，通过对文化遗产的保护和开发，进一步提升陕西丝路旅游发展水平。

陕西省拥有丰富的文化遗产。1987 年，秦始皇帝陵及兵马俑坑列入世界文化遗产名录，2014 年 6 月 22 日联合国教科文组织第 38 届世界遗产大会上，由中国、哈萨克斯坦、吉尔吉斯斯坦三国联合申报的“丝绸之路：长安—天山廊道的路网”申遗成功，陕西省的汉长安城未央宫遗址、唐长安城大明宫遗址、大雁塔、小雁塔、兴教寺塔、彬县大佛寺石窟、张骞墓等正式列入《世界遗产名录》。陕西省入选的 7 处遗产点是丝绸之路从开通、发展到繁荣、鼎盛时期的重要文化遗产，是丝绸之路文化遗产的重要载体和典型代表。

联合国世界旅游组织执行干事兼亚太部主任徐京指出，文化是丝路的灵魂，目前

40%的游客因为文化的因素而出游。据悉，2014 年，陕西省全年接待境内外旅游者 3.32 亿人次，同比增长 16.5%，旅游总收入 2521.4 亿元，增长 18.1%，陕西旅游业的国际吸引力明显增强。至此，遗产点成旅游新热点，文化旅游资源得到空前的重视和发展。

第一节　旅游资源的概念、内涵与特点

一、旅游资源的概念

旅游资源属于资源的一种，要对旅游资源下定义，首先有必要了解一下什么是资源。从词义本源看，《现代汉语词典》将“资源”解释为“生产资料或生活资料的天然来源”，并引用了“地下资源”“水力资源”“旅游资源”作为运用实例；《牛津高级词典》将“resource”界定为：(1) 能为一个国家或个人带来财富的原材料；(2) 可利用的；(3) 应变能力，智力。自然资源、人类自身的智力、信息被当今世界公认为三大类资源，恰好对应于牛津词典所列的三个义项。在经济学中，“资源”是指能够用来获取财富各种要素的总称①。

根据经济学关于“资源”的定义，吸引旅游者的各种要素可总称为“旅游资源”。事实上，由于旅游业是一项新兴产业，而旅游资源相对于其他单一的传统资源，在内容和构成上都要复杂得多，因此对旅游资源的确切定义，目前国内外尚未形成统一的表述。西方学者常使用旅游吸引物（tourist attraction）的概念，旅游吸引物是指旅游地吸引旅游者的所有因素的总和，包括旅游资源、适宜的接待设施和优良的服务，甚至还包括了便捷舒适的旅游交通条件②。

在国内，虽然许多学者对旅游资源的概念进行了大量研究，但由于对旅游资源的内涵与外延的理解不同，至今还没有一个统一的认识。其中代表性的观点有：

(1) 旅游资源是构成吸引旅游者的自然和社会因素③。

(2) 旅游资源是在现实条件下，能够吸引人们产生旅游动机并进行旅游活动的各种因素的总和④。

(3) 凡能为旅游者提供观光游览、知识乐趣、度假疗养、娱乐休息、探险猎奇、考察研究、寻根访祖、宗教朝拜、商务交往以及人民友好往来的客体与劳务等，并具有开发价值者，均可称为旅游资源⑤。

---

① 宋子千．论旅游的被吸引性与旅游资源概念．旅游学刊，2006 (6)．
② 保继刚，楚义芳．旅游地理学．北京：高等教育出版社，1999.
③ 邓观利．旅游概论．天津：天津人民出版社，1983.
④ 陈传康，刘振礼．旅游资源鉴赏与开发．上海：同济大学出版社，1990.
⑤ 郭来喜．人文地理学．北京：中国大百科全书出版社，1996.

（4）旅游资源是指在自然界或人类社会中凡能对旅游者产生吸引向性、有可能被用来规划开发成旅游消费对象的各种事与物（因素）的总和①。

（5）旅游资源是指对旅游者具有吸引力的自然存在和历史文化遗产以及直接用于旅游目的的人工创造物②。

（6）能够造就对旅游者具有吸引力的自然事物、文化事物、社会事物或其他任何客观事物，都可构成旅游资源③。

（7）我国国家标准《旅游资源分类、调查与评价》（GB/T 18972—2003）将旅游资源定义为：自然界和人类社会凡能对旅游者产生吸引力，可以为旅游开发利用，并可产生经济效益、社会效益和环境效益的各种事物和因素，都可以视为旅游资源。

大体上可以将各种不同的旅游资源定义归纳为四种旅游资源观④：

观点 1：旅游资源 = 吸引旅游者前往旅游的各因素 = 旅游对象

观点 2：旅游资源 = 旅游对象的原材料

观点 3：旅游资源 = 旅游对象的原材料 + 效益产出功能

观点 4：旅游资源 = 旅游对象 + 旅游经营资源

从归类中发现，观点 1 的采纳者最多，其次是观点 3，再次为观点 2 和观点 4。用这一归类法去验证其他文献中提到的 10 种以上旅游资源定义，排序结果基本一致。

综合分析相关观点，国内学者对旅游资源含义（内涵与外延）在以下两点上达成共识：（1）旅游资源是对旅游者具有吸引力的事物（因素）；（2）这些因素包括自然和人文两大类。在以下四点上存在分歧：（1）旅游资源是否只是吸引物的“原材料”，必须“能为旅游业所利用”，并将此作为概念界定的必要条件；（2）“可产生经济、社会、环境效益”是否应成为界定旅游资源的必要条件；（3）旅游资源仅指天然资源，还是包括专为吸引旅游者而建设的人造景观（主题公园）；（4）旅游资源是仅指吸引游客前往观赏、停留的吸引物资源，还是包括各种服务和设施要素。

从另一个角度观察，4 种分歧的焦点其实聚集在一个问题上：是将旅游资源理解成旅游者活动的对象，还是旅游业活动的对象？换言之，旅游资源是可以为旅游者所用的吸引物，还是可以为旅游业所用的吸引物乃至综合物？可以看出，观点 1 以旅游者视角为基点看待资源问题，属于“旅游活动资源观”；观点 2、观点 3、观点 4 以旅游业视角为基点看待资源问题，总体属于“旅游业资源观”。

此外，国家标准《旅游资源分类、调查与评价》（GB/T 18972—2003）中将旅游资源定义为“自然界和人类社会凡能对旅游者产生吸引力，可以为旅游开发利用，并可产生经济效益、社会效益和环境效益的各种事物和因素，都可以视为旅游资源”。逻辑和

① 苏文才，孙文昌．旅游资源学．北京：高等教育出版社，1998.

② 保继刚，楚义芳．旅游地理学．北京：高等教育出版社，1999.

③ 李天元．旅游学概论．6 版．天津：南开大学出版社，2009.

④ 徐菊凤，任心慧．旅游资源与旅游吸引物：含义、关系及适用性分析．旅游学刊，2014，29（7）.

事实证明，旅游资源定义中不应该附加“为旅游业所用”“产生经济、社会、环境效益”，以及“财富形态”等限定。

同时经验表明，“能对旅游者产生吸引力”的事物和因素未必“可以为旅游业开发利用”，而“可以为旅游业开发利用”的事物和因素未必“能对旅游者产生吸引力”，自然也就没有效益的产生了。如果是从旅游行为属性出发，则“可以为旅游业开发利用”的规定成为多余，如果是从旅游业属性出发，则“能对旅游者产生吸引力”的规定成为多余。

考虑到“旅游”的各种含义，当旅游资源指的是“旅游业资源”时，它的含义应该是“能为旅游业所利用的事物和因素”，这就是杨开忠、吴必虎曾经提出的“不妨将一切参与或有利于旅游生产过程的要素与条件均视为旅游资源。它们包括自然资本资源、物质资本、人才资源、金融资本、制度资本、市场资本等”。当然，由于从宽泛意义上界定的“旅游业资源”和“旅游业生产要素”没有多大区别，因此创造“旅游业资源”一词从这个角度讲并无必要。

因此，结合经济学中对资源的定义，并借鉴国家标准《旅游资源分类、调查与评价》（GB/T 18972—2003）中对旅游资源的界定，本书从旅游者的角度（旅游行为属性）来定义旅游资源，即“自然界和人类社会凡能对旅游者产生吸引力，能使其产生旅游动机并进行旅游活动的事物和因素，都可称为旅游资源”。

二、旅游资源的内涵

旅游资源的概念由内涵与外延两部分构成。其中，旅游资源的外延随着时代的发展不断扩大，较为宽泛；而旅游资源的内涵相对明确。本书从旅游资源的本质出发，帮助读者理解其内涵。

（一）旅游资源必须具有吸引功能

吸引功能是旅游资源的最大特点，也是旅游资源理论的核心。无论是自然旅游资源，还是人文旅游资源，其共同的属性都是必须对旅游者具有吸引力，能够激发旅游者产生旅游动机。旅游资源要能向旅游者提供一定的审美和阅历，吸引游客到异地进行旅游观赏、休憩疗养、文化交流等旅游活动，以此来陶冶性情，丰富自己的精神文化生活。其吸引功能是相对于一定的旅游者而言的，具有吸引的定向性，并且在不同的历史时期，旅游资源的吸引力也各不相同。

具体来说，自然界赋予的或者人工创造的、历史遗存的客观实体复杂多样，那些不具备物质形态的文化、艺术、思想等因素，其表现形式更是名目繁多。上述内容并非都是旅游资源，只有那些对游客有一定吸引力，有可能被旅游业所利用的内容才算旅游资源。例如，优美的山、川、河、湖，奇特的虫、鱼、鸟、兽，珍贵的历史文物，淳朴、浓郁的民俗风情，优良的社会风尚，精湛的艺术表演，神奇的自然现象……它们都能对游客产生一定的吸引力，成为游客游览、参与体验、学习提高的对象。

（二）旅游资源必须具有被欣赏、被消遣的功能

随着人类科学技术的不断发展，几乎地球的每一个角落都留下了人类的足迹。极具特色的地方文化随着人们审美意识的提高也逐渐被人们当作旅游资源加以开发，由此产生的作为旅游配套支持系统的旅游业也风生水起，如酒店、旅馆、旅游购物、旅游饭店、旅游交通、旅游目的地配套基础设施的建立。但这些因素只是为了满足人们旅游活动中的基本生活需要，帮助人们实现一次旅游活动的客观载体。它们并不构成旅游资源，因为人们最开始的旅游动机肯定不是由某地的旅游接待系统激发的。

（三）旅游资源是动态发展的概念

旅游资源是一个不断发展的概念，随着社会的进步、经济的发展、科学技术水平的提高，人们旅游需求的多样化、个性化，对旅游资源的界定范围在不断扩大。那些尚未被开发利用的、且对人们具有吸引力的资源，一经开发，便会成为旅游资源；已经被开发的旅游资源经过进一步的开发和提升，仍然可视为旅游资源。物质化的（有形的）旅游资源是有限的，随着人们对资源的开发，物质化旅游资源会越来越少，人们将更多致力于非物质化（无形的）旅游资源的开发，如文化艺术、神话故事、民俗风情等，这增加了传统旅游的内容。

今后旅游资源的界定范围还将继续扩大，某些现在看来不是旅游资源的客体或因素，以后很可能会成为旅游资源。

三、旅游资源的特点

（一）区域性

区域性即地域性、区位性，是旅游资源的一个重要特征。旅游资源的形成、发展、空间分布均受到地域环境的影响，呈现出鲜明的区域特色。我国幅员辽阔，由于区域环境的不同，旅游资源也存在一定的区域差异，如热带风光、高山冰雪、沙漠驼铃、椰林竹楼、林海雪原、海市蜃楼等景象均与地理环境的不同有关。不仅自然旅游资源如此，人文旅游资源的分布也同样受到地理环境的影响。中国自古以来就是一个农业大国，人们在长期的生存发展中，为了求得更好的发展，从最初的顺应自然、适应自然到现在的改造自然、与自然和谐相处，在这个过程中，人类创造出了灿烂的文化和各种人文景观。区域地理环境的不同，以及地域之间历史、社会环境的差异，使得历代所沉淀和传承的文化也就有所差异。例如，北方的豪迈热情、坦率仗义的群体文化，南方的温婉隽秀、独立勇敢的江南情怀，这种文化的差异性体现在社会生活的方方面面，包括建筑、园林、历史古迹、城镇、社会风情等。正是这些差异特征构成了旅游资源的丰富性。

（二）不可转移性

旅游资源的区域性特征决定了旅游资源的不可转移性。旅游资源都分布在与之相适

应的地理环境和区域环境中，具有强烈的地方色彩和区域特征。离开了旅游资源自身存在的环境，它们的个性、特殊内涵及吸引力就会大大降低甚至消失。事实上，自然旅游资源本身不能迁移，如真山真水；人文旅游资源因其内在的历史性、文化性，旅游资源硬件虽易于仿造，可是对于文化的历史真实感的构建就相去甚远了。它们带给旅游者的感受毕竟不如原物，旅游意义自然也不如原地原物那么深厚。旅游资源的不可转移性也是造成旅游活动异地性的一个根本原因。

（三）重复使用性

旅游资源是构成旅游产品的核心部分，除了为旅游者提供一个异质、舒适、享受的旅游空间，还为其提供了一次特殊的体验经历。旅游者只能带走各种印象、记忆和美感，但不能把这些资源带走。因此它们可以长期供人们开发、利用、欣赏和体验。在旅游资源中，除了少部分内容在旅游活动中会被旅游者所消耗、损坏，需要通过自然繁殖、人工饲养、栽培和再生产来补充，绝大多数旅游资源都能长期重复使用，如山水风光、城镇风貌、文物古迹、园林建筑、宗教文化、社会风情等旅游资源所形成的旅游产品。但应意识到长期重复使用是相对的，在开发利用的过程中，要处理好旅游资源开发和保护的关系，进行有保护的规划和开发。

（四）吸引力的定向性

旅游资源吸引力是指旅游者对旅游资源的认知程度和向往程度在某种程度上来说是比较主观的东西。只有当人们通过自身所接触的渠道得知旅游地的吸引物确能满足其好奇心和享受欲望时，才有被吸引前往的可能性，否则便是对其毫无吸引力的资源。就某项具体的旅游资源而言，它可能对某些旅游者吸引力颇大，而对另外一些旅游者则吸引力较小甚至根本没有吸引力。因此，任何一项旅游资源都有吸引力定向的特点，只能吸引某个细分市场，而不可能对全部旅游市场都具有吸引力。在旅游资源开发中，吸引力的定向性在专项旅游产品的开发中体现得格外明显。一般来说，特色越明显、内容越丰富、影响越广泛的旅游资源就越为旅游者所向往。

第二节　旅游资源的基本属性与分类

一、旅游资源的基本属性

旅游资源的形成原因、自身特点决定了其具有四种基本属性：社会属性、文化属性、休闲属性和消费属性。

（一）社会属性

旅游是人类社会经济发展的产物，作为旅游核心要素之一的旅游资源必然也深深地打上社会属性的烙印。随着人们审美能力的提高、精神追求的变化，不同领域、各具特色的资源被纳入旅游资源的范畴并衍生了相应的旅游产品，如养老旅游、影视旅游、太空旅游、保健旅游等。人类对旅游资源进行有效的整合和创造性的利用（如都市旅游、微缩景观旅游、体育旅游），正是人类进步的一个反映。自然旅游资源和人文旅游资源都在一定程度上反映了当时人们的意识、精神状态以及社会发展的水平。

（二）文化属性

文化内涵是旅游资源的灵魂。旅游资源是一定社会文化的体现，是一定社会文化环境的产物。一般而言，旅游资源都具有与之相对应的文化内涵（文化背景），或蕴藏着一定的科学性和哲理性。正因为如此，旅游活动本身才能成为一种文化交流活动。人们通过观光、游览、参与、体验，可以获得各种美的享受，丰富知识和见闻，提高智力水平，充实人生的经历。旅游资源的文化内涵虽是其吸引旅游者的一个重要方面，但是要获得这种文化享受，往往需要旅游者具备较高的文化修养和精神境界。旅游开发者不仅要深入研究旅游资源的文化内涵，而且应该采取合理的措施使其文化内涵能充分展现在旅游者的面前，让旅游者获得更多的文化享受，增加旅游资源的吸引力。

（三）休闲属性

旅游的最终目的是通过各种娱乐和消遣性活动达到生理和心理的审美与愉悦体验，区别于为谋生而进行的劳动，也不同于为维持生计而必须从事的活动，如操持家务、烹饪等，与出于社交目的而进行的应酬交往也有区别，在旅游的整个过程中，都表现出自然、随兴、轻松、娱乐的特点，表现出与一切休闲行为相一致的品性。旅游资源的休闲属性就在于给旅游者提供一个集观赏、休闲、体验、娱乐于一体的综合空间和活动对象。人们可以通过旅游，完全地与日常生活环境隔开，从而身心得以恢复和调整，达到陶冶性情、娱悦身心的目的。

（四）消费属性

旅游行为是一种消费行为，是超出生存需要的一种高级消费形式。旅游资源作为旅游的客体和对象，只有被旅游者观赏和体验，才能实现其价值。人们观赏和体验过程的实现，是以一定价格购买旅游核心产品（以旅游资源为原型进行包装而成）为外在表现形式的。个人的流连山水，陶醉于大自然（而非人化）的美的恩赐，也是在消磨本可以用于创造财富的生产时间。只不过这种消费有别于日常消费，更加重视精神内容、追求审美体验和感受。

二、旅游资源的分类

（一）旅游资源分类的意义

1. 使众多繁杂的旅游资源条理化、系统化

旅游资源极为丰富，旅游资源具有广域性、多样性、重叠性，通过比较、认识、归纳和划分，形成一个旅游资源的分类系统，可以为人们从整体上认识旅游资源创造有利条件。反之，如果不进行旅游资源的分类，名目繁多的旅游资源个体就很难被人们所认识和利用，从而影响旅游资源开发和利用的效率。

2. 加深对旅游资源属性的认识

分类是通过搜集和分析大量旅游资源属性的共性和差异性，将其分为不同级别的过程。通过不断学习其他地区、不同要求的旅游资源分类系统，可以从不同角度加深对旅游资源特征和属性的认识，从而不断推动旅游资源新的分类系统的产生，促进相关理论水平的提高，为人们更为科学、全面认识各种旅游资源提供理论依据。

3. 更深层次地认识和评价、开发和保护旅游资源

随着旅游业的迅速发展，人们对旅游资源资料、数据的需求量正在迅速扩大，如何对这些资料和数据进行评估、排序、储存和运用，是当前十分迫切的任务。然而大多数旅游决策层还不能深刻认识旅游资源的真正价值，造成一些旅游资源开发决策的失误，导致旅游资源开发程度不高、运作水平较低。对旅游资源进行科学有效的分类，可以帮助旅游工作者顺利完成旅游资源的调查任务，进行合理的资源评价，为其后续的开发、利用和保护工作的开展提供便利条件。

综上所述，旅游资源分类的意义在于通对建立各种分类系统并对其补充和完善，加深人们对整体旅游资源或区域旅游资源属性的认识，为进一步开发、利用和保护旅游资源，科学研究旅游资源服务，从而有效地指导人们的实际工作。

（二）旅游资源分类的原则

1. 共同性与排他性原则

划分出的同一级同一类型旅游资源必须具有共同属性，不同类型之间应具有一定的差异性。

2. 标准的统一性原则

划分类型所采用的标准必须统一，只有这样，区分类型才能合理。

3. 严格系统原则

旅游资源是一个复杂的系统，分类时应逐级进行，避免出现越级划分的逻辑性错误。

（三）旅游资源分类的依据

可以根据不同的目的、要求，选取不同的标准（依据）对旅游资源进行分类。常见的分类依据主要有：

1. 按成因分类

旅游资源的成因是指旅游资源形成的基本原因和过程。旅游资源形成的原因有自然形成、人为改造和人为创造等。由此可将旅游资源分为天然赋存性旅游资源和人工创造性旅游资源。

2. 按属性分类

旅游资源的属性是指旅游资源的性质、特点、状态、形态、具体存在形式，如人文旅游资源中的历史古迹资源、陵墓资源、园林资源、宗教文化资源、社会风情资源、文学艺术资源等，单体人文旅游资源应当从属于上述人文资源形态中的一种具体存在形式。

3. 按功能分类

旅游资源的功能是指能够满足开展旅游活动需求的作用。依据旅游资源的功能进行归类和划分，可将旅游资源分为观光游览型、参与体验型、保健疗养型、购物型、文化型、感情型等。这种分类有利于突出旅游资源的特性，从而有针对性地开发旅游产品及旅游市场。

4. 按时间分类

依据旅游资源形成的时间不同，可将旅游资源分为古代旅游资源与现代旅游资源。这是一种对旅游资源进行的比较简单的归类方法，达不到旅游资源分类的目的。

5. 按其他分类

根据分类的目的和要求不同，分类依据也不同。

按旅游资源价值和管理级别，可分为国家级旅游资源、省级旅游资源和市（县）级旅游资源。

按旅游动机，可分为心理方面的（如宗教圣地、探亲等）、精神方面的（科学知识、消遣娱乐等）、健身方面的（如运动设施、疗养院等）、经济方面的（如土特产、购物品、商务等）、政治方面的（如革命纪念地等），以及其他方面的。

按旅游资源开发利用现状，可分为开发的旅游资源、已开发或即将开发的旅游资源和尚未开发的旅游资源。

按旅游资源可持续利用潜力，可分为可再生性旅游资源（如动植物旅游资源）、不可再生性旅游资源（如地质地貌类旅游资源）以及可更新性旅游资源（如某些人文资源）。

（四）旅游资源分类的方案

1. 国外旅游资源分类方案

自20世纪50年代以来，全球旅游经济活动蓬勃发展，人们对旅游资源的认识范围不断取得新的进展，学者们对旅游资源分类的研究亦随着旅游业、旅游研究的发展而不断前进。但由于旅游资源的多样性以及随时代的延展性，目前，世界各国对旅游资源尚没有统一的分类标准和分类方法。

（1）西方主要分类方案。西方对旅游资源的分类富于人本主义色彩。其中，克劳思和尼奇在1966年提出的按照旅游资源特征与游客体验的分类方案影响深远。

①利用者导向型游憩资源。以利用者需求为导向，靠近利用者集中的人口中心（城镇），通常满足的主要是人们的日常休闲需求，如球场、动物园、一般性公园，通常由地方政府（市、县）或私人经营管理。

②资源基础型游憩资源。这类资源可以使游客获得亲近自然的体验。这类资源相对于客源地的距离不确定，主要是旅游者在中长期度假中得以利用的，如风景、历史遗迹及远足、露营、垂钓所用资源，主要是国家公园、国家森林公园、州立公园以及某些私人领地。

③中间型游憩资源。特性介于上述两者之间，主要为短期（一日游或周末度假）游憩活动所利用，游客的体验比利用者导向型游憩资源更接近自然，但比资源基础型游憩资源要更接近城市。

（2）日本主要分类方案。与西方国家不同，日本对旅游资源的分类主要着眼于目的地属性特征。1984年，末武直义在自然、人文二分法之下，将自然资源进一步分为观赏旅游资源和滞留旅游资源2大类，共41小类；将人文资源划分为文化旅游资源、社会旅游资源、产业与经济旅游资源3大类，共67小类。1997年，足羽洋保将旅游资源划分为自然资源、人文（文化）资源、社会资源、产业资源4种基本类型。其中文化资源和社会资源中又可划分为有形资源和无形资源两种情况，产业资源主要将产业旅游场所如工厂、观光农林业、观光牧场、观光渔业、展览设施等单独列为一类。

（3）世界旅游组织推荐的分类方案。世界旅游组织于1997年推荐了全国性和区域性旅游规划的理论方法，其中提出的资源类别确定为3类9组。3类指潜在供给类、现实供给类和技术资源类，其中潜在供给类包括文化景点、自然景点和旅游娱乐项目3组，现实供给类包括途径、设施、整体形象3组，技术资源类包括旅游活动的可能性、手段和地区潜力3组。

2. 我国旅游资源分类方案

我国主要的旅游资源分类方案有传统的“两分法”和国家标准《旅游资源分类、调查与评价》（GB/T 18972—2003）方案。

（1）“两分法”。所谓“两分法”分类方案，是指把旅游资源从整体上分为自然旅游资源与人文旅游资源这两大类的一种分类系统。这是目前最常见、应用最广泛的一种分类方案。该分类系统包括两大类、14个基本类型和62个类型。详见表1－1。

表1-1 旅游资源分类表

大类	基本类型	类型
（一）自然旅游资源	1. 地质	（1）岩石 （2）化石 （3）地层 （4）构造遗迹 （5）地震灾害遗迹
	2. 地貌	（1）山地 （2）峡谷 （3）喀斯特地貌 （4）风蚀风积景观 （5）冰川遗迹 （6）火山熔岩 （7）黄土景观 （8）丹霞地貌 （9）海岸与岛礁 （10）其他地貌
	3. 水域风光类	（1）河段景观 （2）湖泊与沼泽景观 （3）瀑布景观 （4）泉水景观 （5）海洋景观 （6）冰雪景观 （7）其他水体
	4. 气象气候类	（1）气象 （2）天象景观 （3）旅游气候
	5. 生物景观类	（1）植物景观 （2）动物景观 （3）动植物园
	6. 综合自然景观类	（1）自然保护区 （2）田园风光 （3）其他综合景观
（二）人文旅游资源	1. 历史遗址类旅游资源	（1）古人类遗址 （2）古战场遗址 （3）名人遗址 （4）重要史迹 （5）其他史迹

续表

大类	基本类型	类型
（二）人文旅游资源	2. 古建筑	（1）宫殿与坛庙建筑 （2）城防与军事建筑 （3）交通与水利建筑 （4）著名景观建筑 （5）起居建筑 （6）其他建筑
	3. 古典园林类	（1）皇家园林 （2）私家园林 （3）寺观园林 （4）公共游憩园林
	4. 宗教文化	（1）佛教文化 （2）道教文化 （3）伊斯兰文化 （4）基督教文化
	5. 古代陵墓类	（1）中外帝王陵墓 （2）历史名人陵墓
	6. 城镇	（1）历史文化名城 （2）现代都市 （3）特色城镇
	7. 社会风情	（1）民俗 （2）购物
	8. 文学艺术	（1）游记、诗词 （2）楹联、题刻 （3）神话传说 （4）影视、戏曲 （5）书法、绘画

（2）国家标准《旅游资源分类、调查与评价》中的分类方案。国家标准《旅游资源分类、调查与评价》（GB/T 18972—2003）中提出了一种以旅游资源调查评价为主要目的，并适用于旅游资源开发、保护、管理等方面的应用性分类方案。该分类系统包括主类、亚类、基本类型三个层次，共划分为 8 个主类、31 个亚类、155 个基本类型。详见表 1 - 2。

从具体分类情况看，相较于之前的分类体系，自然旅游资源的分类变化不大，而人文旅游资源的分类有了明显的调整，主要表现在两个方面：一是首先将“旅游商品”单列为一类旅游资源；二是将“人文活动”作为一种区域社会活动的抽象，单列为一类旅游资源。除此之外，国标还具有以下特点：

第一，国标突出了普适性和实用性，调查者可根据调查的具体情况自行增加基本类型，加强了对实际旅游资源调查工作的指导性。

第二，国标注重旅游资源的观赏属性，强调了现存状况、形态、特征等因素在资源分类划分中的作用与意义。

第三，分类体系中分别增加了综合自然旅游地和综合人文旅游地亚类，使得对旅游资源单体的区分更符合实际情况。如综合自然旅游地包括山丘型旅游地、谷地型旅游地等。这类旅游资源由多种要素和多个景点共同构成，内部联系紧密，并且在旅游资源开发与保护方向上具有相对一致性，因此，如果将其归入某一要素类型都不能真实反映该类资源的特征。

表 1－2 《旅游资源分类、调查与评价》（2003）

主类	亚类	基本类型
A 地文景观	AA 综合自然旅游地	AAA 山丘型旅游地 AAB 谷地型旅游地 AAC 沙砾石地型旅游地 AAD 滩地型旅游地 AAE 奇异自然现象 AAF 自然标志地 AAG 垂直自然地带
	AB 沉积与构造	ABA 断层景观 ABB 褶曲景观 ABC 节理景观 ABD 地层剖面 ABE 钙华与泉华 ABF 矿点矿脉与矿石积聚地 ABG 生物化石点
	AC 地质地貌过程形迹	ACA 凸峰 ACB 独峰 ACC 峰丛 ACD 石（土）林 ACE 奇特与象形山石 ACF 岩壁与岩缝 ACG 峡谷段落 ACH 沟壑地 ACI 丹霞 ACJ 雅丹 ACK 堆石洞 ACL 岩石洞与岩穴 ACM 沙丘地 ACN 岸滩

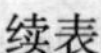
续表

8 主类	31 亚类	155 基本类型
A 地文景观	AD 自然变动遗迹	ADA 重力堆积体 ADB 泥石流堆积 ADC 地震遗迹 ADD 陷落地 ADE 火山与熔岩 ADF 冰川堆积体 ADG 冰川侵蚀遗迹
	AE 岛礁	AEA 岛区 AEB 岩礁
B 水域风光	BA 河段	BAA 观光游憩河段 BAB 暗河河段 BAC 古河道段落
	BB 天然湖泊与池沼	BBA 观光游憩湖区 BBB 沼泽与湿地 BBC 潭池
	BC 瀑布	BCA 悬瀑 BCB 跌水
	BD 泉	BDA 冷泉 BDB 地热与温泉
	BE 河口与海面	BEA 观光游憩海 BEB 涌潮现象 BEC 击浪现象
	BF 冰雪地	BFA 冰川观光地 BFB 长年积雪地
C 生物景观	CA 树木	CAA 林地 CAB 丛树 CAC 独树
	CB 草原与草地	CBA 草地 CBB 疏林草地
	CC 花卉地	CCA 草场花卉地 CCB 林间花卉地
	CD 野生动物栖息地	CDA 水生动物栖息地 CDB 陆地动物栖息地 CDC 鸟类栖息地 CDD 蝶类栖息地

续表

8 主类	31 亚类	155 基本类型
D 天象与气候景观	DA 光现象	DAA 日月星辰观察地 DAB 光环现象观察地 DAC 海市蜃楼现象多发地
	DB 天气与气候现象	DBA 云雾多发区 DBB 避暑气候地 DBC 避寒气候地 DBD 极端与特殊气候显示地 DBE 物候景观
E 遗址遗迹	EA 史前人类活动场所	EAA 人类活动遗址 EAB 文化层 EAC 文物散落地 EAD 原始聚落
	EB 社会经济文化活动遗址遗迹	EBA 历史事件发生地 EBB 军事遗址与古战场 EBC 废弃寺庙 EBD 废弃生产地 EBE 交通遗迹 EBF 废城与聚落遗迹 EBG 长城遗迹 EBH 烽燧
F 建筑与设施	FB 单体活动场馆	FBA 聚会接待厅堂（室） FBB 祭拜场馆 FBC 展示演示场馆 FBD 体育健身场馆 FBE 歌舞游乐场馆
	FC 景观建筑与附属型建筑	FCA 佛塔 FCB 塔形建筑物 FCC 楼阁 FCD 石窟 FCE 长城段落 FCF 城（堡） FCG 摩崖字画 FCH 碑碣（林） FCI 广场 FCJ 人工洞穴 FCK 建筑小品

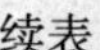

续表

8 主类	31 亚类	155 基本类型
F 建筑与设施	FD 居住地与社区	FDA 传统与乡土建筑 FDB 特色街巷 FDC 特色社区 FDD 名人故居与历史纪念建筑 FDE 书院 FDF 会馆 FDG 特色店铺 FDH 特色市场
	FE 归葬地	FEA 陵区陵园 FEB 墓（群） FEC 悬棺
	FF 交通建筑	FFA 桥 FFB 车站 FFC 港口渡口与码头 FFD 航空港 FFE 栈道
	FG 水工建筑	FGA 水库观光游憩区段 FGB 水井 FGC 运河与渠道段落 FGD 堤坝段落 FGE 灌区 FGF 提水设施
G 旅游商品	GA 地方旅游商品	GAA 菜品饮食 GAB 农林畜产品与制品 GAC 水产品与制品 GAD 中草药材及制品 GAE 传统手工产品与工艺品 GAF 日用工业品 GAG 其他物品

续表

8 主类	31 亚类	155 基本类型
H 人文活动	HA 人事记录	HAA 人物 HAB 事件
	HB 艺术	HBA 文艺团体 HBB 文学艺术作品
	HC 民间习俗	HCA 地方风俗与民间礼仪 HCB 民间节庆 HCC 民间演艺 HCD 民间健身活动与赛事 HCE 宗教活动 HCF 庙会与民间集会 HCG 饮食习俗 HCH 特色服饰
	HD 现代节庆	HDA 旅游节 HDB 文化节 HDC 商贸农事节 HDD 体育节

注：(1) 该分类方案主要是根据旅游资源的性状，即现存状况、形态、特性、特征等进行的分类；

(2) 如果发现本分类没有包括的基本类型时，使用者可自行增加。增加的基本类型可归入相应亚类，置于最后，最多可增加 2 个。编号方式为：增加第 1 个基本类型时，该亚类两位汉语拼音字母 + Z；增加第 2 个基本类型时，该亚类两位汉语拼音字母 + Y

第三节　旅游资源开发和管理的基本理念与内容

一、旅游资源开发和管理的基本理念

旅游资源开发和管理必须遵循一定的客观规律，只有在科学理论（理念）的指导下，才能合理开发和管理旅游资源。

(一) 系统化管理理念

系统是由相互联系的各个部分和要素组成的具有一定结构、关系和功能的有机整体。系统论的基本思想是：第一，要把研究或处理的对象看成一个有一定层次、顺序的系统，从整体上考虑问题；第二，特别注重各子系统、要素之间的有机联系，以及系统与外部环境之间的相互联系和相互制约的关系。

系统理论不仅为旅游资源的管理提供了认识论基础，即旅游资源是一个系统，应遵循系统本身的各种性质和功能，应从系统的观点来看待旅游资源；同时又为旅游资源的管理提供了方法论基础，即运用系统的方法开发和管理旅游资源。因此，旅游资源的管理必须通盘考虑旅游资源的价值、规模、功能、质量、空间布局、产权、社区状况、市场状况、旅游业态、旅游信息系统等诸多因素，使各个系统有规律地运行，最终实现良好的综合效益。

（二）精细化管理理念

精细化管理是一种理念，一种文化。它是一种建立在常规管理的基础上，并将常规管理引向深入的管理模式，以最大限度地减少管理所占用的资源和降低管理成本为主要目标的管理方式。旅游资源管理的目标是实现旅游资源合理、高效利用和开发，其管理内容涉及方方面面，包括旅游资源产权管理、质量管理、开发管理、保护管理、信息系统管理等。在管理的过程中，要求细分每一项管理的职责、标准和管理要求，实现管理有据、责任到人，把各项要求有效贯彻到旅游资源管理的每个环节并发挥作用，提升旅游资源管理的整体效果。

精细化管理还要求做到具体问题具体分析，把每一项管理做精、做细。旅游资源在进行精细化管理时，首先应根据旅游资源的地域分异规律，发挥本地优势，切忌照搬和抄袭。其次，对旅游资源的区划也要运用地域分异规律，寻求相对一致的旅游资源区域。只有旅游资源区划充分反映地域分异规律，各旅游区的旅游功能和特色才能明确，这对旅游资源的功能分区、开发主题与方向的确定、开发方式和管理决策等都具有重大意义。此外，还可以依据旅游资源的区位条件，确定其开发的先后次序以及开发建设规模和功能体系，避免蜂拥开发、同质化开发现象的发生。

（三）开发与保护相结合理念

旅游资源的开发利用，必须做到开发和保护并举。在进行旅游资源管理时，一方面要对旅游资源开发管理进行重点控制，优化旅游资源开发模式、规范开发程序，同时要处理好开发过程中利益相关者的关系。此外，应科学地衡量和评估旅游资源的开发效益，做到良性的循环开发。另一方面，旅游资源的保护工作应给予足够的重视，制定旅游资源保护相关的法律法规，与此同时，对自然旅游资源和人文旅游资源的保护工作应制定不同的管理对策。

（四）规范管理与创新管理相结合理念

规范管理涉及旅游资源管理的整个系统，每个子系统都需遵循规范管理的原则。如果其中一个子系统没有进行规范化管理，将会影响其他子系统的有效运营，最终对整个旅游资源管理的效果造成极大的影响。因此在实际管理过程中，对旅游资源管理的每一项内容均要严格认定标准，制定制度性的管理规范，建立旅游资源信息化管理系统，使得旅游资源开发和利用相关的一切事宜都有法可依、有章可循。从而保证旅游资源管理能有条不紊地进行，最终实现旅游资源管理的目标。

旅游资源的多样性及其分布的广域性使某些具体资源在面临开发和保护时存在特殊性，这就要求在深入分析具体问题的基础上，进行管理上的创新。

规范管理与创新管理相辅相成、相得益彰，在旅游资源管理的实践中，要做到以规范为主、以创新为辅，在规范中发现创新，在创新后形成规范，从而不断优化旅游资源管理理论和管理方法。

（五）可持续发展理念

可持续发展是指既符合当代人的利益，又不损害未来人类的发展。对旅游资源开发与经营活动的有效管理，就是要确保旅游业的可持续发展。第一，发展是硬道理，需要依托资源、依据市场发展旅游业，提高地方居民的生活水平；第二，发展中考虑可持续，包括经济、社会和环境发展的可持续性，三者相互独立，又相互影响，并互为因果；第三，在可持续中注意公平性，不仅要在相关社会群体之间寻求利益均衡，而且要在代际保持利益延续。有效保护、科学管理、积极建设旅游资源与旅游环境是旅游可持续发展的基础，在旅游开发与管理中，需要不断优化旅游资源与旅游环境的质量，凸显旅游资源的美学观赏价值、休闲康乐价值、历史文化价值、科学研究价值等，做到环境优美、生态和谐，绝不能走先破坏后保护、先污染后治理、先退化后建设的老路。

二、旅游资源开发和管理的内容

旅游资源开发和管理所涉及的内容较为丰富，包括旅游资源调查与评价管理、旅游资源产权管理、旅游资源开发管理、旅游资源整合管理、旅游资源质量管理、旅游资源环境管理、旅游资源保护管理、旅游资源信息管理、自然旅游资源管理、人文旅游资源管理、非物质文化遗产旅游管理、旅游资源可持续发展管理等内容。

【本章小结】

1. 从旅游者的角度（旅游行为属性）来讲，旅游资源，即“自然界和人类社会凡能对旅游者产生吸引力，能使其产生旅游动机并进行旅游活动的事物和因素”。

2. 旅游资源的本质特点是具有吸引功能。吸引功能是旅游资源的最大特点，也是旅游资源理论的核心。

3. 旅游资源是随着经济社会的发展而不断发展的，旅游资源必须具有被欣赏、被消遣的功能。

4. 旅游资源的主要特点有：区域性、不可转移性、重复使用性和吸引力的定向性。

5. 旅游资源的形成原因、自身特点决定了其具有四种基本属性：社会属性、文化属性、休闲属性和消费属性。

6. 旅游资源开发和管理必须遵循一定的客观规律。具体来讲，旅游资源开发和管理必须遵循的理念有：系统化管理理念、精细化管理理念、开发与保护相结合理念、规范管理与创新管理相结合理念和可持续发展理念。

【复习思考题】

1. 简要说明旅游资源的概念与内涵。
2. 如何认识与理解旅游资源不可转移性这一特点？
3. 我国主要的旅游资源分类方案有哪些？分类的依据是什么？
4. 旅游资源开发和管理应坚持哪些基本理念？

【案例分析】

民宿经济，把“沉睡资源”转化为发展资本，开启美丽乡村旅游新模式

民宿的魅力在于生态旅游资源的禀赋能够补足城市以及城市居民的需求，通过以民宿为载体把资源优势转化为产业优势，从而对改变农村生产生活方式、促进农村产业经济结构调整、真正实现城乡一体化产生深远影响。

在发展乡村旅游的过程中，乡村的商业化形态和城市的商业化形态势必产生冲突，同时给乡村和城市带来沟通和融合的机遇，从这一点来看，民宿已经超越了经济层面的需求，上升到文化和意识形态的需求面。在城乡一体化背景下，杭州市萧山区出台了《鼓励发展农村现代民宿经济的实施意见》，大力发展乡村民宿经济。

近年来，随着萧山区旅游业的大力发展，南部那些遗落在乡村柴火、泥土之中的旅游富矿一个个被挖掘出来。经过多年积极打造，南部旅游渐入佳境。

萧山南部旅游建设主要依托浦阳江、永兴河、杭甬新运河、青化山、大岩山、云峰山、石牛山等山水资源和历史名邑的人文资源，以“生态休闲、体验自然”为主题，通过区域旅游开发，体现浦阳江生态经济区内各类特色“生态旅游小镇”的建设特色。

这些年，随着所前杨梅节、戴村茶艺节、义桥渔浦文化节、河上年糕节等特色节庆活动的举办，萧山南部旅游的知名度进一步打响。不仅萧山本地游客纷至沓来，杭州主城区以及绍兴、诸暨、嘉兴、湖州、苏州、上海等周边地区的游客也慕名前来。现在，每到休息日，南部各镇都会迎来一拨又一拨夹杂各地方言的游客。钓鱼、登山、民俗节、农事体验……以“农家乐”为代表的休闲生态游、乡村风情游备受青睐。

而萧山“十景”中，南部占了半壁江山。响天竹风、杨岐钟声、静坞醉梅、桃源烟雨、十里香雪等特色景观，成为游客旅游的热门去处。

从南部八镇的旅游资源总量来看，该区域内有各种景点143个，其中生态自然景点57个，旅游资源类型以生态自然景观和历史人文景观为主，这些单体遍布在各个镇街与村落，这就需要进一步挖掘共性，找到资源整合点，发展民宿经济是个不错的切入点。

分析内容：萧山区是如何唤醒南部乡村的“青山绿水、田园野趣”，努力把“沉睡资源”转化为发展资本，转化为产业发展的优势，开启美丽乡村旅游新模式的？

旅游资源调查与评价管理

【学习目标】

学习本章后，你应该能够：

1. 体会调研在旅游资源开发领域中的关键作用；
2. 描述与旅游资源调查评价相关的主要研究方法，概述每一种研究方法最适用于哪些情形；
3. 区分定性与定量方法，并且描述这两种方法是如何相互补充的；
4. 列出与一手调查、二手调查有关的主要方法类型；
5. 讨论旅游资源评价过程的基本步骤。

【章前引例】

武夷山旅游景区位于我国福建省西北部，临近江西省，对外交通便捷，有公路、铁路、航空线通往全国各地，已成为福建省内部对外旅游交通的中心。目前，武夷山开辟了20多条旅游航线，北京、上海、广州、香港等城市都有通达武夷山的航班。武夷山景区基础设施完善，拥有多家宾馆、酒店，有较强的接待能力。武夷山年平均气温17.9°C，7月平均气温27°C左右，1月平均气温8°C左右，全年可游。武夷山具有优美的自然景观，其中九曲溪自然风光独树一帜，以秀水、奇峰、幽谷等诸多美景蜚声海内外。同时，武夷山的红色砂岩经长期风化剥离和流水侵蚀，形成典型的丹霞地貌。武夷山生物多样性显著，在世界上享有“蛇的王国、昆虫世界、鸟的天堂”等美誉。

武夷山文化遗存丰富，包括公元前1世纪的汉城遗址和宋代思想家朱熹学术活动的书院遗址等。此外，山上还有许多寺院、道观、亭台等古代建筑。从目前的状况来看，武夷山的国内客源市场主要集中在长江三角洲和珠江三角洲地区，国际客源市场主要分布在以新加坡、日本为主的亚洲地区。我国的北方、华中地区，以及欧洲、美洲、大洋洲的客源市场还处于初步开发阶段，前景广阔。

第一节 旅游资源调查的方法与程序

旅游资源调查与评价是旅游资源开发与规划的基础，是对旅游资源进行考察、测量、分析整理的一个综合过程。通过旅游调查可以了解旅游资源的赋存状况，掌握旅游资源的开发现状，挖掘其开发潜力；可以为旅游主管部门和规划部门制定旅游规划和进行旅游宣传提供支撑材料；可以建立旅游资源档案资料，便于进行旅游资源管理和保护。

一、旅游资源调查的方法

（一）文献分析法

旅游资源调查是一项系统、复杂、工作量巨大的工作，为了节省调查时间和费用，明确调查重点，首先应该收集现有资料，并进行统计、分析整理，有选择地使用，以避免不必要的重复劳动和盲目调查。现有旅游资源资料的收集主要包括两个方面的内容。

1. 本区和邻区旅游资源方面的资料

包括有关调查报告、各种报道、经济发展规划、报刊上发表的论文、统计年鉴、经济年鉴、统计报表、地方志、文学作品以及各类影像等资料。

2. 本区和邻区地理环境、社会环境、经济状况方面的资料

主要包括地质、地貌、水文、气候、生物、生态环境及有关经济状况等方面的文字、图表、图像和统计数据。

对收集的资料应采用统计分析法进行归类，并对其权威性、准确性、可利用性进行评价，并依此对旅游资源的分布状况进行一些必要的预测，拟出实地调查提纲，编写下一步具体调查的工作部署、人员配备、考察方法等计划书，为实地调查做好准备工作。

（二）实地调查法

只有进行实地调查，才能获得第一手资料，核实、补充各种相关资料，从而获得对旅游资源全面、系统的认识。实地调查应分三个步骤进行：

1. 全面普查

为了对当地旅游资源有个全面的了解，初步调查时应尽量做到覆盖面广，充分利用有关部门现有资料，广泛组织熟悉当地情况的各届人士召开座谈会，掌握旅游资源分布和聚集情况。

2. 系统调查

在“面上”普查的基础上，采用“线路”调查法，对旅游线路和旅游点进行系统调查，全面掌握旅游资源的位置、数量、类型、结构、质量、特色及客源状况。

3. **详细勘查**

在“面”和“线”调查的基础上，经筛选，初步拟定出具有开发价值的重点资源类型和重点资源区，并对其进行深入的调查，分析旅游资源的成因、现状、历史演变、类型结构、空间组合特点、发展趋势，以及在同类旅游资源中的地位、与周边旅游资源的比较优势。同时，还需要明确该旅游资源的自然、社会、经济和环境条件，并对投资、客源、市场、效益和旅游业的发展可能对地区经济带来的乘数效应，以及给社会、生态带来的影响，做出合理预测，从而确定该区旅游发展的重点项目和方向，最终提出可行性研究报告。

（三）遥感调查法

对于较大区域旅游资源的调查，采用遥感调查法既可以节约人力、物力，提高工作效率，又可以通过遥感图像全面掌握调查区现状，判读各景点的空间分布和组合关系，发现一些野外调查不易发现的潜在旅游资源，从而获取该地区全面、准确的资料。在人迹罕至、山高林密、坡陡谷深等地区，采用遥感调查法具有更明显的优势。

（四）区域比较法

不同的旅游资源，其景观美感等各具特征，所以无论采用哪种调查法所得到的资料，都需进行比较、评价和分析，得出其景观美的一般特征和独特特征，为其后的资源开发提供便利条件。

（五）资源图表法

将调查到的资料描绘在图件上或用一定分类方法列表表示出来，既一目了然，又便于比较。如旅游资源分布图、利用现状图，能使人们直观地看出重点资源分布状况或各种类型旅游资源的分布状况，再与其他各种图件（如工业、农业、交通、城镇分布图）重叠使用，进行综合评价比较，就可发现哪些资源应是开发重点，哪些资源暂不具备开发条件等。

二、旅游资源调查的程序

旅游资源的调查工作分三个阶段，即调研准备阶段、资料与数据搜集阶段和文本编制阶段。

（一）调研准备阶段

1. **成立调查小组**

调查小组由承担旅游资源调查工作的部门或单位如旅游局、科研机构、调查机构等负责同时吸收不同管理部门的工作人员、不同学科方向的专业人员及普通调查人员。

2. **制订工作计划**

调查的工作计划和方案，由调查小组负责人拟订。包括调查的目的、调查区域的范围、调查对象、主要调查方式、调查工作的时间表、调查的精度要求、调查小组内的人员分工、调查成果的表达方式、投入的人力与财力的预算等内容。

3. **拟订旅游资源调查表及调查问卷**

依据相关文件，结合调查区域的旅游资源分布、类型、数量的大致情况，设计旅游资源调查表和社会调查问卷，并将填表要求及调查工作中的注意事项，编制成与表格和问卷并行的书面文件。

4. **资料搜集与整理分析**

首先对二手资料（包括各种书籍、报刊、宣传材料等）进行搜集、整理和分析，以对调查区域内的基本情况形成一个大体的印象，同时将调查区域划分为若干调查小区，选定调查目标及重点，选取比例尺适中的地图编制与调查工作计划相配套的野外考察路线图。一般，根据调查对象的范围大小选取地图的比例尺，范围大的可以选取较小比例尺的地图，范围小的可以选取较大比例尺的地图。同时，对于第二手资料中介绍详尽的旅游资源，可直接填写旅游资源调查表，便于野外考察时查缺补漏。

（二）资料与数据搜集阶段

这一阶段的主要任务是准备工作，特别是在第二手资料搜集分析的基础上，由调查人员通过各种调查方法获得调查区域内旅游资源的详尽资料。

1. **调查方式**

根据这一阶段工作的详略程度，旅游资源调查分为概查、普查和详查三种方式。

（1）概查是指由于受时间、资金、人力、物力等因素的限制，在第二手资料分析整理的基础上进行的一般状况调查。主要任务是对已知点进行调查、核实、校正或根据其他专业资料对潜在旅游资源进行预测的验证。可在大范围内进行调查，确定资源的基本状况，也可在较小范围内，对指定区域做现状调查。这种方式周期短、收效快，但信息损失量大，容易对区域内旅游资源的评价造成偏差，所以在条件允许的情况下可进行普查或详查。

（2）普查是指对特定区域所进行的详细、全面的调查。开展普查工作的基本条件包括：已成立正式旅游管理或开发机构，并有一定实际工作经验和资料积累；关于普查区内旅游资源有较丰富的相关资料和数据；有可以承担普查任务的专业人员；有为实施普查及成果处理所需要的物资、设备和资金。普查工作既可以行政区（如省、市或县）为普查单元，也可选取自然区、人文区为普查单元，范围可大可小。总之，旅游资源的普查工作是一项周期长、耗资大、技术水平高的基础性工作。

（3）详查是指带有研究目的的或规划任务的调查，通常调查范围较小，可使用大比例尺地形图（1∶5000 或 1∶10000）进行。调查中通过直接测量、校核搜集的基础资料，对重点问题和地段进行专题研究，并对旅游开发所需要的外部条件进行系统调查，同时针对关键性问题提出规划性建议。这种方式目标明确、调查深入，但应以概查或普查的成果为基础，避免脱离区域背景下的单一景点的静态描述。

2. 调查方法

以上三种调查方式，只是在调查范围的大小、内容的详略、投入的多少上存在差异，实际工作中需要调查人员进行实地考察和踏勘，通过测量等手段获得具体详细的资料，以自身的专业素养对调查对象做出感性认识和理性评价，并通过与当地居民的交流深入了解与当地旅游资源密切相关的地域文化背景。在数据和资料搜集阶段，通常使用野外实地踏勘、访问座谈和问卷调查三种调查方法。

(1) 野外实地踏勘是最基本的调查方法。调查人员通过观察、踏勘、测量、填绘、摄像等形式，可以获得宝贵的第一手资料及专业人士较为客观的感性认识。旅游资源调查表、旅游资源分布图的草图，均要求在这一阶段完成。因此，要求调查者勤于观察、善于发现，及时摄录和总结。

(2) 访问座谈是旅游资源调查的一种辅助方法，它可以有效弥补由于时间短、人力不足、资金有限等因素限制而无法全面、深入了解旅游资源的缺陷。通过走访当地居民或开座谈会等方式，增加信息搜集渠道，为实地勘察提供线索、确定重点，提高勘察的质量和效率。一方面，要求预先精心设计询问或讨论的问题，便于在尽可能短的时间内引导调查对象讲述有关信息，达到调查目的；另一方面，调查对象应具有代表性，如行政人员、老年人、青年及学生、文化馆工作人员，以及当地从事地质、历史、水文、环保等研究的人员。

(3) 问卷调查是指通过行政渠道将问卷分发给各有关部门或个人填写，然后集中收回，或采取在踏勘现场由游客或当地居民填写、分散收回的方式收集有关信息。要求问卷设计合理，分发收回的程序符合问卷调查的规定，以保证调查结果的有效、合理性。

(三) 文本编制阶段

将搜集到的资料和野外考察记录进行系统的整理总结，包括：将野外考察的现场调查表格归纳整理为调查汇总表；将野外所填的草图进一步复核、分析、整理，并与原有地图和资料互相对比，做到内容与界线准确无误，形成正式图件；将野外拍摄的照片归类，附上文字说明；将野外摄制的录像进行剪辑、配音。总之，要将室内外搜集和考察获得的全部资料和数据进行分析整理，形成调查报告。旅游资源调查报告一般应包括以下内容：

1. 前言

主要包括：调查工作目的、要求，调查区位置、行政区划与归属、范围、面积，调查人员组成、工作期限和主要资料及其成果等。

2. 调查区旅游环境

主要包括：调查区的自然、社会和经济环境状况，周边地区经济、社会环境和旅游区（点）发展状况。

3. 调查区旅游资源状况

主要包括旅游资源的类型、分布、成因、特色、功能、结构、开发现状等，要附上旅游资源分布图、旅游资源分区图、旅游资源功能结构图、交通区位图、自然旅游资源一览表、人文旅游资源一览表、主要珍稀动植物名录、名胜古迹保护名录及保护级别、重要景观照片及与之密切相关的重大历史事件、名人活动以及文化艺术作品等资料。

4. 旅游资源评价

对旅游资源进行定性和定量评价，评定旅游资源的级别。要附上旅游资源类型评价图、旅游资源分区评价图和旅游资源开发效益预测图。

5. 旅游资源的开发途径、步骤和保障措施

主要阐明调查区旅游资源开发利用的现有条件、存在问题及开发利用的指导思想、战略策略、开发重点、相应措施、开发步骤等。必要时还应做出旅游资源利用区划，明确各分区的资源优势、开发利用的主导方向、重点开发的特色旅游产品和精品旅游线路等，同时要附上旅游资源开发规划设计图。

除以上内容，旅游资源调查报告还应写明主要参考文献与资料。

第二节　旅游资源评价的原则与方法

一、旅游资源评价的原则

旅游资源评价涉及面广，目前还没有形成统一的认识基础和评价标准。但为了在评价旅游资源时做到公正、客观，评价的结果准确、可靠，一般应遵循以下基本原则。

（一）全面系统的原则

旅游资源多种多样，其价值和功能也是多层次、多内容的。这要求在进行旅游资源评价时，不仅要注重对旅游资源本身的成因、特色、质量、数量等因素的评价，还要把该旅游资源所处区域的区位、环境、客源、交通、经济发展水平、建设水平等外部条件纳入评价的范畴，全面完整地进行系统评价，以能够准确地反映旅游资源的整体价值。

（二）动态发展的原则

旅游资源自身特征以及开发的外部社会经济条件，是在不断变化和发展的。这就要求旅游资源评价工作不能囿于现状，而必须遵循动态发展的原则，用发展的眼光看待变化趋势，从而对旅游资源及其开发利用前景做出积极、全面和正确的评价，但同时要注意避免一味夸大其词、盲目拔高的通病。

（三）尊重事实的原则

旅游资源评价要从客观实际出发，即在旅游资源调查的基础上，运用地理学、历史学、经济学、美学、建筑学等相关理论和知识，对旅游资源的形成、本质、属性、价值等核心内容，做出实事求是的评价。

（四）综合效益的原则

旅游资源评价是为其开发利用所服务的，而开发利用的目的是既要取得经济效益，也要取得社会效益和环境效益。因此，在旅游资源开发利用效益评价时，要兼顾经济效益、环境效益和社会效益，既要保证促进当地经济发展，又要为旅游地提供文明、健康的生活环境和蓬勃发展的社会环境，做到人与自然和谐相处。

（五）定性与定量相结合的原则

旅游资源评价可分为定性评价和定量评价。旅游资源评价必须坚持定性与定量相结合的原则，既要从理论方面进行深入全面的论证分析，又要根据一定的评价标准和评价模型，将各种评价因素予以客观量化，把定性描述用定量关系表示，使评价工作更具有操作性。

二、旅游资源评价的方法

（一）定性评价方法

定性评价主要凭借评价者的知识和经验，根据一定的评价体系对旅游资源做出主观色彩较浓厚的结论性描述。其优点是：能从客观上把握旅游资源的特色，工作量较小；其缺点是：带有较强的主观性，缺乏科学性，不便于操作。具有代表性的定性评价方法主要有以下几种：

1.“三三六”评价法

这是指卢云亭提出的有关旅游资源三大价值、三大效益、六个条件的评价体系。三大价值指旅游资源的艺术观赏价值、历史文化价值和科学考察价值；三大效益指旅游资源开发后带来的经济效益、社会效益和环境效益；六个条件指旅游资源所在地的地理位置和交通条件、景物或景类的地域组合条件、旅游景区（点）旅游容量条件、投资条件、施工条件和旅游客源市场条件。

2.“六字七标准”评价法

黄辉实提出根据资源本身美（具有美感）、古（具有悠久的历史）、名（具有名声或与名人有关）、特（具有特色）、奇（具有新奇感）、用（具有实际开发价值）六个方面和资源所处环境的季节性、环境的质量、与其他旅游资源之间的联系性、可进入性、基础结构、社会经济和市场环境七项标准进行评价。

3. 综合评价法

这是指魏小安提出的旅游资源综合评价体系。主要包括以下六个方面：一是旅游地的资源构成要素种类的多少，二是要素的单项评价，三是要素的组合情况，四是可能容纳的游客量，五是人文资源的比较，六是开发的难易程度。

4. 美感质量评价法

美感质量评价法是国外学者总结出来的，目前较公认的有四个学派：专家学派、心理物理学派、认知学派（亦称心理学派）和经验学派（亦称现象学派）。

专家学派认为凡符合形式美原则的风景就具有较高的风景质量。对风景的分析重点在于线条、形体、色彩和质地四个因素，强调多样性、奇特性、协调统一性等形式美原则在风景质量分级中的重要作用。评价工作由少数训练有素的专业人员完成，评价方法突出地表现为一系列的分级分类过程。

心理物理学派的主要思想是把风景与风景审美的关系理解为刺激/反应的关系，认为风景审美是风景和人之间共同作用的过程。该派承认人类具有普遍一致的风景审美观，相信人们对风景的审美评判是可以通过风景的自然要素来预测和定量的，于是将心理物理学的信号检测方法应用到风景评价中，通过测量公众对风景的审美态度得到一个反映风景质量的量表，然后将该量表与各风景成分之间建立起数量关系。其评价过程分四个步骤进行：一是以照片或幻灯作为工具获得公众对所展示风景的美感评价，测量公众的整体审美态度；二是确定所展示风景的基本要素；三是建立风景质量与风景的基本成分间的相关模型；四是将建立的数学模型用于同类风景的质量评估。

认知学派把风景作为人的认识空间来评价，强调风景对人的认识及情感反应上的意义，试图用人的进化过程及功能需要去解释人对风景的审美过程。例如，环境心理学家卡普兰夫妇以进化论为前提，从人的生存需要出发，提出了风景信息的观点。他们认为人在风景审美过程中，既注意风景中那些易于辨识和理解的特性，又对风景中蕴藏的具有神秘感的信息感兴趣，而同时具有这两种特性的风景质量往往比较高。

经验学派把人对风景审美评判看作人的个性及志向与情趣的表现。故其研究方法一般通过考证文学艺术家关于风景审美的文学艺术作品、考察名人的日记等方式来分析人与风景的相互作用及某种审美评判所产生的背景。同时也通过心理测量、调查访问等记述现代人对具体风景的感受和评价，这些心理调查不是简单地评判风景的优劣，而是详细描述个人经历体会及关于某风景的感受等，从而为分析某些风景价值所产生的背景和环境提供条件。

（二）定量评价方法

旅游资源的定量评价是指采用某种确定的评价模式，通过对有关数据进行加工和计算，以此对旅游资源进行量化的评价。定量评价较之定性评价，结果更直观、准确，但有一定的操作难度，且需具备对资料进行量化和对数据进行加工、计算的能力，比较费时费力。

1. 单因子评价

单因子评价是指评价者在进行旅游资源评价时，针对旅游资源的旅游功能，集中考虑某些起决定作用的典型因子，并对这些因子进行适宜性评价或优劣评判。例如：对于登山运动而言，地形和海拔就是决定因子；一个海滨浴场要想成为旅游胜地，就必须具备海滩、细沙、平潮、浪小以及阳光充足、气候宜人这几个条件。大量技术性指标的运用是单因子评价的基本特点，这种方法一般只局限于自然资源的评价，对于专项旅游尤为适宜，如对风景湖泊的评价、溶洞的资源评价、对滑雪旅游资源的评价、对地形或气候适宜性的评价等。

2. 综合多因子评价

综合多因子评价是指在考虑多个因子的基础上用一定的数学模型，对旅游资源整体价值进行综合的评价。

(1) 指数表示法

旅游资源评价指数表示法可以分为 3 步进行。

第一步，调查分析旅游资源或旅游资源所在地的开发利用现状、吸引能力及外部区域环境。要求调查所获得的资料是准确和量化的资料，从而为旅游资源评价结果的数量化提供数据资料。

第二步，调查旅游需求。具体内容包括旅游需求量、旅游者的构成、旅游者的平均逗留时间、旅游消费需求结构及节律性等要素。

第三步，总评价的拟订。在前两步工作的基础上，建立表达旅游资源特质、旅游需求与旅游资源之间关系的量化模型。可采用如下公式：

$$E = \sum_{i=1}^{n} F_i W_i V_i$$

式中：

E：旅游资源的评价指数；

F_i：第 i 项旅游资源在全体旅游资源中的权重；

W_i：第 i 项旅游资源的规模指数；

V_i：旅游者对第 i 项旅游资源的需求指数；

n：旅游资源的总项数。

最后可以应用调查结果和评价指数确定旅游资源的旅游容量、密度、节律性和开发序位。将需求指数和旅游供给（游客可得性程度）结合起来，最终得到旅游资源的总价值。旅游点的潜在引力程度称为旅游资源的潜力指数，其计算公式为：

$$I = \frac{A + B}{2}$$

式中：

I：旅游资源潜力指数；

A：旅游需求值；

B：旅游供给值。

I 表示一个旅游点的实际可利用程度，代表了该旅游点所具有的旅游吸引力。但要计算出这一旅游潜力指数，就必须对 B（旅游供给）进行合理的量化。B（旅游供给）的量化是根据人们的一般感受、观察和体验，选择季节性、可进入性、准许性、重要性、脆弱性和普及性六个标准，由相关方面的专家学者对这六个标准进行评价和比较，以数字的形式决定各自的相对贡献值，并按等级由好到差排出顺序。

（2）综合评分法

综合评分法是将评价对象分解为若干评价项目，然后将评价项目进一步细分为若干因子，根据每个项目和因子的重要性赋以权重，将全部因子评价赋值分数相加，从而获得旅游资源总得分。魏小安是国内运用此类方法较早的学者，他把评价对象分解成六个评价项目：旅游资源构成要素种类、各种要素单项评价、要素组成情况、可能容纳的游客量、人文资源的比较、开发的难易程度。然后，采用以下两种方法对各个项目进行评分。第一种是等分制评价法，将各项目视为同等重要，即每个项目所占的分数相等，均为总分的1/6。每一项目又分解为若干评价要素，根据各要素对相应项目的贡献程度，按100、80、60、40、20五个等级打分，最后将六个项目的得分加总即得出资源综合评价值，其公式为：

$$F\sum_i = \sum_{P=1}^{P} PF$$

式中：

$F\sum_i$：各项目得分之和；

F：各项目的平均分；

P：被评价的项目数；

i：被评价的游览地数目。

另一种方法为差分制评价法，该方法根据各评价项目的相对重要性给出各自的权重，在评分时将各项初得分乘以对应的权重后求和，即可得到评价总分，其公式为：

$$F\sum_i = \sum_{P=1}^{P} X_P F_{Pi}$$

式中：

X_P：各自的权重；

$F\sum_i$：各项目得分之和；

F：各项目的平均分；

F_P：每项得分数；

i：被评价的游览地数目。

显然，总分越高，旅游价值就越大。

国家标准《旅游资源分类、调查与评价》采用综合评价法，利用旅游资源共有因子综合评价体系对旅游资源的单体进行评价，其评价项目有三项：资源要素价值、资源影响力和附加值。旅游资源评价赋分标准见表 2－1。

表 2－1　旅游资源评价赋分标准

评价项目	评价因子	评价依据	赋值
资源要素价值（85 分）	观赏游憩使用价值（30 分）	全部或其中一项具有极高的观赏价值、游憩价值、使用价值。	22—30
		全部或其中一项具有很高的观赏价值、游憩价值、使用价值。	13—21
		全部或其中一项具有较高的观赏价值、游憩价值、使用价值。	6—12
		全部或其中一项具有一般观赏价值、游憩价值、使用价值。	1—5
资源要素价值（85 分）	历史文化科学艺术价值（25 分）	同时或其中一项具有世界意义的历史价值、文化价值、科学价值、艺术价值。	20—25
		同时或其中一项具有全国意义的历史价值、文化价值、科学价值、艺术价值。	13—19
		同时或其中一项具有省级意义的历史价值、文化价值、科学价值、艺术价值。	6—12
		历史价值，或文化价值，或科学价值，或艺术价值具有地区意义。	1—5
	珍稀奇特程度（15 分）	有大量珍稀物种，或景观异常奇特，或此类现象在其他地区罕见。	13—15
		有较多珍稀物种，或景观奇特，或此类现象在其他地区很少见。	9—12
		有少量珍稀物种，或景观突出，或此类现象在其他地区少见。	4—8
		有个别珍稀物种，或景观比较突出，或此类现象在其他地区较多见。	1—3
	规模、丰度与概率（10 分）	独立型旅游资源单体规模、体量巨大；集合型旅游资源单体结构完美、疏密度优良级；自然景象和人文活动周期性发生或频率极高。	8—10
		独立型旅游资源单体规模、体量较大；集合型旅游资源单体结构很和谐、疏密度良好；自然景象和人文活动周期性发生或频率很高。	5—7
		独立型旅游资源单体规模、体量中等；集合型旅游资源单体结构和谐、疏密度较好；自然景象和人文活动周期性发生或频率较高。	3—4
		独立型旅游资源单体规模、体量较小；集合型旅游资源单体结构较和谐、疏密度一般；自然景象和人文活动周期性发生或频率较小。	1—2
	完整性（5 分）	形态与结构保持完整。	4—5
		形态与结构有少量变化，但不明显。	3
		形态与结构有明显变化。	2
		形态与结构有重大变化。	1

续表

评价项目	评价因子	评价依据	赋值
资源影响力（15分）	知名度和影响力（10分）	在世界范围内知名，或构成世界承认的名牌。	8—10
		在全国范围内知名，或构成全国性的名牌。	5—7
		在本省范围内知名，或构成省内的名牌。	3—4
		在本地区范围内知名，或构成本地区名牌。	1—2
资源影响力（15分）	适游期或使用范围（5分）	适宜游览的日期每年超过300天，或适宜于所有游客使用和参与。	4—5
		适宜游览的日期每年超过250天，或适宜于80%左右游客使用和参与。	3
		适宜游览的日期每年超过150天，或适宜于60%左右游客使用和参与。	2
		适宜游览的日期每年超过100天，或适宜于40%左右游客使用和参与。	1
附加值	环境保护与环境安全	已受到严重污染，或存在严重安全隐患。	−5
		已受到中度污染，或存在明显安全隐患。	−4
		已受到轻度污染，或存在一定安全隐患。	−3
		已有工程保护措施，环境安全得到保证。	3

第三节　旅游资源评价的内容

旅游资源是发展旅游业的先决条件，旅游资源吸引力的强弱是决定旅游资源开发序位的主要依据。旅游资源吸引力评价是旅游开发和规划的基本前提，从系统科学理论的角度来看，旅游资源评价的主要内容包括旅游资源单体品质评价、旅游资源系统综合评价和旅游资源开发条件评价。

一、旅游资源单体品质评价

区域旅游资源评价，首先要对旅游资源单体品质进行评价，主要评价其四大价值。

（一）观赏价值评价

观赏价值评价主要包括以下三方面的内容：

1. 形式美

重点评价景物的形态美、韵律美、动态美、色彩美、奇特美、嗅味美等。

2. 意韵美

重点分析评价风景美蕴含的社会文化内涵，即其所表现出来的人类文明程度。这种程度越丰厚，风景美的独特价值也就越大，如我国“五岳”名山之所以为世人推崇，除了它们有各具特色的天然胜景外，更由于其千年文化的积淀。经过前人鉴赏、加工、艺术化了的风景美，能给旅游者观赏游览增加丰富的内容、情趣和启迪。

3. 意境美

重点分析评价景物形象或意境的象征性。旅游资源不仅要能给游人以感官和心理上的满足，更应能使游客在思想、情感上得到启迪和升华，以达到借景抒怀、陶冶情操的更高目的，这就决定了旅游资源评价中需要深层次地挖掘其意境美。

（二）历史价值

主要评价旅游资源（如历史文化古迹及其风景名胜区中的楹联、诗画、匾额、题记、碑刻等）的历史久远性、独特性、保存完好性等。评价旅游资源历史价值时要特别注意以下两个问题：

一是旅游资源是否与重大历史事件、历史人物有关及其遗存文物古迹的数量与质量；二是旅游资源是否具有或体现了某种文化特征，或者是否与某种文化活动有密切关系。一般说来，旅游资源类型越多，产生年代越久远，保存越完好，就越珍贵，其历史价值就越大。

（三）科考价值

主要分析评价旅游资源具有的自然科学或社会科学研究价值、科学知识普及与教育功能和所反映的现代科学技术成就，及其被不同专业科教工作者进行研究考察的价值。对自然保护区、特殊自然环境区域、地质地貌旅游资源、历史古迹类旅游资源、历史文化名城类旅游资源、古典园林类旅游资源、宗教文化类旅游资源、民族民俗风情类旅游资源，要特别注意对其科考价值的评价。

（四）社会文化价值

主要分析评价旅游资源在体现社会发展状况、独特的民族文化和生产、生活方式上具有的价值。这一价值在人文旅游资源中广泛存在（如人类历史文化遗产、古代建筑、古代陵墓、历史文物、历史文化名城、民族民俗风情），在许多自然旅游资源中也同样存在。

二、旅游资源系统综合评价

仅仅对旅游资源单体品质进行评价，还难以考察各种旅游资源在整个区域的组合关系，所以必须进行旅游资源系统评价。旅游资源系统评价，主要分析评价旅游资源单体在区域旅游资源系统中的地位（资源个体与区域内同类资源相比所具有的重要程度）、类型组合（资源单体同区域内其他资源单体的关联性与功能互补性）与地域组合的级别配置关系（资源单体在区域内的空间配置关系，如空间的集中性、分散性与交通联系的便达性等)。

在旅游资源四大价值评价中，主要涉及六个条件：其一是地理区位与可进入性（因为区位优劣直接影响客源市场）；其二是景象景点地域组合度（资源分布的集群性、配合性和结构上的协调性影响开发的价值）；其三是旅游环境结构（社会经济环境结构和投资环境直接影响资源的现实性价值）；其四是自然条件（土地负荷能力和气候条件制约环境容量及景区游客容量条件，决定资源价值的发挥程度）；其五是市场客源条件（客源数量是维持和提高旅游景区经济效益的重要因素）；其六是旅游地基础设施（内部基础设施与外部联系基础设施影响游客的心理感应）。对旅游资源四大价值的评价，必须始终围绕经济效益、社会效益和环境效益这三个中心。正因如此，在旅游资源的评价过程中，只有通过对旅游客体物理特性的显性吸引力和旅游主体行动特性、心理特性的隐性吸引力的客观评价，才能较好地反映区域旅游客体价值与旅游主体感应的综合性，体现旅游资源供求双方的关系，全面衡量区域旅游资源的吸引功能，旅游资源的双向评价可以通过旅游资源的显性吸引力和隐性吸引力的评价加以实现。

(一) 旅游资源显性吸引力评价

对旅游资源显性吸引力的评价，旨在揭示旅游资源物理特性在区域空间上的向量集，深刻理解自然旅游资源（地文景观、水文景观、气候生物景观和其他自然景观）和人文旅游资源（历史古迹景观、现代建筑景观、人文景观）的内涵（物质形态方面的客观物质性因素和超物质形态方面的主观感应性因素）与外延（基本因素和推进因素），客观评价旅游资源的容量、密度、丰度、知名度、魅力度和交通畅达度，评估资源吸引力、开发潜力及在旅游景区开发中的地位，拟订旅游景区中旅游资源的结构（主次关系）和新的旅游资源的开发计划，明晰区域旅游资源开发意识，规范区域旅游开发行为。

区域旅游资源的显性吸引力评价系统是一个复杂的系统，宜采用多目标决策分析中的层次分析法，并借助判断矩阵，通过两两比较的方式确定层次中诸因素的相对重要性，同时综合决策者的判断，确定方案相对重要性的总排序。首先，应确定旅游资源评价单元和指标体系，通过对区域旅游资源的全面考虑，从众多影响因子中提炼出反映旅游资源物理特性的主要因素，使各因子之间都相互具有独立性，构成显性吸引力评价的指标体系。然后对指标体系进行处理，采用特尔菲法对各指标间的相对重要性进行评定，得出各指标的权重值。

旅游资源显性吸引力的评价，主要从以下五个方面进行：

1. 旅游容量评价

旅游开发规模必须以旅游容量为依据，因为任何一个旅游景区在一定的时间条件下和一定空间范围内所能承受的游客数量和旅游活动容纳能力都是有限的。旅游业的综合性规定着旅游极限容量受资源容量（旅游地实际容纳游客的数量）、生态环境容量（旅游地在其生态资源免受破坏的条件下所能容纳游客的数量）、人们心理容量（当地居民心理上所能接受游客的数量和游客在心理上所能容忍一定拥挤程度的游客数量）、经济发展容量和社会地域容量等多种因素的影响，因此旅游开发必须充分考虑旅游资源的极限容量和不同群体对极限容量的感知的差异。目前，有些地区的旅游开发者有意识或无意识总是期望能接待尽可能多的游客，忽视了高密度的拥挤和近距离的个人空间会使旅游者因自己对旅游资源享受程度的降低而产生不满意心理，以及单位面积内游客密度过高对旅游资源可能造成的破坏等问题。这种超规模的接待，不但会破坏旅游业的自然生态平衡体系，而且会使游客对该旅游景区的好奇心和兴趣荡然无存，影响旅游业的长远效益。

2. 旅游丰度、密度和观赏时量度评价

一定地域里旅游资源的集中程度和不同类型资源组合的优化程度，反映出旅游密度、丰度和观赏时量度。旅游密度是度量旅游资源特性、规模和旅游接待的社会经济条件的重要指标之一。按其内容可分为资源密度（在一定地域上旅游资源的集中程度）、空间密度（在一定时间内旅游地所能接待或可能接待的游客量与其空间面积的比值），人口密度（在一定时间内旅游地所能接待或可能接待的游客量与其接待地人口的比值）和经济密度（接待游客活动量与接待地社会经济条件和旅游开发水平之间的比值）。一定地域空间上旅游资源密度越大，游客在单位时间内所能游览的景区就越多，对游客的吸引力就越大，开发的价值也就越高。区域旅游资源密度越大，其观赏时量和容量也就越大，游客滞留的时间就越长，旅游消费量也越多。旅游资源密度、丰度、观赏时量度大的景区应该优先开发，但切不可盲目开发。

3. 资源知名度和魅力度评价

旅游资源开发的等级和序位，要以资源知名度和魅力度为标尺。旅游资源的知名度和魅力度，在很大程度上决定着景区对游客的吸引力。旅游资源在游客心理的感知欲望和力度越大，自然旅游景观和人文旅游景观的兼容性、互补性越好，以及核心资源与其他资源集群性、协调性、地域性组合越好的旅游资源，其魅力度就越大。资源的独特性、稀有性、无可替代性和游客认同性越高，其知名度就越大。只有具有一定知名度和魅力度的旅游资源才具有开发的价值。

4. 资源区位畅达度评价

旅游资源开发能否带来兴旺发达的旅游市场，不仅取决于资源本身，还取决于其空间位置与邻近区域资源的组合结构和交通区位状况。旅游资源区位优劣主要依据现代旅游交通的畅达程度来反映，地理区位的优劣、旅途里程的远近、旅途滞留时间的长短和旅途舒适安全程度，直接影响旅游市场的大小和游客数量的多寡。区位居优，与其他旅游区联网好的资源，即使魅力度小一些，也可借助旅游热线和重点景区的连带效应适度加以开发。而那些资源魅力度虽较大，但可进入性差，与周边旅游市场联系性小的资源却不宜开发。

5. 感知距离评价

感知距离（包括空间距离、时间距离、价格距离、心理距离）是旅游者行为决策的依据。空间距离越近，旅游者对旅游目的地的信息了解一般越清楚，对目的地的情况也会越清楚，人们也因此会产生一种比实际距离更近的感觉。一般说来，由于经济能力、休闲时间和精力体力的原因，在大尺度的空间范围内，旅游者对目的地的选择主要遵循就近原则、高级别旅游目的地原则和个人欲望原则。在中小尺度的空间范围内游客并不总是就近选择旅游目的地。如果旅游客源地与旅游目的地之间的距离大于吸引距离（旅游者与目的地之间足以形成旅游吸引的距离），旅游者行为空间将随距离衰减，游客对景区的兴趣也随之衰减。时间距离（有效时间和无效时间）的度量（客源地到目的地过程所耗费的时间）包括游客在交通工具上花费的时间、中转停留的时间和旅行手续办理过程所花费的时间。价格距离指旅游者接近旅游目的地所需支付的费用，即旅游的交通费用。它是旅游花费中较大的一项支出，直接影响旅游者出游目的地远近的选择。

心理距离受政治环境、政策因素、文化关系、亲缘关系和旅游环境氛围的影响，游客在其他各项距离选择的基础上，更多地考虑各种关系和各种环境好的旅游目的地。

（二）旅游资源隐性吸引力评价

对旅游资源隐性吸引力的评价，旨在揭示旅游者对旅游资源空间偏好和环境感应的空间分布规律。主要通过旅游者对一个地区旅游资源的真实行为表现及心理感应程度，来反映旅游资源的行为特性和心理特性，从而评价区域旅游资源的开发潜力。对旅游资源隐性吸引力的评价，主要包括以下两方面内容：

1. 旅游者的旅游环境感应

旅游环境感应是旅游者对旅游环境的自然景观和人文景观、旅游信息的处理与感觉、知觉、思维、判断等的认识过程。旅游者对旅游环境感应程度是旅游者对旅游资源的心理特性的直接反映，通过旅游者对旅游环境感应满意程度的评价，可以揭示旅游资源的开发价值。但是，受年龄、性别、职业、性格、文化程度、民族风俗等方面的影响，旅游者对旅游环境感应是有所不同的，因此应借助问卷调查法，找出不同旅游者对区域旅游资源的共同感知点和差异性。

2. 旅游者的旅游空间偏好

旅游空间偏好是旅游者空间行动趋向的反映，也是旅游者对旅游资源行为特性的一种表征，主要表现在旅游者对旅游景区出游的次数。旅游者对旅游资源的空间偏好，主要受旅游资源质量、区位条件等资源显性吸引力和旅游者对旅游资源所拥有的信息量的影响，旅游资源的显性吸引力越大，旅游者对旅游资源所拥有的信息量越多，旅游者对其空间偏好度就越高。

旅游者对旅游资源的空间偏好可以借用卡德瓦拉德的消费者空间决策行为模型，根据该模型，旅游者对旅游资源的空间偏好与资源显性吸引力和信息量成正比，与距离成反比。

三、旅游资源开发条件评价

旅游资源开发条件评价，主要是对旅游资源系统以外的制约和影响开发、利用旅游资源的全部要素的分析评价。重点对旅游资源的地理区位环境、自然环境、经济环境、客源环境、政治环境及交通通信便捷程度、城市依托关系、社会基础设施条件、开发环境容量等要素进行综合分析和动态分析，从而为区域旅游资源开发过程中旅游产品定位和开发战略的选择提供科学依据。

（一）区位环境评价

旅游资源所处的地理区位、交通区位和客源区位的优劣，往往影响到旅游资源的吸引力、开发规模、线路设置和利用方向。一般情况下，旅游资源开发能否带来兴旺发达的旅游市场，不仅取决于资源本身，还取决于其空间位置与邻近区域资源的组合结构和交通区位状况。如果旅游资源与其所在区域其他旅游资源和周边地区旅游资源形成互补关系，产生聚集效应，就能够吸引更多的旅游者。反之，则会造成游客分流，从而影响旅游市场。

（二）自然环境评价

旅游资源所处地区的地形、地貌、气温、降水、植被、水文、土壤等环境要素，对资源的质量、时间节律和开发利用有着直接的影响。气候条件不但影响旅游资源开发程度、规模、利用季节，而且影响自然景观概貌和观赏性动植物的类型，从而影响旅游的淡旺季。地形、地貌、水文、气候等自然条件会影响施工环境，从而影响开发的难易程度、开发成本和受益时间。没有良好的自然环境，旅游资源价值再大，旅游市场也会受到影响。因此，在进行旅游资源评价时，必须对自然环境及其要素进行综合分析，并根据自然环境要素的作用机理和影响范围、深度等，全面弄清气候的舒适度、空气水质的优良度、地质地貌的稳定度和灾害性气候的影响程度，预测旅游资源的演化状况和后果。

（三）经济环境评价

旅游开发实质上就是经济开发。资金是旅游资源开发的必要条件，资金来源是否充裕、财力是否雄厚，直接关系到旅游开发的深度、广度、进度和开发的可能性。基础设施（交通、水，电、通信、邮政等公共设施）条件的完善程度和先进程度，直接影响到旅游资源的可进入性和旅游服务质量。城镇发展水平，直接影响旅游业发展依托条件、旅游服务设施布置的凭借条件和旅游产品提供的保证程度。居民收入水平则直接影响居民出游的条件和出游的频率，从而影响旅游市场规模的大小。

（四）社会环境评价

旅游资源所在地的改革开放程度、居民开放意识、政府及当地居民对发展旅游业的态度、地方经济发展战略、社会风俗习惯、社会治安状况、卫生保健状况、居民文化素质等因素，都直接影响旅游资源开发利用的需求、速度、质量和总体规模，应该作为评价时重点考虑的内容。

（五）客源环境评价

客源状况是决定旅游资源开发规模和开发程度的重要因素之一，没有一定规模（最低限度数量）的游客量，旅游资源开发就不可能产生良好的效益。因此，对旅游资源开发后所能吸引的客源范围、客源层次、客源特点的分析研究十分必要。只有通过客源环境评价，才能揭示主要客源市场，与主要客源地的距离及交通条件，以及主要客源地人口特征、消费水平、旅游爱好和出游时间。

【本章小结】

1. 旅游资源调查包括三个阶段：调研准备阶段、资料与数据搜集阶段和文本编制阶段。调查方法主要包括文献分析法、实地调查法、遥感调查法、区域比较法和资源图表法。

2. 旅游资源评价涉及的基本理论与知识，主要有旅游资源评价的原则、方法和内容等几个部分。旅游资源评价的内容是整个评价过程中的主体部分。

3. 旅游资源的评价工作是建立在科学的评价方法基础之上的。因此，建立健全科学的评价方法是旅游资源评价过程中的一项重要的基础性工作。旅游资源的评价可以分为定性评价与定量评价两大方法。

【复习思考题】

1. 简述旅游资源评价的原则及意义。
2. 旅游资源评价有哪些定性评价方法？
3. 影响旅游资源评价的主要因素有哪些？

【案例分析】

丹霞山旅游资源评价

坐落在广东仁化的丹霞山，峰峦奇秀，以“赤壁丹崖”的特殊景观闻名于世。有一条锦江流过丹霞，江水清澈，奇峰倒映，颇有桂林漓江之美，天造地设而成“碧水丹山画里看”的诗情画意境界。

丹霞山之美主要是一种无须雕饰的自然美。通过长期观察、感应、升华、概括，人们将其特点总结为雄、险、奇、秀、幽五个字。

丹霞山的历史悠久，从锦石岩开发到今已有900年的历史了。数百年来，前人在自然风景开发以及建筑、碑文、石刻、书法、诗词著作等方面，留下了丰富的古迹，供后人游览和欣赏。

目前山上保留了大量各个时期的古山寨和崖墓、悬棺等墓葬文化景观，有“逢山有寨，逢寨有山，逢门必险”的说法，构成山区文化遗迹的另一大特色。由于丹霞山历史上很早就成为岭南风景名山，故各代都有文人墨客赋诗题咏，刻石立碑。仅目前收到的丹霞山、韶石历代游记、开山记、诗词等已达300余篇（首）；仅丹霞山长老峰一带的摩崖、刻石、碑刻等就有几十处，形成遍布于山道旁的文化景点。丹霞山的文化遗迹是构成丹霞山旅游资源的一个重要组成部分，尚有待进一步发掘。

丹霞山发育了大大小小、各种各样的丹霞地貌类型，而且都有其典型代表，因此专家们争相对丹霞山进行研究，丹霞山的研究也就成了其他地区丹霞地貌研究的依据，以丹霞山命名一类地貌，确实当之无愧。丹霞地貌的最突出特征是山坡广泛发育赤壁丹崖，这也是区别于其他地貌的显著标志。虽然经长期流水携带的有机质沉淀或藻类植物附生，许多崖壁表面变成黑色、墨绿色，但仍显示出暗红的底色，而新鲜崖壁或流水不到的地方，则依然是“色如渥丹，灿若明霞”。至于被染黑或藻类附生的部分，却又增加了几分墨气和凝重，更显示出水墨画的韵味。赤壁丹崖是丹霞地貌的最基本要素，也是最基本的风景要素。山崖、谷壁均由它组成。其不同的组合、不同的体量，构成了丹霞山群中的石峰、石堡、石墙、石柱等各种地貌形态，构成我们现在看到的各种地貌景观。在丹霞地貌分布区，往往石块离散，群峰成林，山顶平缓，山坡直立；赤壁丹崖上色彩斑斓，洞穴累累；山与山之间高峡幽谷，清静深邃；山石造型丰富，变化万千。其雄险可比花岗岩大石，奇秀不让喀斯特峰林。而且丹霞地貌分布区内往往都有河流穿过，丹山碧水相辉映，是构成风景名山极重要的一种地貌类型。

分析内容：请以丹霞山为例，结合本章所学知识对丹霞山旅游资源进行评价。

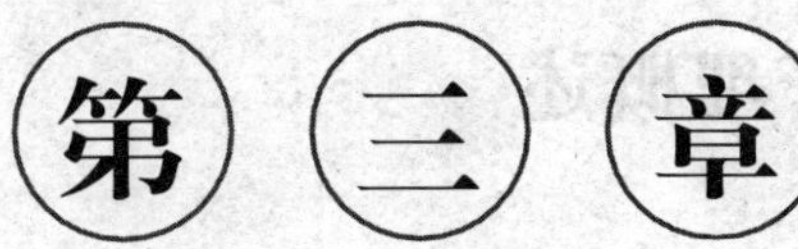

第三章 旅游资源产权管理

【学习目标】

学习本章后，你应该能够：

1. 理解旅游资源产权管理的概念，区分旅游资源产权管理模式，识别旅游资源产权管理现存的问题，评价旅游资源产权管理的意义；

2. 了解目前国外旅游资源产权管理的主要类型；

3. 基本熟悉我国公共资源产权改革的基本进程，界定我国现行旅游产权制度与旅游可持续利用的差距。

【章前引例】

旅游资源本质上属于社会资源，对人类与社会有着无可比拟的作用与效益，作为人类与社会共有的财富，其开发与利用受到大家的广泛关注，随着旅游资源过度使用所暴露的问题越来越多，旅游资源各种权益制度也被提上议程，越来越多关于公共资源、共同资源归属、权利交易、关系属性、利益发展问题的探讨直指“旅游资源产权管理”。事实上，旅游资源产权管理绝非易事，其牵涉较广，实际上的旅游资源产权管理造成的责、权、利难于界定，开发利益与成本不对等问题，容易使旅游资源开发使用出现严重混乱的局面，旅游资源产权管理涵盖地区、法人、集团与国家，所带来的联动效应轻可带来“公地悲剧”，重则破坏人类与社会的长远利益，可以想见，旅游资源产权管理不仅重要且举步维艰，在旅游业大力发展的今天，实需慎重。

目前来说，旅游资源产权管理的问题已受到重视，但旅游资源产权明晰、旅游资源产权制度仍存在较多问题，这在一定程度上束缚和妨碍了旅游资源的合理利用与可持续发展，其创新与发展值得大力探讨。

第一节　旅游资源产权管理概述

一、旅游资源产权相关概念

人们一般在使用或利用某些物体、资源时会提及归属、所有权、使用权、管理权等概念，人们对于产权的概念则显得相对陌生。例如，所有权是指所有人对自己财产所享有的占有、使用、收益和处分的权利，也称为财产所有权，它包括占有、使用、收益、处置等四项权利，而产权实则是一个较大的概念，产权包括了所有权。产权的概念是由著名的产权经济学家富鲁伯顿和佩杰里奇提出的，他们认为产权不是指人与物之间的关系，而是指由于物的存在及关于它们的使用所引起的人们之间相互认可的行为关系，产权的存在形式及实现的原则、方式、方法对经济和人们之间的利益关系起着重要甚至决定性的影响。

在我国，旅游资源一般分为自然旅游资源和人文旅游资源，其各级分类的归属权和管理权仍存在较多模糊不清的地方，关于旅游资源产权的研究，涉及产权理论、资源经济学、产权经济学、资源价格学、旅游学等方面。相比于单一的客体，如房产、物资，旅游资源产权又具有复杂性的特征，这是因为旅游资源本身包含多种分类，加上产权本身是一组权利而非一种权利，因此旅游资源产权也就不能单一进行概括。

目前关于旅游资源产权的相关解释有：(1) 旅游资源产权可以理解为旅游资源有限条件下人们使用或配置旅游资源的权利，或者说人们使用和配置旅游资源时的一种规则；(2) 旅游资源产权是由于旅游资源的存在，关于其使用所引起的人们之间相互认可的行为关系，它是旅游资源所有权和各种利用旅游资源以及义务的行为准则或规则；(3) 旅游资源产权是指在旅游开发、治理、保护、利用和管理过程中，调节地区与法人、集团，乃至国家之间使用旅游资源行为的一套规范法则。

旅游资源产权有三大特征：(1) 旅游资源的所有权主体大多是国家。(2) 政府代表国家支配旅游资源，旅游资源的行政管理很大程度上代替了旅游资源的产权管理。(3) 旅游资源管理部门分散，资源利用率较低。

旅游资源产权有四大特性：(1) 排他性。即产权主体在行使对某一特定资源的一组或单个权利时，任何其他产权主体对同一资源不能行使相同的权利。这一排他性也是任何资源产权的最核心的性质，也正是因为排他性才满足了产权主体对特定权利的垄断性。(2) 自由性和有限性。即个人或产权主体在社会界定的权利范围内自由选择使用和处置经济物品的方式，产权主体间对彼此产权有明确的界限和边界。(3) 可分解性。指产权是一组权利，可分解为多个权利。(4) 可交易性。即产权在不同的主体之间可转手和让渡。同时，旅游资源产权又有一定的特性，表现为社会公益性、外部性、保护功能具有内生性。具体说来，旅游资源属于社会所有，是惠民工程，对它的开发利用最终是为了满足大众需求，同时旅游资源的开发利用对生产和消费可能带来有利影响和不利影响。所有这些特性融于产权安排和行使的各项活动中，影响着各项资源的利用，也关系着全民应享权利的落实。

二、旅游资源产权管理模式

旅游资源产权在考虑个体或集体所有时，其效益最终会归结到个人或单位，而公共资源的产权探讨关系全民的利益，一般仍以公共资源产权管理模式为主要分析对象。“公地悲剧”就是典型代表，所谓“公地悲剧”是指当很多人共同使用一项共同资源的权利时，会存在过度使用这项资源的问题，且人都是经济人，都倾向于“搭便车”使用这一权利，结果人人都享受不到公共资源的好处。

（一）旅游资源产权管理的一般模式

旅游资源产权主体分为个人、集体、国家。私人产权性质的旅游资源，如传世文物、民居私宅、私人农庄等这类资源由私人所有，并受法律保护，产权归属清楚，权责明确，流转顺畅，管理私人化；集体产权性质的旅游资源，如集体农庄村寨、集体森林等，这类资源在生产结构转型过程中发展旅游业，成为旅游资源并延续了原有的集体所有权，由集体行使使用权、管理权和收益权等权利；企业产权性质的旅游资源，如主题公园、人造景观等，由企业全权控制资源的使用权和管理模式；国有旅游资源的管理，一般既要受到地方政府行政管理和财政约束，又要受上级主管部门管理，如住房和城乡建设部、文化部、林业局等，其经营和管理是多头领导，这些行政权力分割在旅游业发展历程中，演化出多元利益争夺格局，容易因标准和利益诉求产生矛盾。

（二）“产权分离”模式

1. 开发经营权的“脱离”

在这种产权分离管理模式下，景区管理机构代表国家和地方政府行使景区的所有权及资源保护权，而景区的开发经营权委托上市公司。这种模式在一定程度上改变了产权一体、政企不分的局面，同时引入上市公司的现代管理制度和管理经验，带动了国有产权企业化经营的发展，优势较为明显。

2.“三权分离”管理模式

即所有权、经营权、管理权三权分离。这种模式在市场上较多，可归纳为：政府职能型、政企并存型、事业单位型和企业管理型。

（1）政府职能型。旅游资源的管理机构多为地方政府，政府掌握旅游资源的开发、经营、管理权力，在行政执法、规划建设、资源保护方面有利于服务顺畅，但容易受政府“政绩工程”影响，降低旅游资源内在的利用效率。

（2）政企并存型。旅游资源管理部门享有相对独立的政府职能，主要负责规划与行政管理，其他事项通过企业开展经营，该模式侧重自主经营和管理创新。

（3）事业单位型。旅游资源的管理机构隶属于上级政府或由上级政府委托地方政府代管，是政府职能型的延续。

（4）企业管理型。以企业管理为主，或是由新成立或改组的企业取代原有的行政管理机构，或是社会企业通过行政审批特许接管旅游资源的开发、经营和管理工作，有利于旅游资源的市场化开发与经营管理，是盘活旅游资源较为有效的一种方式。在具体实践中，这四种模式混合交替出现在旅游资源产权管理的过程中。

事实上，旅游资源管理的模式没有绝对的好坏之分，企业化经营、资本化运作并不存在资源破坏的必然性，相反有可能改变以前资源保护不力的局面，而自主开发、政府主导的资源管理也不存在绝对的“风险最小、保护最好”。可以说，最佳的产权管理模式重点不在于开发主体是国家或是个人企业，关键在于是否对各利益相关者的权、责、利做了明确界定，是否正确处理了各利益相关者的关系。

三、旅游资源产权现存问题

第一，旅游资源管理部门较多，存在多头管理。依照法律规定，公共旅游资源唯一的产权主体是国家，国务院是公共旅游资源的所有权代表，按照政府行政系统进行再授权，即授权各个职能部门及各级地方政府对公共旅游资源实行分级管理。公共旅游资源根据不同性质，分属不同的职能部门管理，如森林公园由林业部门管理，地质公园由国土资源部门管理。随着旅游资源价值的攀升，各职能部门管理权力越来越大，公共旅游资源的“国家所有”事实上变为了“部门所有”，出现了产权条块分割，缺乏全局观等问题，导致旅游资源开发与管理效益大为降低。

第二，国家所有权实现形式不明晰。产权明晰包含两层含义：一是财产的归属关系明晰；二是财产在所有权主体明确的情况下，产权实现过程中不同权利主体之间的权、责、利关系明晰。理论上，公共资源归国家所有，所有权明晰，但实际上所有权并不能等于产权，即使明确了所有权主体，也不能表示明确了产权主体。同时，明确了所有权主体也在一定程度上损害了产权。除此之外，我国的产权制度，即社会化大生产条件下所有者与经营者之间产权关系存在委托代理机制，政府职能部门毕竟不是国家，这也意味着所有者代表首先失去了约束与监督，旅游资源的所有者代表从上到下，牵涉较广，没有真正的所有者，约束和监督失去了本质效用。地方政府代表国家支配公共旅游资源，行政管理代替产权管理。一方面，政府的行政指令可能会扭曲经济效率，政府在剥离旅游资源开发经营权时难以保证使用这种权利的主体可以公平、有效地利用这种权利；另一方面，产权本身的激励作用由于国家的这种代理模式和权利剥离也得不到充分发挥。

第三，存在漏洞。我国旅游资源分类较广，某些分类存在产权缺失现象。以非物质文化旅游资源为例，非物质文化旅游资源需要特定的个体或集体对其进行传承，但这些个体或团体并未因传承了非物质文化旅游资源而成为其文化产权的唯一所有者，他们是全民中的一个，并非自己文化产权的代理人，缺乏相关的保护文化产权的法律和制度。

第四，缺乏全民保护旅游资源的动机。对国有资源而言，产权制度下每个旅游者在购买门票后都获得特定时间段内的使用权，而对旅游者行使这种权利的约束较少，旅游者个人也不会主动约束自身行为或保护旅游资源，个人利益最大化动机仍占主要地位。因此，旅游者在缺乏监管和自身控制的情形下，游览行为会对旅游资源造成不可挽回的损失，加速旅游资源的消耗。

大自然可在一定限度内通过自然力和生态运动使旅游资源得到恢复，而超过这一限度便无力恢复。因此，解决好产权安排，明晰旅游资源管理中的责、权、利，对减缓旅游资源的消耗和枯竭有着重要作用。

四、建立旅游资源产权的意义

旅游资源开发与管理是一项系统的工程，其管理的有效性取决于旅游资源的有效配置与利用。在市场经济的时代背景下，要使资源得到有效配置，就必须明确生产者或是经济个体的产权，即明确生产者对于资源、财产的权、责、利，形成有限条件下的自由发展。

旅游资源是旅游业生存和发展的重要条件，也是日益稀缺的资源，无论从经济学或人类发展的角度上讲，它均应有自己的产权和配置以实现可持续发展。建立旅游资源产权制度的目的在于寻求满足可持续发展要求下的旅游资源开发和旅游资源优化配置的模式。同时，还在于寻求旅游资源管理调整和创新的理论依据以及管理体制。对于国民经济的发展，旅游资源产权及制度的明晰，通过明确政府、企业和个人在旅游资源开发利用中的权利和义务，可以纠正旅游资源利用和管理过程中权责不明、保护不力等错误行为，同时为地区与部门、企业集团、国家进行旅游资源管理提供指导，借助明晰的旅游资源产权，给旅游资源开发与管理以缓冲的空间，实现旅游资源的协调、长远发展。

第二节　国外旅游资源产权管理

世界各国或地区对于公共旅游资源的开发非常重视，一般都投入了大量的人力、财力、物力，产权实际上是一系列的权利组合，因此产权管理实际上也变成了一系列复杂的管理活动。国外公共旅游资源管理的主要模式因各国或地区社会制度、经济和历史文化等方面的差异而不同。

一、美国——中央集权式管理

美国是国家公园运动的发源地。1872 年，美国国会建立了世界上第一个国家公园——黄石国家公园。经过140多年发展，美国国家公园体系形成了管理较为完善、成熟且完备的实践模式。

美国国家公园相当于我国的自然保护区、森林公园和部分风景名胜区，其经营管理模式和运作体制主要如下：

（一）实行自上而下的垂直管理制度

国家公园管理局作为联邦政府的一部分直接实行自上而下的三级管理，即华盛顿设有管理局总部，为中央机构；在总部的领导下，再分设跨州的地区局来作为国家公园的地区管理机构，并以州界为标准来划分具体的管理范围；每座公园则实行园长负责制，并具体负责公园的综合管理事务。

（二）管理与经营相分离

国家公园的管理人员都由总局直接任命、统一调配，实行严格意义上的“特许经营制度”和“国家统一管理”模式，其管理机构注重自然遗产的保护与管理。

（三）资金来源保障

国家公园日常开支由联邦政府拨款解决，国会返还全部门票收入，用于景区基础设施建设和维护。国家公园体系作为国家遗产资源在联邦经常性财政支出中的地位有资金管理机制上的保证，同时也有社会捐赠的保障，可以大大减轻联邦政府的财政负担。

（四）严格而完善的法律制度

为保护环境与文化资源，美国已颁布了60多项法律、法规及标准，其中涉及国家公园管理局的就有20多项。

（五）资源合理利用与保护

美国国家公园进入国家公园系统首先需经过评估及严格的确认，设立一个新的公园必须满足全国性意义、适宜性、可行性三个标准。其次，为达到资源合理利用，美国将国家公园划分为自然、历史、游乐三类，进行三分式的分类管理，为民众提供游憩休息放松娱乐的场所。除此之外，美国国家公园的规划设计由政府全权负责，国家公园与州立公园在土地资源利用上面有不同分工，国家公园系统内的土地出于对资源与环境的保护不允许实行多功能利用，而州立公园作为给居民提供休闲度假的场所，允许建立游憩服务设施。

美国国家公园的成功不仅在于它建立了一套完善的国家公园管理制度，还在于从上到下实行严格的资源保护。总之，资源保护意识与文化的积淀以及前卫的理念都是成功之法。

二、德国——地方自治型管理

德国的国家公园实行的是地方管理模式，德国中央政府只负责相关的政策发布及立法层面的工作，而具体的管理工作则完全由地方政府负责。

在德国，国家公园和大部分面积较大的自然保护区均属于地区或州政府所有，其管理权也由州或其他地方政府所拥有。州政府决定自然保护工作的具体开展和执行，包括公园的建立、管理机构的设置、管理目标的制定等。国家公园管理机构分为三级，一级机构为州立环境部；二级机构为地区国家公园管理办事处；三级机构为县（市）国家公园管理办公室，它们都属于政府机构，分别隶属于各州（县、市）议会，其他参与管理的政府和非政府机构还包括联邦农业、食品和森林部，州立陆地开发和环境事务部，林业和自然保护部，欧洲公园联盟德国分部等。根据《联邦自然保护法》，德国各州可根据自己的实际情况制定自然保护方面专门的法律，类似“一区一法”。关于资金方面，德国国家公园的运营开支被纳入州公共财政进行统一安排，政府投入大部分资金，国家公园同时还可以接受社会捐赠和通过公园资源利用带来的收入作为部分营运资金。

德国国家公园发展旅游的重点在于让更多的人享受自然，主要从保护的角度通过开展旅游来实现对园内资源的合理开发和利用。德国国家公园管理中参与性的社会公众一般为相关的政府和非政府机构，个体性参与较少。

三、日本——综合型管理

日本的国家公园系统由国家公园、准国家公园及都府县政府自然公园组成。其中，国家公园一般应有超过20平方千米的核心区域，还需有若干生态系统且未因人类开发和占有而发生显著变化，动植物种类、地形地貌需具有特殊科学教育娱乐功能。其管理模式为：国家环境厅主管，自然保护委员会协管，都道府县政府、市政府以及国家公园内的各类土地所有者密切配合。法律法规方面：国家公园相关法律法规由国家环境厅制定，准国家公园适用的法律法规由国家环境厅指导、都道府县政府制定。国家公园管理人员（园长）及公园的其他员工、地方政府官员会同公园的所有者来共同执行法律法规。

日本很多土地属于私人所有，因此，无法保证某一区域划为国家公园时其土地所有权能全部归政府所有，也就是国家公园土地可能会存在一个分割、分区的状态。同时，由于土地所有形式和分区体系，日本的国家公园建设往往由政府与私人合作进行。近年来，为了保证某一区域被规划为国家公园时土地是完整的，日本政府会向私人收购土地或者尽量避开私人土地。国家公园中的公共基础设施，如道路、自然小径、野餐地、停车场、野营地、厕所灯由政府负责建设，而经营性设施如客房和交通设施一般由私人投资，这也是“综合管理”形成的一个基础。

四、总结与启示

美国、日本和德国三个国家的国家公园在管理方面有一些成功的经验值得借鉴，主要概括为以下两个方面：

第一，坚持可持续发展理念且坚持社会福利性。三个国家在公共旅游资源开发时都坚持“保护第一”的原则，这种“保护第一”可以从国家资源/动植物基因库保存的完整性、完好性方面体现出来。在建设国家公园等公共旅游资源时，它们的首要目的是保护珍贵的自然和文化资源。对于旅游资源的社会福利性，三个国家都坚决维护，如制定专门的、统一的法律，且使其具有很强的权威性。除了法律，三个国家在不同管理体制下都设立了专门的管理机构，在合理制定门票价格，安排志愿者保护活动、服务活动等大众福利事业方面都有较强的执行力，政策法规在维护大众福利方面也坚决落实并具有较强的独立性。

第二，产权界定清晰。三个国家对于资源产权主体行为都有统一的规范。例如，非政府产权主体的行为必须依照相关法律法规，同时还要接受国家政府的监督，而获得特许经营业务的开展也必须依照法律法规，同时必须与保护和利用公共资源的前提一致。对于私人产权的资源，也进行相关监督、规范，从而影响产权主体的行为。

但美国国家公园的垂直管理体系，也存在着资源主体与周边关系不能有效协调处理的问题。对于资源处置权，仍应确立专一的资源处置权，避免出现政出多头、话语权虚置等问题。同时，完善外界监督机制同样重要，这是保证制度有效执行的外部力量，强大的资金支持也是有力保障之一。

第三节　国内旅游资源产权管理

一、我国公共旅游资源产权改革的基本进程

近年来，我国旅游业发展迅速，回顾新中国成立60多年来我国旅游业的进程可以发现，以产权变革为核心的景区管理体制在不断跟随着时代变化而变化，这些以公共景区为主的产权变革历程一方面与旅游息息相关，另一方面与我国对国有资产产权体制的改革相关。以公共景区为代表的公共资源产权变革各个阶段有着不同的背景，也有着不同的改革方向、改革重点与特征。

（一）计划经济时代背景下的产权高度集中阶段

这一阶段，我国对公共景区实行行政管理，公共资源的所有权属于全体人民，政府不仅代表人民行使所有权，而且具体负责管理、接待与保护职责，所需经费与员工开支全部由国家承担。由于行政职能特色鲜明，忽视了资源的经济特性，此时公共旅游资源产权没有太多经济意义，资源能带来的收益基本没有，公共景区的门票减免等政策最大限度地体现了公共旅游资源的公益性。

（二）改革开放初期至20世纪90年代中期，产权安排属地化阶段

1978年，家庭联产承包责任制揭开了全国经济产权改革的序幕，国有资产管理实行

所有权与经营权分离等阶段性改革，同时此阶段产权的法律保护开始成形。受国资企业的“政企分开，产权适当分离”改革的影响，地方政府及景区管理机构在经济管理、公共服务等职责安排上设置了较为齐全的部门分工，管理权、经营权与监督保护权在内部实现初步的分离。1986 年，国家提出了“国家、地方、部门、集团和个人五个一起上，国内资金和国外资金一起上”的指导方针，鼓励外资和个人资本进入旅游业，随着改革开放的深入和旅游业的发展，景区市场需求不断扩大，景区迎来了发展契机，但同时国家财政拨款减少，旅游资源缺乏开发资金，景区为提高管理效率开始对产权进行分割、转让、交易。这一阶段我国旅游工作从“政治接待型”逐渐转变为“经济经营型”。旅游景区开始了管理体制的改革，具体表现有：公共景区管理权主体在法律上有了明确界定，中央开始分权放权，行政级别较低的地、县级政府拥有部分管理权，如人事任命权、资源管理权和财务管理权等。这期间，关于旅游资源的法律法规也相继完善，《风景名胜区管理暂行条例》《中华人民共和国文物保护法》《中华人民共和国自然保护区条例》等先后出台，各地区结合本地实际也纷纷制定了景区旅游资源管理的地方性法规，基本明确了由国务院资源行政主管部门及下设在地方的主管部门、地方政府及派出机构两种权能主体共同实行管理权的公共景区产权制度安排。另外，景区的经营主体开始增加民营企业、外资等，经营主体开始多样化，地方政府在辅助景区经营性服务设施建设方面也有所作为，由此，在调动地方政府积极性的同时，也减轻了当地政府财政压力，旅游业在这一时期飞速发展。

（三）20 世纪 90 年代后期至今，产权的市场化分离与政府管制阶段

这一阶段，我国大力提倡非公有制经济发展，民营资本较快地进入市场。2003 年，十六届三中全会《中共中央关于完善社会主义市场经济体制若干问题的决定》提出鼓励引导非公有制经济，为旅游业的快速发展提供了有利条件。这时期旅游资源产权开始市场化，政府与民营企业合作成为产权改革的主要推动力，但同时面对公益性淡化、国有资产流失的问题，产权改革在管制约束下变得曲折复杂。最大化地发掘公共景区资源的市场经济价值，加速了公共景区的市场化进程，改变了以往政企不分、事企不分条件下经营低效的问题，实现了国有资源和市场资本的优化组合，现代企业管理的手段更为公共景区的发展带来新局面。

二、我国现行旅游资源产权制度与旅游资源可持续利用的差距

我国市场经济体制的建立和完善在一定程度上促进了旅游资源产权市场化的发展，旅游资源在一定程度上发挥了自身效益，但与资源的可持续利用还存在差距。

从旅游资源的行政管理或使用来看，我国风景名胜区由人民政府负责其保护、利用、规划和建设，在人民政府领导下设立管理机构或完成风景名胜区的管理工作，即政府代替市场配置和使用旅游资源。同时，旅游资源的开发利用虽然有集团或个人加入，但很多集团、个人在获得旅游资源开发利用权、承包经营权时会受到很多限制，这极大

地影响了旅游资源的开发效益。当旅游资源使用者被动接受政府行政指令来支配旅游资源时，使用者往往容易忽视旅游资源的获得成本和应承担的保护义务，致使产权机制失去本应有的激励作用和约束作用。

对于旅游资源的利用年限，我国很多地方政府出台了有关旅游资源有偿使用年限的规定。举例来说，假定某旅游景区的使用年限为60年，在使用40年以后，使用者由于不知道20年以后是否还可以继续获得该使用权，就不会进行收益期限超过20年的投资，而且随着资源使用时间的递进，资源使用者对资源保护的投资也会逐渐减少。这样，长期的资源保护投资机制难以形成，旅游资源开发利用的目标也趋于短期化。旅游资源可持续利用追求的效益最大化在目前产权制度下还得不到有效保障，因此，产权制度与旅游资源的可持续发展平衡值得进一步探索。

第四节　旅游资源产权制度创新

旅游资源产权制度关系到旅游资源的市场化问题，因此不同类型的旅游资源在市场中需要明晰资源的产权初始状态，然后根据分类及产权制度进行专门、细致的定位，这样才能保证旅游资源市场化和最大效益的发挥。

旅游资源产权制度目前存在产权主体明确问题、产权内容确定问题、有效的产权契约问题。我国旅游资源产权主体看似是国家，却又因产权的分割、交易等造成“政出多头”，也就是产权主体虚置的问题。同时，产权关系也较为复杂。产权是临界于所有权之上的，也意味着主体对客体的关系和以此关系获得收益的经营权内容并不能代表产权本身的内容。产权交易和市场化必须有一定的约束与保障，即产权契约，有效的产权契约还依赖于法律法规。

针对以上问题，我们可以尝试性提出相应的对策：首先，明晰产权关系，权、责、利公平合理。作为具有激励效应的产权制度需明确政府管理机构和企业层面的权责利，从而使各职能部门对旅游资源的开发利用、使用有据可依，有量可度。其次，规范法律法规。例如，确立旅游资源所有权交易制度、确立资源交易的法律条款，通过构建旅游资源产权制度的法律支撑体系使旅游资源开发和交易有法可依，从而适应市场经济需要。最后，创新旅游资源管理机制。通过创新旅游资源的管理，明确旅游资源所有权、经营权、使用权等，使其与产权制度区分开来，促进旅游资源产权制度的细化与优化。

除上述对策，针对旅游资源的开发利用，产权制度的制定必须结合实际环境，大方向上要锁定经济效率与社会公平。经济效率是总体目标，是可持续发展思想的体现和要求，社会公平和社会福利则是决定性因素，是旅游资源产权制度设计的落脚点；内容上公共产权与私人产权都要有所涉及，确保宏观与微观兼顾、私人与公共效益统一。可设计公共产权旅游资源的制度安排模式、私人产权旅游资源的制度安排模式等。此外，变更政府职能、实现政府干预的理性退让、发展产权“中心缔约人”管理体制、搭建信息沟通平台等也是切实可行的举措。创新在于改变，一点点改变即是进步，旅游资源产权制度的创新也应步步为营。

【本章小结】

1. 旅游资源产权有三大特征和四大特性。三大特征具体表现为：旅游资源的所有权主体大多是国家；政府代表国家支配旅游资源；旅游资源管理部门分散，资源利用率较低。四大特性包括排他性、自由性和有限性、可分解性、可交易性。

2. 旅游资源产权管理模式有三种，分别为一般管理模式、产权分离模式、三权分离管理模式。

3. 国外旅游资源产权管理模式主要有美国的中央集权式管理、德国的地方自治型管理和日本的综合型管理三种。

【复习思考题】

1. 简述旅游资源产权的概念，以及产权与物权、所有权的区别。

2. 旅游资源产权界定及创新的制约因素有哪些？

3. 结合实例谈谈我国旅游资源产权创新的举措有哪些。

☞【案例分析】

乡村旅游资源“公地悲剧”

近年来，随着城市居民寻幽访古及休闲体验需求的增加，乡村旅游得到了迅猛发展。但随着开发的深入，不论是政府主导的开发模式，还是外来投资者主导的模式，抑或是集体组织主导的模式，村民个体利益之间以及个体利益与公共利益之间的矛盾逐渐凸显，村民追求短期个体利益所导致的乡村旅游资源迅速耗损和旅游品牌资产快速衰减的“公地悲剧”，已经严重地影响了乡村旅游的可持续发展。

1. 乡村旅游中的“公地悲剧”及其表现形式

从乡村旅游发展的趋势看，乡村旅游在旅游开发中充分考虑了当地居民的参与，符合从根本上解决农村经济发展和农民增收这一乡村旅游发展的初衷。但是乡村旅游资源的产权属性却是复杂的，其中，房产及家庭生活是私有产权，而乡村文化、当地整体自然环境及人文环境、乡村旅游品牌都是相关主体共同使用的公共产权，他们中的每个成员都可以利用这些资源为自己服务，但都无权排斥其他成员行使同样的权利，这显然符合“公地悲剧 ”产生的客观条件。因此，在乡村旅游开发中如果没有相应的制度设计和明晰的产权，“公地悲剧”将会不可避免地发生，主要表现在以下两方面：

（1）乡村性被削弱。乡村性是乡村旅游的核心吸引力和独特卖点。在乡村旅游过程中，乡村性的削弱可以从文化、地理空间和经济角度分析。从文化上看，商业化竞争入侵当地人的思想意识，由于缺乏保护当地文化的制度安排，村民不会主动传承当地文化，导致当地传统文化逐渐流失；从地理空间上看，许多社区居民开办了农家旅馆或从事相关旅游接待活动，开始无节制地使用公用水资源，向公共空间排放污水、废弃物与废气等，并且村民无计划地扩张经营范围造成经营用房呈现严重的城市化、现代化趋势；从经济上看，许多居民家庭放弃了农业生产，从事旅游接待活动，这些都使乡村性被大大削弱。

（2）品牌资产受损。乡村旅游品牌资产受损是由于个体追求自身利益时不注重维护整体品牌，致使其在发展过程中不断贬值。品牌资产由品牌联想、知名度、美誉度和忠诚度等构成。在乡村旅游中，乡村性的削弱容易使游客对目的地的整体品牌产生负面联想；部分村民拉客宰客、菜品质量下降等问题容易引起整体品牌美誉度和忠诚度的下降；多数村民在品牌营造和维护过程中存在“搭便车”心理，希望不用承担任何成本也能为自己带来收益，因此在农家菜的创新、卫生设施配备、目的地特质营造方面都缺乏主动性。乡村旅游市场进入的门槛较低，容易被替代，因此品牌受损极可能导致该地区乡村旅游的发展难以为继。

2. 乡村旅游中“公地悲剧”的解决模式

完全依靠群众的自觉行为无法解决“公地悲剧”，必须通过制度安排来解决这一问题。目前对“公地悲剧”的解决模式主要包括政府参与管理、私有化经营和社区自主自治三种。在乡村旅游发展中主要表现为地方政府主导、外来投资者主导和农村集体组织主导三种制度模式。它们作为乡村旅游中“公地悲剧”的解决模式都有其存在的合理性和可能性，每种制度都存在一定的激励与约束机制，有其绩效与局限性，需要客观地评价和使用。

（1）地方政府主导模式下“公地悲剧”的解决。采用地方政府主导模式，可以通过政府集中控制，如罚款、征税、补贴、行政管制等行为，避免乡村环境、文化和品牌被破坏性地使用；通过制定规章条例对污染环境、乱搭乱建等行为实施经济惩罚或行政处罚；通过规划手段对当地建筑风貌、体量进行严格控制；通过补贴方式加强当地基础设施建设。但是政府主导模式通常重视约束机制，而忽视激励机制的构建。这种模式短期效果可能非常显著，但长期来看缺乏内生激励。因此，要最终解决“公地悲剧”问题，政府需要不断加强激励机制的设计及推广，通过制度的引导实现村民品牌意识、文化意识的内增长，逐步达到约束与激励机制的均衡。

（2）外来投资者主导模式下“公地悲剧”的解决。外来投资者主导模式是通过承包经营手段，政府或集体在一段时间内将乡村资源与品牌的经营权出让给外来投资者。公共资源的私有化使承包经营者成为唯一的使用权主体，回收成本和创造利润的动机使其市场性更为明确。在承包期内，经营者需要权衡短期收益与长期成本，更多地从游客需求的角度出发关注乡村文化与环境的保护和品牌维护，注意维护与当地居民的和谐关系。但是这种制度激励较强，约束稍弱。它不能排除外来投资者在承包期内特别是临近届满时的低效率短期行为，因此政府必须采取一定的监管措施。而且在该模式中，政府往往作为当地居民代表与外来投资者讨价还价，因此需要对所采用的集体行动所必需的制度规则承担责任，做到真正代表当地居民的利益，因而需要依靠完善的监督机制规范政府的行为。

(3) 集体组织主导模式下“公地悲剧”的解决。农村集体组织主导模式是在一定规模的社区内实行社区自主自治，成立管理委员会，通过协商形成管理的秩序安排契约。通过认证和许可其他制度、规章条例的颁布，合理地使用乡村文化环境和品牌。由于这种制度是出自居民内心追求长期利益最大化的自发要求，具有较强的激励性，同时又有外在的约束机制，比较容易达到约束与激励的均衡。但这种制度有很强的假设条件：首先，当地居民要有足够强的自治意识与素质；其次，必须排除外来经营者取代当地居民的可能性；最后，管理委员会必须有足够的权威且值得信赖。

分析内容：讨论乡村旅游开发中“公地悲剧”的成因和治理模式。

第四章 旅游资源开发管理

【学习目标】

学习本章后，你应该能够：

1. 了解旅游资源开发的基本理论，包括区位理论、地域分异规律、增长极理论、景观生态学和系统理论；

2. 区分不同的旅游资源开发模式，并识别不同旅游资源开发模式的内容、特征及变化发展趋势；

3. 掌握旅游资源开发的原则、程序和方法，并结合案例进行分析；

4. 理解旅游资源开发中利益相关者管理的重要性与方法，探讨旅游资源开发中利益相关者之间存在的问题与协调机制；

5. 了解旅游资源开发效益管理的内容，并结合具体案例评价旅游资源开发效益。

【章前引例】

汉秀——冉冉升起的江城旅游新星

2014 年 12 月 20 日，由万达集团与弗兰克·德贡娱乐集团合作，倾力联袂打造的“汉秀”于武汉中央文化区正式开幕。这一融合了东方与西方、传统与科技文化的世界级舞台秀，糅合了音乐、舞蹈、杂技、高空跳水、特技动作等多种表演形式。整个剧场通过声光电的运用，辅以量身定制的拥有可移动座椅的舞台建筑，形成了非常戏剧性的科技呈现。

“汉秀”剧场以中国传统“红灯笼”形象矗立于武汉美丽的东湖之滨、水果湖畔，更凭借其独特魅力成为 2015 年江城旅游的最热景点之一。

作为典型的社会人工吸引物开发模式的成果，“汉秀”的成功给江城旅游开发带来了新思路，更代表着未来旅游新业态的发展方向。在旅游资源开发的过程中，我们不仅需要因地制宜地深度挖掘现有旅游资源，更需要打开思路，打造新的旅游资源，不断丰富旅游产品。

旅游资源开发管理，是指旅游资源开发、利用和保护过程中与管理有关的一切组织、协调、规划、建设、立法、监督、经营、保障等活动的总称。通过不断调整管理手段来解决旅游资源开发过程中的各种关系和矛盾，从而实现开发的经济、社会、环境效益的最大化。具体而言，旅游资源的开发管理应包括资源开发、利用与保护的政策、法规的制定与实施监督，旅游资源开发规划编制和实施的管理，管理机构与体制的建立健全，旅游开发活动的业务管理，资源开发与保护的技术管理等相关内容。

第一节　旅游资源开发的理论基础

旅游资源开发是一个多学科知识交互运用的创新过程，其依托的理论基础也具有多元化。本节选择具有代表性的旅游资源开发的基础理论进行论述，包括区位理论、地域分异规律、增长极理论、景观生态学和系统理论等。在旅游资源开发过程中，运用这些理论，能够把多种现实的和潜在的旅游资源有序、科学合理地组合利用，实现经济效益、社会效益和生态效益的协调发展。

一、区位理论

（一）区位理论的基本内容

区位理论是有关人类活动的空间分布及组织优化的理论，主要探索人类活动的一般空间法则。在工业化大生产之前，社会生产力水平低下，人们的生活和生产主要受制于自然，人们选择自然条件良好的有利于生产的地带聚居，生产的产品不需运输到异地而就地生产就地消费，生产成本和收益受距离的影响较小。工业革命以后，生产力水平急速提高，机器大生产代替了手工作坊，使得市场供应的产品数量和类型增多，大规模的生产降低了产品的成本。随着商品经济和市场经济地位的确定，市场成为企业竞争的对象。随着竞争的日益激烈，企业管理者发现产品竞争力很大程度上取决于运输成本和劳动力成本，于是生产的最佳区位的选择就成为企业在市场竞争中获胜的重要条件之一，区位理论应运而生。

（二）区位理论在旅游资源开发中的应用

1. 确定旅游资源开发序位

依据旅游区位因素确定旅游资源开发的序位，包括开发时间先后顺序、开发建设规模和功能体系。一般而言，根据旅游区位因素应选择开发那些旅游资源价值高、区位条件优越、区域经济背景好的资源，同时应注意在开发过程中调整好旅游业与区域内其他产业的关系，减少经济结构的不合理问题。

2. 发挥集聚效应

区位理论要求在旅游资源开发和旅游业布局时发挥集聚效应。一方面，强化资源的整体优势，增强吸引力；另一方面，提高资源和设施的利用效率，降低开发成本，获得更大的经济效益。集聚效应能够增强地区的整体旅游吸引力，提升地区整体旅游形象，区域内各个旅游企业共同使用基础设施和共享统一市场，获得旅游经济的集聚效益。但集聚效应也会造成污染集中、交通拥挤、水电供给短缺、地价上涨等问题。

3. 为旅游接待设施的选址提供理论依据

旅游设施场所的选择，既要方便游客，又要考虑保护当地旅游资源，提高旅游目的地土地的利用率。因此，不同服务性质的旅游设施，其场所选择的目标和方法不同，所考虑的因素也不同。运用区位理论指导旅游设施的选址工作时，还要考虑旅游市场、旅游者行为、客源区位、交通区位和资源区位等因素的影响。

二、地域分异规律

（一）地域分异规律的基本内容

地域分异也称区域分异，指的是地区的差异性，也即地理环境整体及各组成成分及整个景观在地表按一定的层次发生分化，并按照确定的方向发生有规律分布，形成多级自然或人文区域的现象。旅游资源的形成和分布受自然和社会发展规律的影响，在地域分布方面具有较大的复杂性，但同时也存在着明显的地域分异规律。主要表现在以下几个方面：

1. 纬度地带性

太阳辐射能受纬度影响，其分布是不均的，因此地球上不同的纬度地带会产生不同的气候分区，形成不同的地文景观、水域风光、气候景观、生物景观和天象等。同时受其影响，居民民俗、遗址遗迹、人文活动等也呈现出相应的纬度地带性分异。

2. 经度地带性

地球自西向东转以及海陆分布的不均衡，造成地表不同经度地带的降雨量和蒸发量的极大区别，从而形成不同经度地带的各种自然和人文景观。

3. 垂直地带性

地球上同一地域随海拔高度的不同会引起地貌和生物的变化，从而使旅游资源也呈现出不同的垂直地带性。

4. 不规则地带性

地球表面一些大的地形地貌单元，如高原、平原、山地、盆地、丘陵、岛屿、湖泊等，会影响单元区域内旅游资源的分布，出现不规则地带性分异。旅游资源的地域分异规律导致不同旅游地区之间的差异性，也正是这种区域差异吸引着旅游者发生空间移动。地域分异规律是旅游产生的基本因素之一，因此，旅游资源在开发过程中必须遵循地域分异规律。

（二）地域分异规律在旅游资源开发中的应用

首先，旅游资源开发要寻求差异，突出本地特色，在开发旅游资源时做到“人无我有，人有我优，人优我特”，切忌照搬、模仿、抄袭。

其次，根据地域分异规律指导旅游资源区划，根据不同性质、不同特色的旅游资源区域确定不同的开发方向、开发主题、开发方式、开发规模和管理对策。在旅游资源种类多、数量大、分布密度高的区域，应注重旅游景区的相互联系，形成旅游网络和完整的旅游地域体系，使所有的旅游资源都能有效地发挥本身的资源优势。

最后，确定不同资源地的旅游市场形象、旅游促销策略、旅游产品定位和旅游开发模式等。对于地理位置闭塞和交通运输不便的旅游资源开发要做到优质、特色浓厚、规模小；对于旅游环境优越的旅游资源开发则强调品种、层次、规格，以便适应各种游客的需要。

三、增长极理论

（一）增长极理论的基本内容

增长极理论（Growing Polar）是区域经济和社会发展过程中出现的一种发展模式。增长极是区域经济增长的中心，通过其中心作用带动区域内经济的快速稳定增长。在增长极发展初级阶段，集聚作用表现明显；在增长极发展到一定的规模后，扩散作用逐渐占据主导地位。在其发展过程中，形成了两种差异较大的观点，即主张区域平衡发展模式和主张不平衡的发展模式。

主张区域平衡发展的一方认为：区域平衡发展是在区域与区域之间、区域内部各产业部门之间以及产业内部各行业之间，基本保持同步与平衡的发展，即第一、二、三产业部门同步发展，不能偏废，以实现各产业部门之间的合作与协调。但是，区域平衡发展理论只是一种理想状态（各种资源应有尽有、区域条件优越、交通便利、经济高度发达、人力资源丰富并且质量高），没有考虑经济发展的现实条件，在区域发展中的理论指导作用不明显。

主张区域不平衡发展的一方认为：一般地区都不具备实现全面发展的实力，在发展过程中要根据不平衡发展规律，立足本地区发展的现实条件，实现有重点、有差异、有特点的发展，而不是平衡发展。增长极是区域经济增长的中心，通过其支配性的因素发挥中心作用带动区域内经济的快速稳定增长。因此，要在不同的时期选择支配全局的重点地区、重点部门进行发展，选择区位条件良好的增长极地域进行投资，其他地区则借助增长极地区的辐射作用而逐渐发展，最终实现区域的整体发展。这种模式为世界上大多数国家所采用，影响力较为深远。

（二）增长极理论在旅游资源开发中的应用

旅游资源的分布不均衡和价值不统一使得旅游资源开发必须符合增长极理论的相关要求，通过发挥旅游资源开发的增长极的聚集作用和扩散作用来推动区域旅游发展。对于区域旅游资源的开发，应选择若干资源等级高、开发潜力大、扩散能力强的旅游资源作为核心开发点，借助于重要交通干线，以该地带为发展轴进行重点开发，并带动周边地区共同开发，以形成旅游网络和“点—线—面”的开发格局。

四、景观生态学

（一）景观生态学的基本内容

景观生态学是生态学与地理学交叉融合而产生的一个新学科，以研究水平过程与景观结构（格局）的关系和变化为特色，包括物种和人的空间运动，物质（水、土、营养）和能量的流动，干扰过程（如火灾、虫害）的空间扩散等内容。

1. 景观结构

景观生态学将景观空间结构分为斑块、廊道、基质三种基本单元。

（1）斑块（patch）。斑块是指空间的点或块结构，代表与周围环境不同的、相对均质的、具有活化空间结构的性质。如景点和周围环境构成的旅游斑块。

（2）廊道（corridor）。廊道是指和两侧相邻地带不同的一种能分割或连通空间单元的特殊带状要素类型。旅游地域内的廊道类型主要是交通廊道，如旅游地域客源地之间的区外廊道、旅游地内部之间的通道系统形成的区内廊道、景点内旅游线路构成的斑内廊道等。

（3）基质（matrix）。基质是指斑块镶嵌内的背景生态系统或土地利用类型，呈面状或点状分布。如旅游地的地理环境类型及人文社会特征。

2. 景观功能

景观的功能，即与斑块、廊道和基质的功能特征有关的景观元素间能量、物种及营养成分等的流。旅游活动是游客通过特定地点和特定路径的生态流，包括客流、物流、货币流、信息流和价值流。

（1）空间异质性与生态整体性。景观异质是指在一个区域里对一种生物种类或更高级的生物组织的存在起决定作用的资源或某种性状在空间或时间上的变异程度或强度，也指空间异质性。异质性是景观功能的基础，决定空间格局的多样性，同抗干扰能力、系统稳定性和生物多样性密切相关。生态整体性是指在景观系统中“整体大于部分之和”的性质。生态整体性和空间异质性是生态旅游景观美的塑造的基础，也是生态旅游目的地可持续发展的决定性因素。

（2）景观多样性与稳定性。景观多样性是组成景观的斑块在数量、大小、现状和景观的类型、分布及其斑块间的连接性、连通性等的多样性，包括斑块多样性、类型多样性和格局多样性三种。稳定性是可持续发展的本质，景观的多样性构成生态系统景观的稳定性，它不仅反映着自然和人为干扰的程度，也是生态旅游目的地持续发展的检验指标之一。

(3) 景观变化。景观变化是景观系统在结构和功能方面随时间推移，受自然和人为的干扰而发生的变化。在生态旅游景区铺设道路，搭建天线和建筑物，一方面加大了景观破碎化程度，另一方面也影响着动植物生存的生态环境。此外，旅游者的践踏、旅游垃圾胡乱堆放等，造成植被稀少、植物多样性减少、水土流失加剧等问题，当其干扰的强度超过了旅游景观的承载能力，就会引起生态失调或失衡，造成景观的不可逆变化，最终将严重地损害旅游业的健康发展。

(二) 景观生态学在生态旅游开发中的应用

景观生态学的景观结构、功能、时间等原理，以及景观生态设计的异质性原则、整体优化原则、多样性原则、综合效益原则、个性与特殊性保护原则等，对旅游资源开发中的生态环境保护、景观多样性的设计、效益的综合考虑、资源特色的保存、生态型旅游区的建设等方面，均具有借鉴价值和参考意义，主要体现在以下三方面：

1. 开发的新思路

景观结构、景观异质性等思路可以为旅游资源开发利用，使得旅游开发对象有一个运行良好的生态系统，以提高自我调节能力。

2. 环境保护

景观生态学具体研究旅游与环境的关系，如游客的践踏对植物的影响、动物迁徙的通道与障碍影响等，这就为旅游目的地的生态环境保护提供了一定的依据。

3. 生态容量与规划标准

关于生态容量的具体研究提出了旅游规划的部分标准，如人均占有的基本空间等，为旅游的可持续奠定了理论基础。

五、系统理论

(一) 系统理论的基本内容

系统是由相互联系的各个部分和要素组成的，具有一定结构、关系和功能的有机整体。其基本思想是：一是要把研究和处理的对象看成一个系统，从整体上考虑问题；二是特别注重各子系统、要素之间的有机联系，以及系统与外部环境之间的相互联系和制约。

通常认为，旅游资源系统包括两个子系统，即自然旅游资源子系统和人文旅游资源子系统，每个旅游资源子系统都是由低一级的子系统或要素组成的。如旅游业，旅游客源、旅游地自然、社会经济状况等都是旅游资源系统的环境因素子系统，影响着旅游资源开发的价值、功能、规模、方向、空间布局和难易程度等。

（二）系统理论在旅游资源开发中的应用

旅游系统是以旅游需求为动力，通过旅游者的旅游活动使各要素相互联系、相互作用而构成的有序的整体关系，是一个动态系统、开放系统。在旅游资源开发中，要把旅游资源、环境背景、社会经济发展等诸多要素看成一个整体予以考虑，注重各要素之间的有机联系和相互制约。系统理论不仅为旅游资源的开发提供了理论基础，还提供了方法论。

1. 合理配置旅游资源

旅游资源的开发涉及范围广，包括同种资源何时、何地、何部门、使用多少的问题，以及不同种资源之间的配置效益。这就要求在开发旅游资源时全面考虑其开发价值、规模、空间布局、开发难易程度、资源的可进入性、客源市场及开发效益等多种因素，以使有限的旅游资源产生最大的综合效益。

2. 考虑旅游地域综合体

旅游地域综合体是指在一定地域范围内，旅游业各部门的有机结合，包括专门的旅游经营部门和与其协作配合的其他部门（如交通、通信、水电等）。

第二节　旅游资源开发的模式

旅游资源的种类繁多，但其开发思路和理念却具有相同性特点，即旅游资源的开发模式有很强的普适性。同时由于旅游资源性质、价值、区位条件、规模、结构以及区域经济发达程度、文化背景、法律法规、社会制度、技术条件等不同，旅游资源开发的深度和广度不一，使得旅游资源开发的模式也趋于多元化。根据影响因素和划分标准的不同，旅游资源开发的模式可归纳如下。

一、按资源类型划分

（一）自然类旅游资源开发模式

自然类旅游资源是指由地质、地貌、水体、气象气候和生物等自然地理要素所构成的，具有观赏、文化和科学价值，能吸引人们前往进行旅游活动的自然景物和环境。自然类旅游资源的开发主要是布设交通线路，协调配套的旅游设施，包括多种基础设施和旅游专用设施等。其开发模式应采用原生态少扰动模式，即在开发时应注重资源的本色特点，在满足旅游者可进入以及环境保护设施要求的前提下，尽量减少和避免人为的干扰性建设以及资源地的城市化倾向。而对于自然、人文相互交融的旅游资源，由于人类对大自然的长期作用，往往已经留下了深深的人文印迹，这类资源开发应在突出自然美的基础上，深入挖掘其文化内涵，使得自然美和人文美交相辉映、相得益彰。

（二）文物古迹类旅游资源开发模式

我国文物古迹类旅游资源极为丰富，且具有很高的开发价值。作为人类文化的瑰宝，文物古迹类旅游资源具有观光游览、考古寻迹、修学教育、学习考察、访古探幽、文化娱乐等多种功能。文物古迹类旅游资源一般都和历史文化名城相伴而生，并以历史文化名城作为依托，因此，开发文物古迹类旅游资源，主要着眼点在于历史文物古迹的整理、修缮和保护。此外，历史文化性旅游资源的开发还要与城市的总体发展规划结合起来，使历史文化名城既满足现代社会的需要，又保持其历史性和文化性。文物古迹类旅游资源开发模式可采用尊重历史、展现文化的开发模式，如遗址公园模式、博物馆模式、绿地廊道模式、大棚保护展现模式、文化演艺模式、考古互动模式、文化园区模式等，同时在开发中应坚持保护第一、可持续利用第一、在开发中保护、在保护中开发的原则。

文物类旅游资源的魅力在于其历史性、民族性、文化性和科学艺术性，其开发也应从展现资源的历史价值、科学价值、艺术价值等方面入手，重点反映和展示资源所代表的历史时期的政治、经济、文化、社会、文学艺术等发展水平及其历史意义，着力打造特色鲜明、主题突出的文物类旅游产品。

（三）社会风情类旅游资源开发模式

社会风情类旅游资源以人为载体，通过人类群体的生产劳动、日常生活、婚丧嫁娶和人际交往关系等方式体现当地独特的民风民俗和文化特征，具有观光游览、愉悦体验、文化交流、参与性游乐等旅游功能。

社会风情类旅游资源与其他旅游资源的开发方式不同，更强调参与性、动态性和体验性。因此，要尽可能地使旅游者参与到旅游地的社会活动和民俗仪式中去，让他们对当地的社会风情、民族习惯有一个切身的体验，可采用参与互动、风情展现模式，如民俗乐园模式、风情小镇模式、民俗村落模式、文化大院模式、主题公园模式、文化演艺模式、文化园区模式、文化互动模式等，通过举办各种富有当地特色的旅游活动来吸引旅游者。社会风情类旅游资源强调当地风情的原汁原味，不能单纯为了商用目的而改变或同化当地民风民情的特色。

（四）宗教文化类旅游资源开发模式

宗教文化作为人类精神财富的重要组成部分，具有深厚的哲学理念、虔诚的精神导向，深邃的文化艺术性，是一种非常重要的人文旅游资源。宗教文化类旅游资源不仅吸引了广大信徒，其神秘感也受非宗教信仰者青睐，从而客源市场广阔，具有观光游览、朝拜祭祀、猎奇探秘、参与性游乐等旅游功能。

宗教文化类旅游资源往往由深谙宗教特色和内涵的宗教组织来开发。宗教旅游活动开发的关键是吸引信徒、增加游客数量，并处理好信徒和游客的数量结构关系。同时，开发时要突出其参与性、动态表演性和神秘性，以及强烈的宗教氛围，重点展示宗教的活动特点、艺术特色、建筑物特征以及空间布局。其开发模式可采用虔诚氛围营造、宗教文化展示模式，如宗教场所（道观、寺院、寺庙、教堂等）保护展现模式、宗教活动展现模式、宗教参与互动模式、宗教旅游区模式、宗教文化园区模式等。

（五）现代人工吸引物开发模式

改革开放后，我国经济得到快速发展，交通等基础设施的不断完善，使得很多旅游资源匮乏的地区急需旅游资源的创新。一些可用于开发旅游的各种现代人工吸引物获得人们的关注，成为新的旅游资源，主要包括观光型和游乐型两种。观光型如上海东方明珠电视塔，以及北京、上海、深圳等地由整个城市新建筑群构成的现代都市风貌；游乐型如深圳世界之窗、苏州乐园等主题公园。建造人工吸引物对于那些旅游资源匮乏，但又较好地具备开展旅游的外部条件（如经济发达、交通便利、人口密集、客源丰富）的地区，是开发旅游资源最好的一种思路。

但建造人工吸引物是一种难度较大的旅游资源开发模式，尤其是在地点选择、性质与格调确定、产品定位、市场定位、规模体量、整体设计等方面都要进行认真细致的调研。建造的人工吸引物既要特色突出、个性鲜明，又要和周围的环境、已有建筑物相互协调，还要满足客源条件、大众化、娱乐性和参与性等要求。现代人工吸引物的开发模式可采用特色化互动模式，如主题公园模式、城市公园模式、娱乐场模式、仿古街区模式、文化园区模式、文化旅游区模式等。

二、按发展阶段划分

按照资源开发的发展阶段，可将旅游资源开发模式划分为资源导向型、市场导向型、形象导向型和综合导向型四种开发模式。

（一）资源导向型开发模式

资源导向型开发模式主要运用在资源开发的初级阶段，对资源进行详细普查分类、评估和分析研究，以确定适合本地旅游资源开发的空间分布和组织形式。该模式主要适用于旅游资源品位高、观赏性强、吸引力大的传统旅游开发地，同时注重深度开发。

资源导向型开发模式的优点是实施相对简单，不需要投入大量资金。其缺点是较少考虑市场、政策、开发配套条件等其他相关因素，难以适应不断变化的市场需求。

（二）市场导向型开发模式

市场导向型开发模式是通过分析旅游市场需求来进行旅游开发的模式。市场导向型开发模式的基础是旅游市场调查和市场预测，即在准确掌握旅游市场需求和变化规律后，根据市场需求，结合旅游资源特色，确定开发的主题、规模和层次。

市场导向型开发模式的优点在于开发出的旅游产品能够很好地迎合旅游市场的需要，具有很强的生命力；注重旅游资源的组合开发，带动区域间的旅游联动发展，能够促进旅游区域市场的分工、竞争与合作的有机结合。而其缺点是随着不断变化的市场需求，总要不断更新产品，旅游投入相对较多。

（三）形象导向型开发模式

形象导向型开发模式是利用旅游地的旅游形象吸引旅游者的开发模式。旅游者在选择旅游目的地时很大程度会依赖旅游开发地的知名度、美誉度、认知度及其他影响旅游地形象的因素，因此必须明确旅游资源地的文化形象和特色，从品牌的角度不断塑造旅游地的市场形象。这就要求形象导向型开发模式具备旅游资源开发的整体认识，包括旅游资源评价、开发主题选择、形象塑造、市场定位、营销策划等，系统考虑和体现旅游地的主题和特色，塑造旅游形象。

其优点是有利于资源的可持续发展。缺点是开发费用较高，开发周期相对较长。

（四）综合导向型开发模式

综合导向型开发模式是旅游资源开发发展到一定水平之后的结果，是指综合考虑资源自身的特色、市场条件、资源地形象以及区域联合开发的多个因素后，通过各种要素形成旅游资源开发理念。该模式不仅关注旅游资源的特色，同时重视旅游市场的引导，具有较强的主动性。

综合导向型开发模式的优点是综合了资源导向、市场导向和形象导向三种开发模式的优点，具有可持续性。

三、按地域划分

按照地域分布，可将我国旅游资源开发模式划分为东部地区——精品开发模式、中部地区——特品开发模式、西部地区——极品开发模式三种。

（一）东部地区——精品开发模式

东部地区社会经济发展水平高，对外交往联系密切，客源市场广阔，具有发展旅游业的综合优势。东部地区旅游业发展较快，更注重旅游产品的层次和质量，因此应在继续开发观光旅游的同时，重点开发休闲度假型的全面的、高层次的旅游产品和服务，追求开发的深度，实现旅游业向内涵效益转变，优化旅游方式，提高游客的重游率，延长停留时间，增加购物比重，增加旅游收入。深圳欢乐谷就是一个成功的案例。作为国内新一代大型旅游主题公园，其充分运用了现代休闲理念和高新娱乐科技手段，注重满足人们参与、体验的新型旅游需求，营造出自然、清新、活泼、惊奇、热烈、刺激的休闲旅游氛围，带给人们充满阳光气息和动感魅力的欢乐之旅。

（二）中部地区——特品开发模式

中部地区位于从沿海向大陆内部经济梯级发展的中间过渡地带，有着承东启西、转送旅游客流的区位条件。中部地区旅游资源开发，一方面要根据旅游设施相对落后的现状，继续努力加强基础设施建设，改善旅游发展外部条件；另一方面要面对和东部旅游产品竞争、西部旅游资源优势突出的相对劣势，大幅度提高旅游资源开发和利用的水平，努力打造旅游特色产品，开发出能够体现地方特色、展现当地风采的旅游产品。在继续开发观光旅游产品的同时，重点开发建设特色旅游产品，如专题旅游，这样既能够和东、西部旅游产品形成优势互补，又能吸引从东部入境的海外旅游者和东部客源市场游客。

（三）西部地区——极品开发模式

西部地区地域辽阔，是中国地形最复杂、类型最多样的旅游景观区域，自然、人文、社会风情旅游资源极为丰富，正处在资源待开发的旅游业发展期。其发展旅游业面临着两大制约条件：一是生态环境脆弱；二是基础设施落后，旅游资源地可进入性较差。因此，西部地区发展旅游业的首要任务就是加快基础设施、服务设施和生态环境的建设，特别是旅游交通的开发建设。

西部地区的旅游资源不但数量多，而且种类丰富，很多旅游资源在全国具有唯一性和垄断性，因此旅游资源开发要充分利用这一优势，在大力发展旅游基础设施建设的同时，全力打造旅游资源开发的“极品”工程。一方面，继续努力开发观光旅游产品；另一方面，重点开发旅游极品产品项目，即开发具有不可替代性的专项旅游，如丝绸之路旅游产品、陕西历史文化旅游产品、云南风光及少数民族风情旅游产品等。

四、按资源、区位和经济条件综合划分

根据旅游资源、区位和经济条件三方面因素，可将旅游资源开发模式划分为全方位开发模式、重点开发模式、特色开发模式、参与性开发模式和稀有性开发模式。

（一）全方位开发模式

旅游资源自身价值高、地理区位优越、拥有良好的发展旅游业的经济社会条件的地区，适合旅游资源的全方位开发。全方位开发模式要求充分有效地利用各项旅游资源，开展丰富多彩的旅游活动，完善旅游活动所需的各类层次结构，不仅满足旅游者的基本需求，还要实现“商、养、学、闲、情、奇”的拓展需求，同时要重视开发购物场所和娱乐设施，优化旅游收入结构比例。

（二）重点开发模式

旅游资源地资源很丰富，且价值高，有很强的资源吸引力，但地理区位一般，当地的经济发展水平较差，适合采用重点开发模式。这类旅游地的开发要积极争取国家或上

级政府的扶持资金，或转让资源开发权，多方争取区外、境外资源开发资金，有选择、有重点地开发受市场欢迎的旅游资源项目。同时，还要进一步改善交通条件，提升旅游目的地的可进入性，并加强旅游服务配套设施的建设，提高旅游服务质量，使地方旅游业得到快速发展。

(三) 特色开发模式

旅游资源地资源价值高，旅游吸引力强，但由于地理位置偏僻，交通条件差，旅游者的可进入性差，加之地方经济落后，导致旅游资源开发成本加大，适合采用特色开发模式。这类旅游资源大多处于未开发或初步开发状态，旅游资源开发的关键在于改善交通条件。同时，应有选择地开发一些高品位的、有特色的旅游资源，开展一些市场针对性强的特种旅游活动，并逐步配备相应的服务接待设施，进而培育和改善旅游业发展的环境和条件。

(四) 参与性开发模式

资源地区位条件和区域经济发展水平较好，具有发展旅游业的社会经济基础，但缺少高品位的旅游资源，适合采用参与性开发模式。这类资源在开发时应在注重利用现有资源的基础上，开发建设参与性较强的人工旅游景区，如游乐园、娱乐天堂、欢乐谷等。同时，还应结合当地经济发展水平高，居民消费能力强等有利因素，注意完善旅游活动所需的各种设施，满足旅游者各种不同层次的需要。

(五) 稀有性开发模式

旅游资源地的资源价值、地理区位、当地经济发展水平都属于中间状态，适用稀有性开发模式。开发这类旅游资源时，要注意对旅游资源进行分级评价，重点开发受周边市场欢迎的旅游资源，创造区域内的拳头旅游产品，同时要进一步改善区位交通条件，提高旅游服务质量，以赢得市场赞誉。此外，还要加强对外宣传和促销，逐步树立鲜明的旅游形象。

五、旅游资源开发模式的发展变化趋势

随着经济、社会的发展，人们对旅游产品的需求也更加多样化、个性化，传统的旅游资源开发已经难以满足日益变化的旅游需求。在不损害环境资源的条件下，如何寻求新的开发模式，满足旅游需求，是当今旅游界的一个问题。在这种机遇与挑战并存的新形势下，旅游资源开发模式也必然呈现新的趋势。

(一) 开发理念上：宏观系统思维为基础，发挥资源比较优势

传统的旅游资源开发主要以个别景区景点或区域的开发为主，缺乏宏观的系统理念，往往造成旅游产品雷同，客源市场恶性竞争的状况。随着经济一体化理念的普及，未来旅游资源的开发将转向系统大区域环境，关注旅游资源在区域间的比较优势驱动

(包括自然差异、人文差异、经济差异和开发差异所构成的比较优势的不同)，走新型合作伙伴道路。宏观系统思维要求个体重新定位现实或潜在的竞争对手，寻找与自己竞争对手合作的领域，并按照竞争对手与合作伙伴统一体的新观念，确定旅游资源开发方向、旅游资源开发投资额、旅游点空间布局、旅游资源保护以及发展旅游业的各项措施，减少重复建设，优化资源配置，实现共赢。

(二) 开发方式上：科学化与信息化并举

旅游资源开发是一项长期、复杂的系统工程，需要客观的资源分析、准确的市场定位、科学的决策、详细的规划指导。这一切都建立在科学的咨询和决策技术、完备的信息收集的基础上。随着互联网的普及，科学化和信息化技术将在信息收集、数据整理、设计手段以及设计人员之间的交流沟通过程中得到广泛利用，成为旅游资源开发模式的最主要的手段，采用资源－市场－信息－科技－产品－产业这种适应性强的开发模式，将成为未来旅游资源开发的理想模式。

(三) 开发目标上：多元目标统筹协调

随着旅游需求朝着多元化、个性化的方向转变，旅游资源开发的模式也必须转型升级。旅游资源开发在实现经济效益的基础上，还要注重社会效益和环境效益的要求，提高居民的生活质量和环保意识，促进资源地的社会、生态全面和谐发展。因此，对现有景区景点旅游资源进行再开发创造时，要在景区原来的基础上，突出特色，强化形象；对新开发的景区要找准基调，树立新颖形象，吸引游客目光，使之迅速打开市场。

第三节　旅游资源开发的原则、程序和方法

一、旅游资源开发的原则

旅游资源开发的目的是在保证区域旅游业持续发展的同时，满足旅游者日益多样化的需求。为了实现这些目标，旅游资源开发要按照科学规律，遵循一定的开发行为规范。在对旅游资源进行开发的过程中，应遵循以下原则。

(一) 市场导向原则

市场导向原则要求根据旅游市场供给与需求的内容和变化规律，寻求资源条件和市场需求之间的最佳结合点，确定旅游资源开发的主题、规模和层次。旅游资源开发一定要进行市场调查和研究，准确把握市场需求和变化规律，确定开发方向与开发策略，以最大限度地满足旅游者的需求为标准。开发时应坚持以市场为导向，随时关注旅游市场

的变化，在旅游市场调查和预测的基础上，选择开发重点，针对不同客源层次的需求进行开发，减少开发过程中的盲目性。

（二）注重保护原则

保护原则是旅游资源开发的首要原则。开发旅游资源的目的是为了利用，而保护旅游资源则是为了更好地利用。但是，开发本身就意味着一定程度的破坏，绝大部分旅游资源具有不可再生性，在开发利用过程中一旦遭受破坏，就很难复原。旅游资源开发时，更应重视对旅游资源的保护。旅游资源开发的保护性原则包括两个方面：一是保护旅游资源本身，使旅游资源的损耗保持在最低限度，同时减缓资源的自然风化速度和人为损坏，杜绝破坏性开发；二是保护旅游资源周边环境，良好的自然生态环境是旅游资源得以持续利用的基础，旅游资源开发应与区域自然生态环境相协调，与社会环境相适应，同时遵守旅游地的政策法规，民风习俗等。将可持续发展与生态旅游理念引入旅游开发中，通过规划、行政、经济和法律手段实现绿色开发和永续利用。

（三）突出特色原则

旅游资源的特色是旅游资源吸引旅游者的灵魂，是发展特色旅游的基础。特色原则要求旅游资源在开发过程中，不仅要开发资源的特色，更要充分地挖掘、揭示和发展其特色。对于民俗性的旅游资源要充分反映其原始性、纯真性、民族性和创意性，突出民族特色、时代特色和地方特色；对于自然生态风光和历史遗迹，在开发时要突出原始特色，通过有针对性的开发措施强化其独特性，从而形成独具魅力的旅游吸引物。

（四）游客参与原则

体验原则不仅要求在旅游资源开发过程中为游客创造更多的自由空间，还要求在旅游资源开发前广泛听取游客等各方面的意见，集思广益，避免开发结果偏离实际的需求。因此，各地制定资源开发规划方案时可通过多种媒体向游客发布信息，让游客参与讨论。

（五）综合效益原则

综合效益原则就是在旅游资源开发中要坚持经济效益、社会效益和环境效益相统一的原则。旅游业首先是经济产业，旅游资源的开发必须建立在投入—产出的基础上，获得经济效益。但经济效益只是旅游资源开发所追求的目标之一，资源开发还受当地的社会和环境因素的影响。旅游资源开发要有助于促进区域间文化交流，有助于自然和人文资源的保护，不能超过社会和环境的负荷，否则会造成资源破坏、环境质量下降、社会治安混乱等负面影响，不利于旅游业的持续发展。

二、旅游资源开发的程序

旅游资源开发是一项复杂的系统工程。不同旅游资源的开发，其目标市场定位、旅游产品定位和旅游方式不同，开发过程也有所差异。但旅游资源开发一般包括四个步骤。

（一）确定开发项目

开发项目的确定是指依据当地的旅游资源特色、旅游市场需求、国家旅游政策、当地基础设施条件、经济社会发展条件，选定要开发的旅游资源项目，对未来工作作出的一个初步设想。确定开发项目是旅游资源开发工作的起点。

（二）可行性研究

可行性研究是指在旅游资源的实地勘察调研、科学分析和评价旅游资源及其他相关因素的基础上，分析、预测旅游资源开发的必要性和可行性及开发前景。旅游资源的可行性研究主要包括5个方面内容：旅游资源调查与评价、旅游资源地社会经济环境分析、客源市场分析、环境影响分析、投资与效益预测等。可行性研究是涉及旅游资源多方面的系统工作，必须综合多方专家意见，以确保研究的客观性、准确性和科学性。

（三）编制旅游资源开发规划

旅游资源的开发规划是在调查、评价和做出可行性论证后，根据旅游资源开发的原则、市场的最新动态和当地开发旅游的基本条件，编制旅游资源开发的方案，从而从总体上指导项目开发的实践过程。规划方案包括总体规划、重点项目规划和控制性规划。其中，总体规划包括旅游开发的目标、对象、规模、定位、布局、方式、时间、步骤、配套设施及总投资估算等。重点项目规划包括每个重点项目的选址、规模、样式、期限及投资额等。合理、科学的规划能够增强资源开发的计划性和目的性，同时又能为旅游地带来良好的经济、环境、社会效益。

（四）实施经营

旅游资源开发规划方案制定并通过评审之后，就进入具体的实施和经营运行阶段。具体内容包括：确定开发范围和目标；根据已有资料，提出项目的模式、土地使用要求等；制定建筑总体规划；制定资金来源及财务预算；进行项目具体设计，画出施工图纸；投标及施工；反馈与评估。在旅游开发实施过程中，要根据市场信息反馈和需求结构的变化，对旅游开发项目进行调整和完善，改进旅游设施和服务体系，维护并不断提高旅游资源的吸引力，形成旅游资源开发的良性循环。

三、旅游资源开发的方法

根据旅游资源的性质和开发目的，旅游资源开发方法包括新建、利用、修复、改造和提高五种方式。这五种开发方式并无严格界限，在进行旅游资源开发时，要结合现状与需求，根据具体的旅游资源状况，确定开发方式及其组合。

（一）新建

新建是常见的一种旅游资源开发模式，具体是指创造性地建设新的旅游资源，并借此进行旅游开发。该种方法主要适用于旅游资源匮乏，但区位条件优越、经济较为发达、具有大量的潜在客源市场的地区。新建的方法重在创新，要根据当地旅游资源特点做到出奇制胜，创新出个性鲜明和风格独特的旅游产品，做到“人无我有、人有我优、人优我特”。但是新建旅游资源必须进行科学的论证，否则失败的风险很大。

（二）利用

利用是指对非传统观念中的各种资源进行开发利用。利用主要是根据旅游者新的旅游需求和旅游偏好，借用其他行业中的资源和设施进行旅游开发，如根据工业基地开发的工业旅游、利用农业资源开发的农业旅游、利用科学研究开发的科普旅游等。利用的关键在于旅游开发中能够巧于借用、善于利用、精于利用。

（三）修复

受人为和自然因素等的影响，旅游资源经常会受到程度不一的破坏，尤其是历史建筑、历史古迹等，这类旅游资源开发的首要任务就是修复资源，以满足旅游的基本要求。资源修复的原则是修旧如旧，尽可能保持原来的历史风貌。

（四）改造

旅游资源的开发存在着开发效率差异和生命周期，随着旅游者逐渐增加，旅游地的旅游接待能力和环境承载力会出现饱和现象，难以满足新的旅游需求。改造是指针对现有的利用率低的旅游资源通过投入一定的人力、物力、财力进行局部或全部的改造，以达到扩容和提升旅游资源利用率等多重目的，从而满足更多、更高的旅游需求。如南京秦淮河—夫子庙风光带、成都宽窄巷子和锦里古街等都是通过大规模改造而成功进行旅游升级开发的经典案例。

（五）提高

提高是指一些旅游资源受自然或历史的原因而衰败，但是在旅游者中仍具有一定的知名度和影响力，通过修整而使其重新成为旅游吸引物，或是旅游资源由于旅游需求的变化，现有的旅游设施和设备不足以满足旅游业的发展，通过增加和完善设施等手段提高其整体的旅游质量和吸引力。提高的开发方式要求挖掘旅游资源的深度吸引力，开发出更多类型、更多层次、更具吸引力的旅游产品，尤其是在旅游资源开发进入停滞阶段后，旅游资源开发的提高方法就是使其由停滞阶段转向复苏。

第四节　旅游资源开发利益相关者管理

一、旅游资源开发中的利益相关者

20 世纪 80 年代中后期，旅游发展面临平等参与、民主决策、公平分享、组织协作等亟待解决的问题。外国旅游研究者最先将“利益相关者”一词引入旅游研究领域，旅游发展中涉及的各个组织或群体来自不同的行业和部门，这些组织或群体的目标和利益不尽相同，随着新兴旅游目的地的不断涌现，旅游目的地之间竞争激烈，而利益相关者理论有助于整合这些分散的力量和资源，形成协同效应，增强旅游目的地的竞争力。此后该概念被外国学者运用于旅游目的地规划、管理与协作的研究中。1999 年 10 月 1 日，世界旅游组织（WTO）召开第十三届会议，并在《全球旅游伦理规范》中明确使用“利益相关者”一词，这就为旅游业发展中不同利益相关者行为提供了参照标准，同时标志着“旅游利益相关者”概念正式得到官方认可。

二、旅游资源开发利益相关者管理

（一）游客管理

游客管理（visitor management）是一种以游客为中心的新型旅游管理模式，在发达国家旅游目的地中被广泛使用。游客作为旅游活动的主体，是旅游资源开发后产品的主要购买者和消费者，对游客实施有效的管理，不仅可以提升旅游体验，而且有利于促进旅游地资源开发的可持续利用和发展。

1. 游客管理的含义

游客管理是指旅游管理部门或机构通过运用科技、教育、经济、行政、法律等各种手段对游客进行管理的过程，通过对游客容量、行为、体验、安全等的调控和管理来强化旅游资源的吸引力，提高游客体验质量，实现旅游资源的永续利用和旅游目的地经济效益的最大化。游客管理最早出现在景区型旅游目的地，尤其是生态保护地，起因是一些西方国家公园游客量的急剧增加，使得公共公园出现被过度利用的现象。人们也逐渐认识到，游客管理在保护公园的生态、社会、经济和文化价值方面有着举足轻重的作用。半个多世纪以来，游客管理在欧洲和北美洲的许多国家公园管理中得到重视与发展，并扩展到一些普通旅游景区和发展中国家的旅游目的地，游客管理也经历了从旅游环境容量到游客人数和利用强度，再到游客活动和游客影响控制的变化，逐步形成规范的游客管理体系。

2. 游客管理的主要内容

（1）数量管理。游客数量影响游客体验水平和环境，因此，景区需要对进入的游客数量加以限制。在不影响旅行社业务和游客出游计划的前提下，一般通过建立客流信息系统、预订系统、调整价格策略等措施加以调节控制。另外，实施游客分流也可以减少局部景点游客的拥挤程度。

(2) 队列管理。排队是影响游客总体体验的重要因素，如何缩短游客的排队时间，减少或避免游客因等待而产生的情绪，是旅游景区开发时必须考虑的问题。在英国，奥尔顿塔楼、伦敦眼等主题公园引入绩效排队体系，即通过计算机订票系统保留各自位置，并在指定时间获得相应位置，基本避免了排队等待现象，这一经验值得我们借鉴。

(3) 游客投诉管理。有效地处理投诉，是提升企业形象的手段之一。为了有效应对游客的投诉，首先，必须建立一套完善的投诉处理程序和完善便捷的投诉处理渠道；其次，对游客的投诉要做出及时的、合适的反应，主要是对游客的意见做到耐心倾听、安慰、负责；最后，要能迅速地拿出一个使投诉游客满意的处理方案。

(4) 解说系统的建设。解说系统有向导式解说和自导式解说两种，包括各种导游讲解、咨询服务、影音材料、标志、牌示、地图、手册等内容。完整的解说系统应做到景区的游客中心、牌示、标志等位置得当，信息醒目、简洁、准确，设计具有个性化和引导性，这样不但可以节省大量的人力、财力，提升游客的旅游质量，而且可以提升景区影响力。

(5) 行为管理。行为管理主要是对游客行为的管理，包括对常规行为如吸烟、践踏草坪、吐痰、争吵、大声喧哗等，破坏行为如涂刻、攀折等，安全行为如靠近危险地带、接近大型动物等。行为管理主要是通过提醒、宣传教育，引导游客文明旅游。不同的景区对游客行为的要求是不同的，如在生态旅游区，对游客的活动范围、装备，乃至所穿的鞋都有要求。

(二) 社区参与

社区参与是指社区参与旅游发展，即把社区作为旅游发展的主体纳入旅游决策、规划、开发管理、监督等涉及旅游发展重大事宜的决策、执行体系中，充分考虑社区的意见和需要，并将其作为主要的开发主体和参与主体，以便在保证旅游可持续发展前提下实现社区的全面发展。

1. 社区参与的内容

(1) 参与旅游发展决策。旅游事业的发展不仅要使旅游者获得精神的满足和提高再生产能力，增加政府税收，使旅游企业赢利，还要给社区带来多方面的利益，参与分享利益各方共同形成伙伴关系，利益共享、责任共担，共同促进旅游业的健康、协调、持续发展。旅游地若能充分考虑社区要求并使其受益，居民不仅会支持旅游进一步发展，而且会以更积极的态度参与旅游资源的开发。

(2) 参与旅游发展带来的利益分配。参与旅游发展带来的利益分配与参与旅游发展决策相辅相成，能够分享旅游发展带来的利益，就有机会参与旅游发展决策。旅游业的发展影响从事旅游经营而获取收益的居民，也影响政府的税收，因此政府会重视这部分居民并为其提供优越的服务，反过来这类居民也能多层面和高强度地参与旅游资源开发的决策。同时因旅游业带动的就业机会和商业机会增多，更多的人能够参与本地旅游资源开发的决策和管理中，提升了居民的参与度。但是，目前存在利益分配不均的现象，只有少部分的居民能够享受旅游发展带来的利益，更多的居民则承担各种环境和社会成本。

（3）参与有关旅游知识的教育培训。旅游知识教育培训是由旅游行政管理部门或行业协会组织的，为提高居民旅游意识和环境观念而进行的教育。目的是期望居民由被动接受环境保护的教条向主动地、自觉环保转变。

2. 社区参与的不同模式

（1）“分红利”社区参与模式。“分红利”社区参与模式起源于南非的洛克泰尔湾旅游社区。该模式通过本地区居民持有的旅馆所有权和旅馆经营权双重股份，使居民参与旅游收益的分配，包括获取所有权股息和经营权股息。景区红利存入社区信托基金会经管的一个银行账户，其具体使用办法是：信托基金会考虑项目方案，接受社区成员个人的补充建议；信托基金会与独立的农村发展委员会协商社区所需的发展类型；项目方案提交公开的社区大会，由这个社区投票决定如何使用这笔钱。这种模式有利于社区效益的提升，包括社区基金（分配给社区居民）、基础设施（完善社区配套设施）、教育（设立奖学金、自主学习和职业培训）、就业，从而减少了劳动力外流，加强了社区凝聚力。社区任何居民都有机会参与决定项目是否被资助，基金会的分红利行为受到直接监控。

（2）“生态旅游股份合作制”社区参与模式。“生态旅游股份合作制”社区参与模式是一种融合股份制与合作制优点的新型集体经济组织形式。一般实行股东大会和职工大会合一的最高权利制度，坚持一人一票制或与一股一票制相结合的方式，设置机构和章程。其特点是：制度上保证了劳动者与所有者的统一和劳动者地位的平等；收益分配上实行按股份分红与按劳分配相结合的方式；管理上实行民主决策和管理，即股份合作制企业内部职工拥有参与决策和管理的权利。在实行“生态旅游股份合作制”经营条件下，社区居民既是生态旅游开发经营的股东，又是生态旅游经营中的劳动者。该模式将居民关心的生态旅游的发展和保护自身的利益紧密联系在一起，使社区居民成为真正的主人翁，从而积极参与决策，自觉维护其赖以生存的生态旅游资源，实现了生态旅游资源由“公有”到“共有”的转变，达到保护管理的目的。采用“生态旅游股份合作制”经营，应按照生态旅游规划，统一管理入股后的土地和资源，合理调配和利用社区人力资源。

（3）“政府＋公司＋旅行社＋农民旅游协会”社区参与模式。“政府＋公司＋旅行社＋农民旅游协会”作为广泛参与的社区参与模式成功应用于天龙屯堡文化旅游区。“政府＋公司＋旅行社＋农民旅游协会”的社区参与模式根据“各负其责、各司其职”

进行分工，如政府负责交通通信等基础设施建设和协调旅游投资公司、旅行社与村委会、农户之间的关系，旅游投资公司负责旅游开发项目的资金投向，旅行社负责组织旅游团到天龙旅游，村委会和农民旅游协会负责环境卫生和治安秩序以及其他事项。该模式将总收入的一部分作为开发项目再投入资金，剩余部分按照政府、公司、旅行社、协会四等份平均分配，农户这一部分由协会按照“多劳多得”分给农户，而农户出售的旅游商品收入所得全归农户所有，政府不再提成。合理分配、按劳取酬的原则使广大村民从旅游中普遍得到实惠，激发了村民投身旅游发展的极大热情。该模式产生了巨大的经济、社会效益，不仅使社区居民收入大幅度提高，而且大大提升了当地品牌形象。

三、旅游资源开发中利益相关者协调机制的构建

（一）旅游资源开发中利益相关者之间存在的问题

旅游资源开发中利益相关者之间由于立场、目标、动机以及权力大小的差异造成利益的分化，直接影响了旅游资源的和谐开发。旅游资源开发利益相关者通过交易、协调、利益让渡和责任分担进行诉求的平衡，明确各种利益相关者的角色定位，以获得旅游资源开发的综合效益。

1. 利益相关者间存在利益冲突

旅游开发中各利益相关者之间的根本利益从长期来看是一致的，但在短期内存在着一定的利益冲突，满足一个利益相关者的利益意味着牺牲其他利益相关者的利益。旅游业发展给当地居民带来经济收入的同时，也会带来思想、观念、风俗习惯等许多方面的冲击，这种冲击加速了当地文化体系的分崩离析，引发社会问题，而投资者为获取最高的投资回报，不会考虑旅游开发对社区环境造成的影响。如地方政府未能保障当地良好的旅游业环境，会引起旅游企业的不满；地方政府对旅游资源规划和开发过程中忽视社区居民的利益，会引起居民的不满和抵制；地方政府为获得短期经济利益，追求地方政绩，忽视生态环境的可持续发展。

2. 利益相关者权利与义务的不对等

旅游开发过程中，各利益主体会因所处地位、开发利用能力等方面的不同，在资源利用、经济要素分配和市场机会提供等方面存在着明显的差异，也因此引起利益、权利、义务等方面的矛盾。如各产业利益主体之间的权利与义务不对等、当地政府和居民之间权利与义务的不对等。

（二）利益协调机制的构建

1. 利益表达机制

利益表达是人们向各级公共权力机构或其组成人员反映、提出自己的愿望和利益诉求，并希望得到有力保护的过程。利益表达行为在政治体系中分为制度化和非制度化两

类。制度化的利益表达是在合法体制框架内进行的，既是公民政治权力和民主政治的重要组成部分，也是政府政策的警示器和社会稳定的缓冲阀。如果人们的合法权益不能通过制度化的渠道得到有效保护，那么他们就会选择非制度化甚至非法的渠道进行利益表达，如挑起社会动乱等非理性暴力行为。

首先，拓宽利益表达渠道。建立和完善各利益相关者密切相关的政府信息披露制度、社会民意反映制度、重大事项社会公示制度和社会听证制度，推动政府决策的科学化，让各利益相关者的意愿能够通过制度化的渠道表达出来，政府在决策时能够听到来自各种不同利益群体的声音。

其次，扶持各种非政府组织。原子化的个人利益表达，只能导致社会失序和政治不稳定，而不能促进社会的健康有序运转。我国利益表达机制的构建，在利益表达主体，即“谁来表达”方面，只能是非政府组织而不能定位在原子化的个人。

最后，建立健全以非政府组织为载体的社会协商对话制度。各种利益群体和社会成员之间的协商对话，是当代社会减少、缓解，乃至解决利益冲突的重要途径。通过协商对话，把利益矛盾和冲突消灭在萌芽状态，既有利于各种社会利益诉求的实现，也有利于社会利益的相对平衡，保持社会的稳定。

2. 利益监控机制

每一个利益相关者的利益点都不一样，因而在旅游开发过程中，存在着利益的冲突。同时有的利益相关者为了满足自己的利益，可能通过不法行为来损害其他利益相关者的利益，如旅游开发经营者的过度开发造成的环境破坏问题、竞争者为争夺市场而采取的恶性竞争手段等。因此应从维护利益相关者的整体利益出发，建立有效的行为监控机制，通过对利益相关者行为的监控使每个利益相关者的利益目标与系统的整体目标方向一致。有效监督利益相关者的行为可以有效预防经营过程中可能出现的各种问题，避免资源的浪费和旅游外部不经济性现象的发生。

首先，健全法制，规范各利益主体的经济行为。由于市场发育不完善，竞争机制、市场规则不健全，用超经济手段甚至非法手段谋取利益的行为大量存在。这些不规范、不正当、不合法的逐利行为，侵犯和损害了社会成员的合法利益。因此必须建立与旅游开发实际相符的法律法规体系，从而保护各利益主体的正当合法利益，约束逐利行为，使之规范有序。

其次，建立有效的投诉机制，做到有投必接，有接必处。

最后，建立规划管理行政责任追究制度。明确政府领导、管理部门领导和管理人员各自的责任，做到权责统一。

3. 利益实现机制

首先，建立健全社会保障制度。社会保障制度是国家为了保护经济发展和社会稳定，对公民因年老、失业、残疾、伤残、生育等，丧失劳动能力或就业岗位时，由政府和社会依法给予一定的经济补助，以保障公民的基本生活需要的一种基本制度。旅游开发中，可设立专用资金用于保障员工、社区居民及其他弱势群体的基本生活需要，从而缓解矛盾，促进旅游业可持续发展。

其次，建立针对当地弱势群体（当地居民）的补偿措施。如对当地居民的土地和旅游资源征用给予经济补偿，为居民提供发展替代型经济，为当地居民提供劳动就业机会和商业机会等。这是个互动、互惠的过程，因为只有当居民的经济来源获得保障，甚至因此获益时，他们参与旅游发展的积极性才能被调动起来。

4. 利益激励机制

建立相应的健全奖励机制，做到奖赏分明，从而促进旅游开发健康有序进行。如对客运车辆、个体经营摊点等实行统一管理，实行一票否决制、有效投诉累计淘汰制、承包转包管理制等；对销售物品实行统一标签、明码标价；工商管理部门推行投诉先行赔偿制度；针对不同行业、系统的特点，广泛开展“文明经营户”“文明员工”“文明示范岗”等文明创建评比活动。

5. 利益整合机制

利益整合即对旅游开发过程中的个体和集团的利益进行调整，消除利益主体之间的摩擦和冲突，使其协调和均衡，形成和谐统一的利益整体。包括肯定和保护各利益主体的正当合法利益，约束逐利行为使之规范有序，取缔非法利益所得等。

第五节　旅游资源开发效益管理

旅游资源的开发效益主要是指旅游开发所产生的游憩效益、经济效益、社会效益和环境效益。

一、游憩效益

旅游资源开发的目的是在保护和维持良好生态环境条件下获得身心的放松、休闲，在旅游中获取“商、养、学、闲、情、奇”的体验和美的享受。旅游者为了了解和欣赏旅游资源的价值和获得期望的物质、精神和文化方面的旅游体验而来到景区，其最核心的利益是旅游体验的质量和满意度，即游憩效益。因此，在旅游资源的开发过程中要开发健康、良好、有益身心的旅游活动项目，引导旅游者参与积极、健康的旅游活动，使旅游者在美的享受中得到精神的放松和心灵的净化。

二、经济效益

旅游资源开发的经济效益主要是指由于旅游资源开发项目给开发商及当地经济发展带来的经济效益，其来源主要是旅游者所带来的各类收入，包括门票、餐饮、住宿、交通、娱乐等。

三、社会效益

旅游活动的开展必然会影响当地的社会环境。旅游资源的开发能够带动相关行业发展，增强旅游地与外地的经济、技术和文化等的交流，提升旅游地的知名度，增加当地的就业机会，保护和传播传统文化等。

四、环境效益

旅游资源开发与良好的生态、社会环境密不可分，旅游活动的开展也依赖于优美的生态环境和有序的社会环境。对旅游资源开发的环境效益管理主要是对生态环境的管理。

【本章小结】

1. 旅游资源开发的基础理论包括区位理论、区域分异定律、增长极理论、景观生态学和系统理论等。这些基础理论为现代旅游开发理论奠定了良好的基础，对旅游开发实践具有重要的指导意义。

2. 旅游资源开发模式按照资源类型可划分为自然类旅游资源开发模式、文物古迹类旅游资源开发模式、社会风情类旅游资源开发模式、宗教文化类旅游资源开发模式、现代人工吸引物开发模式；按发展阶段可划分为资源导向型开发模式、市场导向型开发模式、形象导向型开发模式、综合导向型开发模式；按地域可划分为东部精品开发模式、中部特品开发模式和西部极品开发模式；按资源、区位和经济条件综合可划分为全方位开发模式、重点开发模式、特色开发模式、参与性开发模式和稀有性开发模式。

3. 旅游资源开发的方法包括新建、利用、修复、改造和提高五种方式。旅游资源开发利益相关者管理包括游客管理、社区参与。旅游资源开发效益主要包括游憩效益、经济效益、社会效益和环境效益。

【复习思考题】

1. 针对资源价值、区位条件和区域经济背景的不同，旅游资源开发应分别采取哪些措施？

2. 试述旅游资源开发的程序。

3. 什么是利益相关者？旅游资源开发中主要的利益相关者包括哪些？

4. 试述旅游资源开发效益管理的内容。

【案例分析】

江山市古村落旅游开发模式

浙江省江山市位于浙闽赣三省交界处，区域总面积为2019平方千米，人口58万，2006年被评为中国优秀旅游城市。全市旅游资源单体共194个，拥有国家级风景名胜区1处、国家AAAA级旅游景区1处、国家森林公园1处、省级历史文化名镇（村）3处、国家历史文化名镇1处。其中，世界自然遗产地江郎山、江南毛氏发祥地清漾毛氏文化村、历史文化名镇廿八都、仙霞关以及和睦村都是江山比较知名的古村落旅游地。

江郎山、清漾毛氏文化村和廿八都由江山市旅游部门牵头成立相应的旅游开发有限公司对风景区进行投资、日常经营和管理。这些地方景区建设比较好，旅游设施相对完善，旅游部门投资到位，管理相对专业，但是在利益分配上过于向旅游管理部门倾斜。由于景区并不完全等同于当地社区，而旅游管理部门前期的投入非常大，理所当然地掌握了绝大部分旅游景点的直接收益，从而导致旅游部门的开发公司与当地居民的关系紧张，利益补偿机制不合理，旅游可持续发展缺乏根基。

仙霞关由当地企业进行投资，景区收益基本由投资企业掌握。尽管投资企业与古村落所在社区签订有利益分配协议，通常纯利润的20%归社区所有，但实际操作中却很难执行到位。一方面，企业的纯利润难以界定，投资企业往往以旅游业前期投入大，资金回收周期长为由，将报表中的纯利润填为零或负数，社区根本无法拿到所谓的利益分成。另一方面，即便投资企业将部门票收入分给社区，由于古村落所在的社区接待任务繁重，所获得的收益还不足以支付景区门票和环境卫生整治的费用。开发后社区及居民不仅不能从中受益，相反还要为投资企业埋单，引起当地居民极大不满。

和睦村开发的初衷是为了提高社区的集体经济收入，同时带动村民致富，其直接收益主要由当地社区（乡镇、村）掌握，收入也主要用于新农村建设，改善村落的基础设施。由于社区组织由古村落的原住民选举产生，因此社区往往代表了大多数村民的利益，在保护开发过程中，更多关注和保护村民的利益。社区在组织村民参与旅游开发、通过多种方式经营提高村民的收入方面也有着其他类型的开发模式无可比拟的优势。但是，这种开发模式主要依靠自身力量筹集开发资金，资金压力大。同时，社区经营者往往缺乏专业的旅游开发经营理念，从而影响了旅游发展规模及村落的进一步发展。

分析内容：本案例是如何构建旅游开发利益相关者协调机制的？

第五章

旅游资源整合管理

【学习目标】

学习本章后，你应该能够：

1. 理解旅游资源整合的相关概念、意义及其理论基础；
2. 列举旅游资源整合的形式，并描述各种形式之下所包含的具体内容；
3. 了解旅游资源整合的内容，并结合所学对实际案例进行简单分析；
4. 描述旅游资源整合的机制与模式。

【章前引例】

发展壮大旅游产业，是促进经济发展、满足人民群众日益增长的精神文化需求的必然要求。发展壮大旅游产业，其中一条重要途径就是优化资源配置，对旅游资源进行整合。目前，很多地区都在积极提倡旅游资源整合，有些地区取得了一定成效，但也存在不少问题，这些问题概括为“四多四少”。

有整合意识的多，真正落实的少。许多地区提出的旅游资源整合策略，还仅仅停留在理论探讨阶段，没有真正落实到工作中。而关于旅游资源整合的探讨大多限于学术圈内，政府职能部门和企业对此回应相对较少。

小范围整合的多，形成规模的少。许多关于旅游资源整合的探讨和措施仅局限于某一城市或较小范围，没有形成具有规模效应的旅游资源整合案例以及有影响力的旅游品牌。这种小范围的整合容易导致重复建设，不但浪费资源，难以形成协同效应，还可能因为特色相近引起地区间恶性竞争。

急于求成的多，关注长远的少。一些企业希望创立知名旅游品牌，塑造旅游企业形象，但过于依赖营销和宣传手段，对基础建设投入不足。这种急功近利的做法导致一些地方旅游资源过度开发，配套服务跟不上，“回游客”很少，缺乏长远发展后劲。

重视狭义旅游资源的多，重视广义旅游资源的少。许多地区的旅游资源整合往往只针对景区景点，即狭义旅游资源中“游”的要素，忽视了其他旅游要素的开发和整合。实际上，食、购、娱等方面不但是重要的旅游基础设施，而且是吸引消费者的重要旅游资源。把各种旅游资源作为一个整体进行开发整合，有助于形成更强大的旅游品牌和旅游竞争力。

通过本章的学习，将会更加深入了解旅游资源整合管理的概念、理论、形式与内容、机制与模式。

第一节　旅游资源整合管理概述

旅游资源整合是指旅游资源的管理者和经营者根据区域旅游发展的总体目标和旅游市场供求情况，借助法律、行政、经济和技术等手段，把各种相关资源要素组合成为具有统一功能的整体，从而实现区域旅游资源市场价值最大化和综合效益最大化的过程。

一、旅游资源整合的理论基础

（一）系统论

系统论是一种运用逻辑和数学等学科的方法考察一般系统的理论，其基本方法就是把所研究和处理的对象当作一个系统，分析系统的结构和功能，研究系统、要素、环境三者的相互关系和变动的规律性，并优化系统。系统论的出现为区域旅游资源整合提供了有效的思维方式，开拓了新思路。系统论要求进行旅游资源整合时要从区域整体出发，科学、合理地对区域内各种要素及区域内次一级区域单元进行配置，促进区域社会生产力的提高和人地关系的协调，使区域向更优化方向发展。

（二）联系论

联系属于哲学范畴，是指一切事物、现象之间及其内部诸要素之间的相互影响、相互制约和相互作用。联系论要求我们不能孤立地看待每一个旅游资源、每一片旅游区域，而是要强化旅游资源内部之间、旅游资源之间、旅游区域之间的联系，开发形成完整的区域旅游产品体系，提高区域旅游系统的整体效益。

（三）共生论

从一般意义上来说，共生指共生单元之间在一定的共生环境中按某种共生模式形成的关系，但它不是共生单元之间的相互排斥，而是在相互激励中共同合作进化。共存共荣是共生的深刻本质，但共生并不排除竞争，它不是对自身性质和状态的摒弃，而是通过合作性竞争实现单元之间的相互合作和相互促进。旅游产业涉及众多部门，区域间又存在很大差异，这些特点决定了其复杂性，而共性理论以研究复杂种群之间信息传递、物质交流、能量传导、合作共生的模式和环境为主要内容，这与区域旅游资源整合具有良好的兼容性和适用性。从共生理论的视角研究旅游资源整合，就要求各区域在承认竞争和利益冲突的前提下，着眼于发展和保护的共同优势，通过内部结构的重组和功能的重新分工来实现区域旅游一体化。

（四）核心－边缘理论

核心－边缘理论是一种解释经济结构演变模式的理论，该理论试图解释区域如何由互不关联、孤立发展，而变成彼此联系、发展不平衡，最后变为相互关联的、平衡发展的区域系统。该理论认为核心区是具有较高创新变革能力的地域社会组织子系统，并在其中居于支配地位，边缘区与核心区具有明显的依附关系，二者共同组成完整的空间系统。该理论认为旅游业的发展会促进城市区域不断扩散，扩大到城市郊区及周边地区，带动区域旅游的不断发展。

（五）点轴开发理论

点轴开发理论是增长极理论的延伸，但在重视点（中心城镇或经济发展条件较好的区域）增长极作用的同时，还强调“点”与“点”之间的“轴”即交通干线的作用，认为生产和运输成本的降低，有利于区位条件和投资环境的改善。该理论认为在旅游资源整合中不仅应重视“点”的作用，合理确定“点”及“轴”，还应该重视“点”与“点”之间的交通设施的建设，确保各点之间的交通通达性最优化，以便更好地进行旅游资源的整合，从而促进区域旅游业的不断发展。

（六）产业集聚理论

在全球化背景下，产业集聚理论应运而生，这是一种以新贸易理论、竞争优势理论为基础提出的关于产业空间结构布局的理论。该理论认为产业聚集能够带来极大的竞争优势，因为大量的产业聚集到一起，无疑会产生更多、更广、更深层次的竞争，但同时该理论又强调，这种竞争结果不是一种零和博弈，而是一种正和博弈。根据产业集聚理论，在进行旅游资源整合时，应该优先在旅游资源集中地区进行，在此形成强烈的区域竞争优势，再利用这种内部竞争优势创造更强的外部竞争优势，最终形成一种正和博弈。同类旅游地之间在进行旅游资源整合时，应着眼于各旅游地内部的强势部分，形成“强强联合”的局面，以便产生规模经济和集群效应；异质旅游地之间进行旅游资源整合时，应该突出不同旅游地的比较优势，利用这些独特的优势构建完整的区域产品链和产品体系，实现旅游资源要素一体化经营和旅游价值链的重构。

二、旅游资源整合的意义

旅游经济要想持续、健康、稳定地发展下去，就必须进行整合，旅游资源整合对于旅游业的发展、旅游活动的开展具有重要意义。

（一）促进旅游经济做大做强的坚实基础

在世界经济全球化与区域化的背景下，旅游业的竞争已经从景点竞争、旅游线路竞争、旅游目的地竞争发展到区域竞争。随着人们可支配收入的提高和闲暇时间的增多，旅游者更倾向于进行深度旅游、个性旅游，对于旅游资源的品级、丰度等提出了更高的要求。如果一定区域范围内旅游资源重复开发、恶性竞争，显然不利于区域旅游的全面、协调、可持续发展。旅游资源整合要求打破地域限制、行政分割，更加科学合理地对旅游资源点和资源区进行划分和布局，使区域旅游活动内容丰富、层次多元，满足各类旅游者的需求。改革开放以来，我国旅游业取得了长足的进步与发展，但从更高、更远的视角来看，我国现在只能称作旅游大国，与旅游强国还有一定的差距。要想实现旅游强国之梦就必须对我国丰富的旅游资源进行有效整合开发，尤其是对一些欣赏价值比较高的边界共生旅游资源进行有效整合，这对于我国旅游经济的发展具有深远影响。

（二）促进旅游业可持续发展的重要动力

旅游业是一项关联度高、涉及面广、影响力大的产业，正是由于旅游产业的这种特性，要求必须对其各要素进行整合。但从目前的情况来看，很多区域都存在旅游资源重复开发、景点雷同、“门票经济”等不合理现象，这些问题将会影响旅游业的可持续发展。进行旅游资源整合可以促进旅游业的可持续发展，可以说，旅游资源整合在旅游业所有要素整合中居于核心地位。对旅游资源进行整合时，将同属于统一整体的旅游资源进行整体开发，通过合理分工、有效互补，集合单体资源优势，才能形成更具吸引力、震撼力的整体资源优势，才能最大程度发挥其游览价值，为游客带来最佳的游览体验，增加游客的重游意愿和重游率，从而真正带动一个区域旅游业的可持续发展。

（三）形成区域品牌形象的有效手段

在旅游供给极大丰富、信息传媒日益发达的社会，内涵丰富、鲜明生动的旅游形象会对旅游者产生巨大的吸引力，但在实际操作过程中，要树立这样一种旅游形象并非易事。尤其是在一个范围较大的区域内，其中往往存在着若干个旅游资源单体，这些旅游资源单体的旅游形象千差万别，旅游者可能只对某个旅游资源的某个单体有印象，对整个区域的旅游形象则很模糊。而旅游资源整合则可以通过分析旅游资源特点、寻找共性、重组资源、挖掘优势、设定主题、塑造形象，并最终形成品牌优势改变这种区域内旅游形象支离破碎的现状。

第二节　旅游资源整合的形式与内容

旅游资源整合实际上是一种结构性整合，是在对区域内各要素进行优势组合的基础上，实现区域旅游的协调发展。本节将从旅游资源的空间载体、主题内容、文化内涵三个维度，介绍旅游资源整合的主要形式，从整合的具体实施角度来阐述整合的主要内容。

一、旅游资源整合的形式

（一）旅游资源空间整合

1. 旅游资源空间整合的概念

旅游资源空间整合是在打破行政区域或旅游景区的限制的基础上，充分利用一定空间范围内的旅游资源，集中力量在一个相对更广阔的空间里共同开拓市场，以达到区域旅游资源优势互补、重组优化、提升档次、增强竞争的目的，旅游资源空间整合可以有不同的空间层次，如超国家层次、国家层次、省市层次、市县层次、乡镇层次等。

2. 旅游资源空间整合的类型

（1）跨行政区共生旅游资源空间整合。我国旅游资源丰富，共生旅游资源在我国普遍存在。从中国版图上可以看到不少具有良好市场前景的景点、景区，不论是正在开发，还是尚未开发的，大都跨越了行政边界①。正是由于这种跨越性，这类旅游资源在开发时涉及多方利益的平衡，大到省市，小至村镇，各级行政区之间对边界共生旅游资源的争夺不断，各地方画地为牢、人为分割，抢夺本应该统一规划开发的资源整体，从而导致旅游资源价值不能充分发挥。我国比较著名的边界共生旅游资源有：重庆与鄂西交界处的大三峡旅游区、晋陕交界处的黄河壶口瀑布旅游区、滇川藏交界的大香格里拉旅游区、闽粤赣三省交界区域的客家文化旅游区、湘桂交界处的崀山—八角寨丹霞地貌风景名胜区、湘桂黔交界的原居民风情旅游区等，除此之外，还有众多旅游景区本来属于某一特定行政区划之内，但却被该行政区的下级行政单元所分割，如大湘西旅游区、武陵源风景名胜区等。这些旅游景区如果能够整合在一起，将会发挥极大的旅游价值，为游客带来极大的视觉盛宴和观赏体验。对于这类旅游资源的整合，当前的主要做法有：组建联合管理机构、构建区间旅游通道、重组区域旅游产品、旅游企业集约经营等。

（2）旅游资源密集区空间整合。旅游资源密集区由于旅游资源丰富、区位条件优越，为政府和开发商所青睐，也因此能够较先得到发展。但是由于各个景点的主管单位与开发商不同，难免形成各自为政、独立发展的混乱局面，又由于所处地缘相近、文化

---

① Craig - Smith S. J, Fagence, Michael. Tourism Training Needs in the Asia Pacific Region. Annals of Tourism Research, Volume: 22, Issue: 3, 1995, pp703 - 704.

相亲，开发时缺乏统筹整合，难免形成主题趋同的现象。

（二）旅游资源主题整合

主题整合是指在某一个区域内，根据旅游资源的总体特点和市场状况，制定旅游产业的发展方向和战略，确定区域旅游的主题和形象，借此重组区域内的旅游资源，使其服从或服务于区域旅游的主题，形成鲜明的旅游形象，打造最具市场竞争力的核心产品，形成有吸引力的旅游目的地。常见的旅游资源主题整合方式如下：

1. 生态旅游资源整合

（1）内容整合——去伪存真。目前，在旅游业界普遍存在滥用、误用、扭曲生态旅游概念的情况，很多景区景点打着生态旅游旗号来从事旅游市场营销和宣传工作，这些观念导致生态旅游被严重泛化，给旅游消费者造成了很多误导。因此，有必要对生态旅游进行“正名”，对生态旅游进行整合，将其中一些不符合生态旅游内涵和特质的旅游行为剔除出去。生态旅游概念的泛化既不利于真正意义的生态旅游资源的保护，也不利于生态旅游产业的进一步提升。所以，建立一套健全科学的生态旅游资源评价标准，去伪存真，是生态旅游资源整合的首要工作。

（2）空间整合——功能分区。生态旅游地通常指那些生态环境比较好但敏感脆弱的区域。科学合理的功能分区能有效避免对当地生态环境和传统文化的破坏，优化生态旅游资源的空间配置，实现可持续发展。生态旅游资源整合在空间上不应该进行全面开发，而是要基于环境保护与可持续的原则，进行功能分区。目前，比较成熟的做法是将生态旅游地分为旅游吸引物综合区、娱乐区、服务区 3 部分，各区域间有交通线路相连，同时这些区域与外界也有交通干道相连。其中，旅游吸引物综合区由核心区、缓冲区、试验游憩区 3 个主要部分组成。核心区是区内未经或很少经人为干扰过的生态系统的所在地，集中分布着珍稀的自然生态环境或文化遗产，其内一般要实行全封闭保护，仅供观测研究。缓冲区指环绕核心区的周围地区，它是对各生态系统物质循环和能量流动等进行研究的地区，也是生态旅游活动主要进行的区域，但仅限于观光，且对游客的数量有严格的控制。试验游憩区是一个多用途的地区，除了开展与自然保护区缓冲区相类似的工作外，还包括有一定范围的生产活动，还可有少量居民点和旅游设施；旅游活动的形式也不只观光活动，还可包括漂流、滑雪等。娱乐区配置了高密度的娱乐设施，进行各种娱乐活动。服务区是为游客提供各种服务的区域，包括饭店、餐饮、商店等。娱乐区和服务区是游客最为集中的区域，允许汽车等机动车辆进入。功能分区是对游客进行分流和对生态旅游资源进行整合的科学手段，有利于实现生态旅游资源的可持续发展①。

（3）机制整合——社区参与。生态旅游资源的开发与保护离开了社区居民的参与是无法真正实施的，而且在很多生态旅游区，社区居民自身的各项活动就是生态旅游资源的重要组成部分。社区参与的主要程序如下：开发主体对社区的基本情况进行实地调

---

① 吴国清．旅游资源开发与管理．上海：上海人民出版社，2010.

研；在社区，对居民进行生态旅游开发的民意测验，广泛征求居民意见；深入分析调研结果，并提出相应的开发规划和策略；公示开发计划，再次征求居民意见；协调各方意见，制定出最终开发方案；为当地居民提供教育培训与就业机会；旅游经济利益的分享等。通过社区参与，可以保证当地居民的主人翁地位，维护当地居民的权益；避免生态旅游开发过度商业化，保护本土文化；增加当地居民对旅游发展的认同感，并促进当地资源的充分利用；增加旅游地居民的经济收入。

2. 节庆旅游资源整合

节庆旅游资源整合，是指在一定区域范围内，两种或多种不同类型的节庆旅游资源有目的、有秩序地聚合、结合或黏合的过程。它是以市场需求为导向，以整体性、互补性为基本原则，为达到节庆资源共享、共同开发，形成更合理的节庆旅游线路、构建节庆大旅游系统而进行的有目的的节庆旅游资源重构。它是为节庆旅游发展战略规划和旅游空间布局服务的，是节庆旅游资源规划中非常重要的基础性工作①。

节庆旅游资源的整合，关键是根据节庆旅游资源的特点，对其文化价值给予不同的定位，让它们能够满足旅游者的不同角度、不同层面的需求，通过减少它们之间的替代关系而加强合作。节庆旅游资源的整合可以从产品、时间、空间和内容四个方面进行。

（1）产品体系的主题化。产品体系的主题化是指以节庆旅游的鲜明主题为主线整合区域范围内的相关特性的旅游产品而形成产品线。按照主题整合一系列协调性良好的、内容衔接的、共同体现特色的旅游节庆产品，有助于增强产品的特色，塑造旅游节庆活动在旅游者心中的鲜明的差异化形象，推动旅游目的地的整体形象的发展，扩大旅游节庆活动的影响半径。产品体系的主题化主要体现在项目的主题系列化和项目活动内容的系列化两个方面。

第一，围绕主题的项目系列化。例如，三门峡市以“黄河文化”为主题，推出以“黄河古文化旅游”“白天鹅之域”为主题的旅游宣传活动以及汗谷演兵、黄河游、民俗风情游等系列活动，向旅游者充分展示了三门峡自然和人文景观的魅力，大大提高了该市的知名度和影响力。

第二，项目产品系列化。例如，江苏将2003年的“烹饪王国游”命名为“筷”意江苏，而江苏13个城市在“筷”意江苏的基调上，推出了扬州红楼宴、淮安全鳝宴、苏州吴中第一宴、连云港的海鲜全席等十大苏菜名宴以飨游客。

（2）时间安排的序列化。旅游节庆活动与旅游地的静态资源物在整体旅游产品的构成上相辅相成。由于某些旅游资源本身存在着季节性，而旅游节庆活动的开展则为该地旅游的可持续发展提供了载体和可能。旅游地在策划旅游节庆活动时，应注意节庆活动在时间上的有效协调，可从以下三个方面考虑：

第一，注意节庆活动举办时间上的连贯性。可将节庆活动大致均匀分布在一年四季

① 姚蔚蔚．贵州节庆旅游资源整合研究．贵阳：贵州师范大学，2009（5）．

的各个时段之中，营造持续的旅游气氛，这样既可以减少对当地交通、环境等方面的巨大冲击，又有利于当地节庆旅游处于稳定、持续发展的状态。

第二，注意某些节日本身的时段性。节庆旅游活动的开展应与节日本身的时段保持一致，而不是随心所欲。例如，“钱塘江国际观潮节”“吉林雾凇节”“香山红叶节”等由于本身所依托资源的时段性和最佳观赏期的存在性，对活动举办的时间具有明显的限制性，在进行活动设计时，应遵循这样的时间规律。

第三，注意旅游节庆活动过程中项目安排的时段合理性和时间上的衔接性、均衡性。根据每次节庆活动举办的不同侧重点，按照“扣人心弦的开始—保持气氛—再起高潮—平缓进行—余味尚存的收尾”的顺序安排活动项目，而不是一味用同一种步调或节奏来安排节庆活动。

（3）空间布局的协调化。在进行节庆旅游开发时，节庆举办地绝不是单独存在的个体，可以通过旅游资源整合对具有相关性文化的节庆举办地进行整合开发，构成一个统一的“节庆活动大餐”。例如，洛阳的“唐文化”旅游可以与陕西的“大唐文化”旅游结合，商丘的“孔子文化”旅游可以与山东的“圣人游”结合。在对区域的节庆旅游资源进行整合时需要注意两点：一是要寻找区域内各节庆举办地的共同文化，以此共同文化为核心，对不同的节庆活动进行整合；二是要分清资源整合后的主次节庆产品，以次产品为衬托，大力推广、宣传主产品。

在对区域内的节庆旅游资源进行整合时可以借用“点—轴”开发模式来形成相对集中的节庆集群地。这里可以将“点”理解为包括几个节庆活动的举办地，而“轴”则是连接各举办地的交通线路。例如，浙江海宁的国际钱塘江观潮节具有影响力，而萧山、杭州的观潮节相对影响较小，则可整合海宁、萧山和杭州三地的观潮资源，形成具有更大规模及影响力的国际观潮节。

（4）活动内容的人文化。文化是旅游活动的灵魂。随着社会经济的发展、人民生活水平的提高，旅游者越来越追求旅游活动内容的文化内涵，而节庆活动正是文化的一种良好载体。因此，在举办旅游节庆活动时，要尽力挖掘本地区各种特色文化的内涵，开发体现当地文化的新项目。这样既可传播当地的文化，又可迎合旅游者的消费需求，扩大节庆活动的影响力。

3. 水域旅游资源整合

水域旅游资源包括江河、湖海、水库、水渠等类型的旅游资源，在空间上包括水上、水中、水下三个部分。在进行水域旅游资源整合时，我们不仅仅是要将与水有关的旅游资源进行整合，还应充分挖掘其蕴含的水文化，将其与周边的景观资源结合起来开发。例如，建立水文化博物馆、开展游览著名水利设施的旅游活动（如都江堰）、修建亲水园林、开展民俗旅游（如傣族的泼水节）[①]。但在整合过程中，应注意水域旅游资源

① 付琦．试论水域旅游资源在旅游规划过程中的意义．产业经济，2012（2）．

的以下几项特征：第一，空间开敞性。虽然水域旅游资源的体量有大有小，但它们在空间上都具有视野开阔的特征。第二，水陆关联性。水域旅游资源的开发绝不是单独进行的，需要依托陆地上的各种资源进行联合开发。第三，跨界流动性。水域旅游资源通常横跨几个行政区域，小到几个城市，大到几个国家，对于这种边界共生的水域旅游资源的开发需要格外注意。第四，构景多元性。根据水面的激荡与平静、水色的单一与多元、水生物物种的丰富与贫瘠等各种因素的不同，可以构造出不同的水景，因此，在实际操作中，需要注意构景要素的穿插和搭配。

4. 体育旅游资源整合

体育旅游在我国是一项新兴的旅游形式，它是体育与旅游两大社会行为的有机交融，是一种凸显体育特征的旅游活动[①]，具有传播文化、强身健体等特征。我国国土的纬度跨度较大，不同地区的气候环境差别较大，使我国各地的体育旅游资源形态各异，具有明显的地域性与民俗特性。因而，结合地域条件与民俗特色，对本地区的体育旅游资源有针对性地加以开发和运用，可以形成一种全国性的体育旅游产业链，这对于促进我国体育旅游乃至整个旅游业的长远发展具有深远影响。关于体育旅游资源的整合开发主要有以下几种类型：生态休闲型体育旅游资源整合、生态探险型体育旅游资源整合、文化体验型体育旅游资源整合和保健养生型体育旅游资源整合[②]。

（1）生态休闲型体育旅游资源整合。美国未来学家甘赫曼将人类社会发展的第四次浪潮预言为“休闲时代”，随着休闲时代的到来，休闲体验将成为旅游者消费需求的一大特征，因此，将体育旅游资源与休闲旅游资源进行整合符合市场需求，可开发的旅游项目有：森林徒步、登山远足、峡谷探幽、划船垂钓等。

（2）生态探险型体育旅游资源整合。生态探险对于旅游者而言，比休闲、观光等轻松的旅游方式具有更强的刺激性和新鲜感，这种旅游方式对于青少年、中青年具有较强的吸引力。可开发的旅游项目有：利用山谷可以开发攀岩、蹦极、滑索、漂流，利用密林可以开发森林穿越、秘境探险，利用水域可以开发滑水、快艇等生态探险旅游。不同区域根据区域特征的不同还可以开发出更多富于创造性的项目，这除了能满足人们探求新奇、挑战自我、征服大自然的动机外，还能让人们洞悉野生珍稀动物的生存环境，观赏和领略山、水、林、峡等自然景观，体验“天人合一”和“人与自然和谐共生”。

（3）文化体验型体育旅游资源整合。随着生活水平的提高以及旅游需求多元化的发展，人们对纯经济性、物质性的需求相对减少，而对精神性、文化性产品的需求激增，文化成为推动旅游业持续发展的内在驱动力。不同区域可以通过挖掘本区域的特色文化，开发出与体育旅游相结合适应市场需求的旅游项目。例如，武当山地区可以利用武当道教文化资源，开发“武术健身游”“道教养生游”等健身养生系列产品，以满足人

① 丁辉．大连市体育旅游资源的整合与发展对策研究．大连大学学报，2013，12（6）．

② 郭红莲，刘欣茹．鄂西生态文化旅游圈建设背景下十堰市体育旅游资源整合开发研究．辽宁体育科技，2014，10（5）．

们对健康休闲生活的向往和追求；内蒙古地区可以利用草原文化开发“友谊摔跤”“草原射箭”“野外骑马”等旅游项目，以满足旅游者对草原文化的好奇之心。

（4）保健养生型体育旅游资源整合。随着人口结构的老龄化与亚健康现象的日渐普遍，以及全球整体健康理念的革命性影响，人们对保健养生的需求成为继温饱需求之后的又一市场主流趋势和时代发展热点。保健养生旅游将生态资源与旅游活动有机结合，使旅游者在旅游的过程中学习体验武术、气功、针灸医药、康复保健等健身养生知识，满足了人们对身心健康的全方位需求，日益受到全球性关注。

5. 红色旅游资源与其他旅游资源的整合

红色旅游资源是指以中国共产党领导人民进行革命战争时期形成的纪念地、标志物为载体，以其承载的历史革命、事迹和精神为内涵，组织接待旅游者开展缅怀革命先烈、参观游览的主题性旅游活动。红色旅游具有政治教育、经济特色、文化传播等鲜明特征。近年来，关于红色旅游资源整合的研究有很多，其整合模式主要有以下几种。

（1）红绿整合。红绿整合是指把红色旅游资源和绿色旅游资源结合起来进行开发。据统计，全国 241 个革命老区县，其中 89% 位于山区和丘陵，其绿色自然资源独特且丰富，这些地区在发展旅游业时，往往以高知名度的红色旅游资源为号召力吸引旅游者前往，再以清新秀丽的湖光山色、青山绿水为吸引物留住旅游者，比较成功的案例有湖南韶山和河南确山。其中，韶山在进行红绿整合时，把毛泽东故乡、红色旅游中心与当地的青山绿水、生态环境结合起来开发；确山在对红色旅游资源与绿色旅游资源进行整合时，确立了“以红为主，红绿结合”的旅游思路，开通了“金顶山沟—确山花园城市—薄山湖”和“金顶山—竹沟—天目山翡翠画廊—薄山湖”两条旅游环线，形成了以红色旅游为主线、以风景观光旅游为辅线的“四点两线”的旅游格局。

（2）红古整合。红古整合是把红色旅游与民俗文化旅游相结合进行开发。由于中国革命的具体国情，红色革命根据地大多建立在偏僻地区，这些地区一般具有浓郁的民风民俗、独特的民族风情，这些都是红色旅游开发的极好结合点。瑞金红色旅游的开发是红古结合的典型例证。瑞金作为中华苏维埃共和国的首都，素有“红色故都”的美称，这是瑞金发展红色旅游的极好着眼点和招牌。同时，瑞金具有浓厚的客家文化氛围和多姿多彩的客家民俗文化，通过两者整合，有力地促进了瑞金旅游业的全面发展，为瑞金的经济发展提供了良好的展示平台。

（3）红色演出。红色演出是指通过演绎经典的红色歌谣、红色戏曲、红色舞蹈等艺术作品来宣传和开发红色旅游资源。红色旅游资源包括有形的实物景观（如革命圣地、伟人故居、烈士园陵等），也包括无形的非物质文化景观（如红色歌谣、红色戏曲等），红色演出主要是指无形的非物质文化景观。在红色旅游景区，可借鉴近几年开始流行的大型实景演出形式，如《印象·刘三姐》《印象·丽江》等，推出具有吸引力、震撼力、感染力、艺术美的“红色经典”演出，2005 年韶山实景演出的《东方红》就是成功的范例，瑞金红色歌舞表演同样是其红色旅游项目不可或缺的内容。

（三）旅游资源文化整合

凡能直接或间接为旅游服务的文化都应纳入旅游文化范围，其中反映目的地独特形象的文化可称为特色旅游文化，特色旅游文化往往会成为目的地核心竞争优势，如上海的海派文化、山西晋商文化、南京民国文化、瑞金的红色文化、武夷山的茶文化等，为满足旅游者求知、求新、求刺激等愉悦性旅游体验提供了良好的文化载体。

旅游文化是旅游业的灵魂。旅游文化使旅游业更加生动、更富于故事性、更富有探索性，可以说，没有旅游文化就没有旅游业，每一个发展旅游业的地方，都应该积极挖掘当地独特的旅游文化，将其与旅游者需求结合起来进行开发。在进行旅游资源文化整合时，应注意以下两个问题：第一，注意塑造整体特色文化形象。进行区域旅游资源文化整合的根本目的是为了统一旅游形象，因此，需要挖掘特色文化，进行想象塑造，只有这样才能打造出富有竞争性的旅游文化形象。第二，注意整合与组合的区别。旅游资源文化整合绝不是不同文化的简单组合，整合需要挖掘整个区域的特色文化、核心文化，并要通过“单体”与“整体”双重标准的检验，只有符合双重标准的文化才有可能达到进行旅游资源文化整合的初衷。

在进行邻近区域旅游文化开发时，难免会出现同质化的现象，为规避此类现象，同类区域文化绝不应该盲目开发，而应该通过文化整合，在“大同”中求“小异”。“大同”的文化是指一个区域内众多旅游景点共同的文化背景，它应该作为一个区域的整体文化符号、文化形象、文化品牌传递给旅游者，具有更强的震撼力、吸引力和影响力；“小异”的文化是指大区域背景下不同的小区域所表现出的文化，它会形成层次多元的旅游产品，有助于丰富旅游者的旅游感受。给每一个小区域都打上了独特的文化烙印，有助于进一步提升区域旅游的竞争力。

二、旅游资源整合的内容

不同区域在进行旅游资源整合时，由于区域具体因素的制约和影响，其整合内容往往有所不同。旅游资源整合应根据整体性、兼容性、服务性和适应性的要求，实施“合纵连横、优势互补、深度开发、整体推进”的策略，加强区域性的旅游资源开发与整合，主要包括以下五个方面的内容：

（一）旅游资源整合

加强旅游资源整合的一条重要途径就是对旅游资源进行优化配置，实现旅游资源的空间结构优化。因此，区域内的各地方应打破行政区划的限制，以资源共享、共谋发展的原则，把旅游资源放置到整个区域内进行再分配，开展跨区域的旅游资源重组和优化配置。这样一方面，有利于形成新的更富吸引力的旅游吸引物，另一方面，也有利于将同类旅游资源产品做大、做强、做精，使单个旅游资源要素叠加到一起形成整体的旅游资源产品，并使其辐射力得到充分发挥，资源得到充分利用，从而带来单个地域单元独自开发所无法获得的规模效益。对具有互补性的旅游资源，更应对它们进行整合，进行整体开发，从而增强整体旅游资源的吸引力。

【相关案例】

八达岭长城大旅游景区

举世闻名的八达岭长城位于北京市延庆县境内。八达岭长城旅游景区距北京市区60千米，京张高速公路、京包铁路都通过景区，经八达岭高速车行驶40分钟即可到达市区或首都机场，交通发达。

北京境内的长城约有629千米，对游人开放的景区（点）有10余处。据初步统计，每年到北京的中外游客中约有1000万游客是参与长城旅游的，其中，八达岭长城接待的游客每年达500多万人次。

八达岭长城自向游人开放以来，走过了辉煌的历程，八达岭长城景区在保护文物、发展旅游、外事接待等方面，都取得了突出的成绩。在成绩面前，固然值得骄傲和自豪，但也有许多影响景区健康发展的问题需要解决，主要问题表现在以下几个方面：世界文化遗产的形象和品牌受到影响；旅游产品过于单一，不能满足游客的更高品位需求；必要的配套设施严重滞后；科学合理利用资源受到制约、区域发展规划滞后。为了解决这些问题，需要对八达岭长城景观进行科学、合理、有效的整合。

从2002年开始，八达岭特区工委和八达岭特区办事处开始对这一地区进行统一规划。先后召开了30多次专家论证会，100多位来自历史、文物、规划、建筑、园林、生态、林业、旅游、环境等相关领域的专家和学者开展了深入研究，历时3年完成了八达岭大景区的总体规划，并于2005年4月得到了北京市规划委员会的批准，被北京市评为优秀镇区总体规划。八达岭大景区总体规划的基本格局是：世界文化遗产核心保护及重点控制区、旅游综合服务区、体育休闲娱乐区、中心城镇集结发展区、相关产业及生态保护区。2008年，八达岭特区完成了特区成立以来最大的一次基础设施升级改造工程——35项工程，投资4.3亿元，改造面积达23.8万平方米。其改造工程包括复建了东门外望京亭，使其成为核心景区又一道亮丽的风景线；完成了永久性无障碍登城坡道建设，实现了残疾游客登临长城的夙愿；实施南一至南四楼照明亮化工程，延伸了夜长城的游览范围；安装更新监控设备，实现对核心景区多角度、多层面的管理；改造景区滚天沟、岔道西等停车场，缓解了旅游旺季交通压力，同时提升了景区游客承载量等等。整合后的八达岭长城变成了一个空间更大、景观更丰富、视野更开阔的大旅游景区，为游客所带来的旅游体验也日益多样化。

（二）旅游产品整合

对旅游产品进行整合，可以避免区域内各景区独立开发所造成的旅游产品雷同而引发的恶性竞争的不良局面。在遵循“求同存异”原则的前提下，区域内的各景区可以根据“因地制宜，扬长避短”的原则，以市场为导向，进行合理的地区分工与区域合作，对整个区域内的旅游产品进行再设计和重新整合，构建整个区域内的旅游产品集群，从而提高每一种旅游产品甚至是整个区域旅游产品集群的吸引力。在进行旅游产品整合时，应注意以区域内现有的旅游资源为基础，开发多层次的旅游产品，积极培育新型的旅游消费热点以满足市场需求，从而推动整个区域旅游产品集群向更高层次发展。

（三）旅游产业整合

旅游产业是贯通整个区域旅游业发展的一条重要线索，旅游产业合理化与高级化可以促进该区域内旅游业的健康有序发展。目前，各级地方政府为了自己的业绩，竞相进行旅游资源的开发和旅游项目的建设，而不管其是否与同区域内或邻近区域内的旅游资源或旅游项目存在雷同，其直接后果就是造成旅游产业结构同质化现象十分严重。因此，一方面需要打破各地区原有的旅游产业结构，在整个区域内对其进行结构升级，构建合理、高效的旅游业运行系统，避免旅游产业结构过度同质化；另一方面需要加强旅游业内部各部门之间的协调和沟通，为游客提供“一条龙”服务，为游客创造一个完整的区域旅游空间。

（四）旅游形象整合

旅游形象的构建对于区域旅游开发整合具有重要作用。统一的旅游形象不仅有利于区域旅游的对外宣传和推广，而且在区域旅游的品牌建设和游客认知等方面也发挥着重要作用。对于旅游形象整合，需要区域内各合作单元在对区域旅游资源、旅游产品、旅游特色、旅游市场等因素进行深入分析的基础上，提炼出能够塑造整个区域旅游形象的核心要素，利用核心要素最终确定整个区域的旅游形象。一般来说，旅游形象应由形象理念、形象识别和形象传播三大系统组成。其中，形象理念居于最高层次，代表整个形象的方向；形象识别与形象传播是形象理念的具体化，主要表现为与旅游景区发展直接相关的基础、服务、接待、景观、标识等的具体形象。这三大系统的设计都应该与区域的整体旅游形象相契合。

（五）旅游市场营销整合

区域内各合作单位应该在进行市场调研的基础上，进行宣传促销，利用合力，培育共同的旅游客源市场，积极开拓新的客源市场。在协商一致的基础上，积极建立“区域联动、行业联合、企业联手”的营销机制，通过统一宣传口径、统筹促销经费、统一促销行动，打造出本区域内特色的旅游品牌，扩大本区域旅游市场。此外，在区域内部，各地方要采取积极有效的措施打破地方市场壁垒，取消对外地旅游企业和从业人员的歧视性政策，切实建设和营造无障碍旅游空间，实现客源共享。

第三节　旅游资源整合的机制与模式

一、旅游资源整合的机制

（一）市场导向——外动力

新的旅游产品推出时，要接受旅游市场的检验，并通过不断拆分、增减等各种形式对旅游资源进行整合以满足旅游市场的需求，从而引起旅游资源开发主体的整合行为。从某种程度上说，市场导向决定了旅游资源整合的路径和方向。旅游资源的整合归根结底是希望能够为旅游者提供高质量、多种类的旅游产品，因此，旅游资源整合必须以市场为导向，以旅游企业为主体，以满足游客需求为核心，坚持优势互补、合理分工、联动发展，在满足游客核心利益的同时实现区域共同利益、地区本位利益、旅游企业利益三种利益关系的有效整合，形成良好的区域旅游合作机制①。

（二）政府规划——主导力

由于市场导向具有盲目性、滞后性等特点，有时候就需要政府出面来解决一些比较棘手的旅游资源整合问题。各级政府应以开放的心态去面对旅游合作。首先，应站在区域旅游市场竞争力的角度，加大政府扶持力度，出台支持旅游发展的优惠政策，加强基础设施建设，消除行业、区域、资本投入壁垒，有效整合区域旅游资源，合理设计和开发旅游路线，把区域内的主要旅游资源串联起来，为游客提供丰富多彩的旅游经历，建设无障碍旅游区；其次，应大力推进跨行政区域的公共服务，为企业开展多方位、多层次的旅游合作创造良好的外部环境，促进企业进行区域合作的进程，并帮助解决合作中的困难；再次，应加强引导和协调，构筑统一、开放、高效的旅游信息和电子商务平台；最后，应建立区域旅游合作协调机制和利益均衡机制，规范旅游市场秩序，培育旅游诚信服务形象，实现旅游业联动发展。

（三）资源共生——内驱力

从旅游资源共生性角度，可以将整合的旅游资源分为两种类型，即同类旅游资源和异类旅游资源。前者通常以竞争的形态存在，因此，可以通过整合使它们错位发展，避免恶性竞争，实现共赢。后者是指被整合的旅游资源具有互补效应和整体效应，这在客观上决定了进行旅游资源整合时必须有所取舍，根据被整合部分旅游资源的特点，在立

① 张晓霞．区域旅游资源整合开发研究：以山东滨州为例．现代商贸工业，2010（17）．

足市场的基础上，形成一种特色突出、优势互补的旅游资源整合格局，最终达到“1 + 1 > 2”的理想效果。

旅游资源的共生是其存在的普遍方式，这里所谓的共生至少有两层含义：一是共荣，二是共存。

所谓共荣，是指旅游资源彼此间具有某种互补作用，经整合后能够增强总体实力，得到更好发展。类型不同的旅游资源往往有较强的整合潜力。同一类型的旅游资源也具有这种共荣之处，如苏州园林群，它们能够整合出高端旅游产品系列，形成精品旅游线路。

所谓共存是指旅游资源共同依附于某种载体，这种载体也就是多个旅游资源共存的根本前提。例如杭州千岛湖，有些岛屿已经开发成为旅游景区，它们看似分隔独立，实则同系于一池碧水，水系一旦被污染，岛屿也就失去了旅游生命力。

二、旅游资源整合的模式

（一）旅游资源整合主体的组织模式

1. 临时联盟

临时联盟是指那些在一般情况下独立开发经营、各自享有产权的旅游资源管理主体，出于某种特殊的共同利益需要而必须统一行动时所形成的临时性联合体，如相关企业在政府组织下或自发地结合起来进行旅游产品的联合推介。

另外，不同区域的政府也可以临时联合起来举行促销活动，如联合申遗就可以看成一次临时联盟。这种形式较为灵活，成本较低，但是这种模式约束力差，缺乏强有力的制度和组织保障。

2. 合作组织

合作组织是临时联盟的高级形态，是一种战略联盟，各合作组织基于共同的利益或追求相互之间形成一种较为稳定的合作契约关系。这种组织相比临时联盟而言，具有更强的约束力、组织和制度保障。根据牵头主体的不同，一般可以分为两种情况：

第一，由政府牵头，在区域间形成区域旅游合作契约关系，从而形成合作组织。这种模式的优点是：能够充分利用政府对旅游资源的行政管理与调配能力，使得旅游资源整合具备稳固的制度保障。其缺点是：单个企业很难具备这种联合其他企业的能力。此外，这种合作契约多是意向性的文件，能否长期维持各区域间的契约关系还是一个未知数。

第二，政府和龙头企业共同牵头，在相关旅游企业或单位之间签订契约，组成战略联盟。如京郊一些地方，主景区与农家民俗景区和接待点在政府的组织下达成契约，通过制定合理的规范，统一服务标准，来维护旅游秩序。这种模式的优点是：政府的强力介入，使该模式运作起来较有保障。但其缺点也很明显：产权独立，导致管理成本很高；多个不同企业间的联盟基于共同的利益追求，一旦共同利益不在，这种模式就很容易破裂。

3. 行政划拨

行政划拨依靠政府的力量，充分利用政府的行政管理能力，打破人为的行政区划对旅游资源的割裂状态，从有利于旅游资源开发和管理的角度出发，对难以协调的区域进行划拨、重组、变更、调整等，在区域内部及区域之间进行旅游资源重新配置，以彻底解决边界共生旅游资源开发“支离破碎”的现状，使旅游资源整合真正落到实处。这种模式由于行政力量强大，通常具有资金充足、保障体系强健、产权清楚且固定等优点；但是，对行政区划进行重新分割与管理，所涉及的因素很多，成本很高。同时，由于旅游资源的产权和经营权往往难以分离的特点，其经营灵活性差。

4. 联合管理机制

理顺各利益主体之间的关系，建立有效的利益协调机制，对资源整合十分重要。各行政区政府之间应制定和签订合作协议，以规范各方应担负的义务和责任、享受的权利和利益，即以“契约”来约束各方的行为，并建立由相关行政区参加的联席会议制度，通过定期召开联席会议协调边界共生旅游资源的整合。在条件许可的情况下，可由各行政区旅游行政管理部门或地方政府代表联合组建一个管理机构，对边界共生旅游资源的开发经营进行日常管理。该合作机构一方面为各地政府提供一个交流、协商的平台，为投资企业创造良好的投资环境，使其在重大决策上达成和保持一致；另一方面对景区开发建设经营进行直接的监督管理，以保证游客的生命财产安全，保护景区环境及资源，保证国有资产的保值增值等。

（二）旅游资源整合的空间模式

1. 点轴状的空间模式

该模式是指通过点轴状的模式使被整合的旅游资源符合合理的空间分布。这里可以将“点”理解为包括若干个需要进行旅游资源整合的区域，而“轴”则是连接这些区域的交通线路。

2. 圈层结构空间模式

选择圈层结构空间模式对旅游资源进行整合时，需要注意两点：一是要注意对增长极点的培育并发挥其辐射作用；二是要注意辐射路径的设计，以加强旅游经济联系，从而形成核心辐射状的圈层结构空间模式。一般而言，该模式可以分为单极辐射和双核互动两种具体的形式。

第一，单极辐射。单极辐射是指在区域旅游资源整合过程中，以旅游资源价值、旅游交通条件、综合经济实力较为突出的地域为中心，通过交通线连接周围景区和资源，从而形成的空间模式。例如，闽西南旅游圈以厦门为中心，通过交通线连接三明、龙岩、漳州、泉州和金门等城市和主要旅游资源，包括著名的武夷山、永定客家土楼和金门岛等。

第二，双核互动。双核互动是指在大区域范围内存在两个具有互补性的重要区域中心点，两者又对周边地区都具有一定的辐射力。通过双核心空间互动整合，既兼顾了各自的区域中心作用，又实现了旅游资源区位、类型、功能上的互补。例如，辽宁的沈阳—大连双核互动模式。其中，沈阳作为政治、经济、文化三位一体的区域中心城市，对其所在区域的其他城市和地区具有带动作用、辐射作用；大连则具有区域中心城市的门户港城的功能；鞍山、抚顺、本溪、辽阳、铁岭均分布在沈阳100千米半径的范围之内，通过高速公路网，鞍山的千山和玉佛、本溪的水洞、辽阳的白塔等著名风景区，已同沈阳的旅游资源融为一体；沈阳和大连形成双核互动，把辽宁中部城市与辽宁东部城市联系起来，构成一个整体，提升了旅游资源的吸引力和竞争力。

3. 梯度网络空间模式

该模式是指在一个较大尺度的范围内，首先存在一个核心，它对整个区域具有统领作用；同时还存在若干个次级中心，它们能对周边区域起到一定的辐射作用；以及多个重要的旅游节点，由上向下形成金字塔排列，最终构成一种中心突出、点圈互连、多级联动的梯度网络结构。目前，该模式在我国的长三角区域得到了广泛的应用，该区域包括上海、南京、苏州、无锡、常州、扬州、镇江、南通、泰州、杭州、宁波、绍兴、嘉兴、湖州、舟山、台州等城市，现已整合成以上海为一级旅游中心城市，南京、杭州、无锡、宁波为次级旅游中心城市，嘉兴、常州、绍兴、舟山等城市为重要节点的梯度网络空间模式。

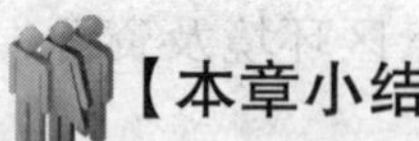

【本章小结】

1. 旅游资源整合理论基础主要包括系统论、联系论、共生论、核心–边缘理论、点轴开发理论和产业集聚理论。

2. 旅游资源整合的形式主要包括旅游资源空间整合、旅游资源主题整合和旅游资源文化整合。旅游资源整合的内容包括旅游资源整合、旅游产品整合、旅游产业整合、旅游形象整合和旅游市场营销整合。

3. 旅游资源整合的机制包括发挥外动力作用的市场导向、发挥主导力作用的政府规划和发挥内驱力的资源共生三个方面。旅游资源整合的模式主要包括两大类：旅游资源整合主体的组织模式和旅游资源整合的空间模式。

【复习思考题】

1. 简述旅游资源整合的含义及作用。
2. 简述旅游资源整合的理论基础。
3. 简述旅游资源主题整合的主要形式。
4. 旅游资源整合模式有哪几种？它们的作用分别是什么？
5. 根据你家乡旅游资源的特点，简要谈谈应如何对其进行整合。

【案例分析】

哈尔滨旅游资源文化整合

在哈尔滨的伏尔加庄园，有一间特殊的小展室，那里珍藏着许多哈尔滨的老照片。这些照片记录了哈尔滨很多的“第一”，见证了哈尔滨曾经的辉煌，展示了哈尔滨丰富多彩的文化元素。

哈尔滨文化旅游资源主要有洋气的欧陆文化、神气的冰雪文化、大气的休闲文化、灵气的关东文化、正气的红色文化等。可以说，哈尔滨是一座文化旅游资源富集的城市，将文化注入其旅游业的发展，是维持其旅游业生机和活力的重要保障。

历史上先后有俄罗斯、美国、西班牙、意大利等20个国家在哈尔滨设立领事馆，十几万侨民曾会聚于此。资料记载，1912年，哈尔滨开展了国际旅游业务，与欧洲最大的旅游企业签订了全球客票联运合同。1916年，由哈尔滨市发往玉泉的避暑野游列车，是我国第一列旅游列车。

受欧陆文化影响，我国历史上第一支交响乐团、第一支芭蕾舞团、第一家电影院、第一个无线电台、第一个音乐学校、第一家啤酒厂都诞生在哈尔滨。

哈尔滨是一个有故事有文化的城市。得天独厚的气候条件形成了冰雕雪雕艺术、冰雪建筑文化、冰雪饮食文化、冰雪交通文化、冰雪节庆文化和冰雪娱乐休闲文化。

随着一些有关东北历史题材的影视作品的热播，具有浓郁东北地方特色的“关东文化”再次引起人们的关注。

哈尔滨也是我国最早受到俄国十月革命影响的地区之一，中国共产党的早期活动尤其是与共产国际的联系活动很多与哈尔滨有关。

哈尔滨富集的文化旅游资源亟待深度开掘。若能将哈尔滨这些丰富多彩的旅游文化整合到一起，提炼出一个生动的旅游口号和形象，必将促进哈尔滨旅游业的持续发展。2012年夏季，哈尔滨推出“迷人的哈尔滨之夏”文化旅游系列活动，该活动将文化与旅游深度融合，吸引了大量海内外游客。在为期62天的民航暑运中，哈尔滨共保障航班14238架次，运送旅客184.4万人次，比2011年同期分别增长24.4%和19.9%，这足以说明文化与旅游整合所散发的巨大吸引力。

分析内容：哈尔滨进行了哪些旅游资源文化整合？你对哈尔滨旅游资源文化整合还有哪些意见或建议？

第六章 旅游资源质量管理

【学习目标】

学习本章后，你应该能够：

1. 理解旅游资源质量、旅游资源质量管理、旅游资源质量管理体系的含义；
2. 熟悉旅游资源标准质量管理的特点、意义、内容；
3. 探讨旅游资源标准质量管理的实施主体、实施过程；
4. 界定旅游资源全面质量管理的内涵、特点和内容。

【章前引例】

三星堆博物馆是国家首批 AAAA 级旅游景区和四川省对外推出的五大精品旅游景区之一。在实现打造三星堆国际旅游精品的工程中，三星堆博物馆注重运用先进的管理方法，引进了当今两大国际管理体系。经中国质量认证中心、“绿色环球 21”认证专家的严格认证，三星堆博物馆成为国内第一家同时通过这两大国际管理体系认征的博物馆。

三星堆博物馆开国内博物馆之先河，引进质量管理系统，成功地改善了传统博物馆的管理体制，明确博物馆中、高层管理人员的职责和权限，对博物馆馆长、副馆长，各科室部门主管的职责、权限和考核方法以及考核审批权限也做出了明确规定，确保了博物馆管理工作正常有效运作。现在博物馆各部门、各岗位的职责和权限划分极为清楚，最高管理者从琐碎的事务中解脱出来，有更多精力去策划博物馆的未来发展宏图，员工的责任心也得到了加强。

三星堆博物馆在“绿色环球 21”系统的指导下，与成都危险固体废弃物处理中心建立了长期友好的合作关系，由成都危险固体废弃物处理中心代替傅物馆处理废旧电池等危险固体废弃物。博物馆也建立健全了专门的危险固体废弃物回收制度，确定了相关责任人，建好了危险固体废弃物临时储存间；与周边村庄及社区经常进行沟通，对村民进行环保知识培训和教育，引导他们将废弃物收集到博物馆设立的便民垃圾站。在博物馆区，人们可以看到满目翠绿、鹤鸟飞翔、清水潺潺，游人与自然和谐相融。

第一节　旅游资源质量管理概述

一、质量管理

（一）质量管理的含义

质量管理是指确定质量方针、目标和职责，并通过质量体系中的质量策划、控制来实现管理目标的全部活动。包括制定质量方针、质量目标、质量策划、质量控制、质量保证和质量改进。

质量方针指由组织的最高管理者正式发布的该组织总的质量宗旨和方向，它通常与组织的总方针相一致，并为实现质量目标提供框架。

质量目标指在质量方面所追求的目的，需要根据组织的质量方针指定，通常针对组织的相关职能和层次分别规定质量目标。

质量策划致力于指定质量目标，并规定必要的运行过程和相关资源，以实现质量目标，其结果可能形成质量计划。

质量控制致力于满足质量要求。

质量保证致力于提高质量要求会得到满足的信任。

质量改进致力于满足质量要求的能力。

（二）质量管理发展阶段

1. 质量检验阶段

20 世纪前，产品质量主要依靠操作者本人的技艺水平和经验来保证，属于“操作者的质量管理”阶段。20 世纪初，以泰勒为代表的科学管理理论的产生，促使产品的质量检验从加工制造中分离出来，质量管理的职能由操作者转移给工长，进入到“工长的质量管理阶段”。随着企业生产规模的扩大和产品复杂程度的提高，产品有了技术标准（技术条件），公差制度也日趋完善，各种检验工具和检验技术也随之发展，大多数企业开始设置专门的检验部门，这时就进入“检验员的质量管理阶段”。上述几种做法都属于事后检验的质量管理方式。

2. 统计质量控制阶段

1924 年，美国数理统计学家休哈特提出控制和预防缺陷的概念。他运用数理统计的原理提出在生产过程中控制产品质量的“6”法，绘制出第一张控制图并建立了一套统计卡片。与此同时，美国贝尔研究所提出关于抽样检验的概念及其实施方案，成为运用数理统计理论解决质量问题的先驱，但当时并未被普遍接受。以数理统计理论为基础的统计质量控制的推广应用开始于第二次世界大战。由于事后检验无法控制武器弹药的质量，美国国防部决定把数理统计法用于质量管理，并由标准协会制定有关数理统计方法应用于质量管理方面的规划，同时成立了专门委员会，并于1941—1942年先后公布了一批美国战时的质量管理标准。

3. 全面质量管理阶段

20世纪50年代以来，随着生产力的迅速发展和科学技术的日新月异，人们对产品的质量从注重产品的一般性能发展为注重产品的耐用性、可靠性、安全性、维修性和经济性等。在生产技术和企业管理中要求运用系统的观点来研究质量问题，在管理理论上也有新的发展，如突出人的因素，强调依靠企业全体人员的努力来保证质量。此外，"保护消费者利益"的运动也逐渐兴起，企业之间的竞争越来越激烈。在这种情况下，美国费根鲍姆于20世纪60年代初提出全面质量管理的概念。他提出，全面质量管理是"为了能够在最经济的水平上，并考虑到充分满足顾客要求的条件下进行生产和提供服务，并把企业各部门在研制质量、维持质量和提高质量方面的活动构成为一体的一种有效体系"。

二、旅游资源质量管理

（一）旅游资源质量

旅游资源质量是指旅游资源个体或组合体的固有特性能够满足旅游者需要的程度，包括旅游资源类型特色、结构规模和机制功能三要素，具体可分为完整度、审美度、奇特度、价值度、组合度、规模度等。旅游资源并不像其他工业物质资源在生产输入和输出过程中，经过物理、化学的作用会发生形态、结构和功能等方面的巨大变化。如自然旅游资源在开发利用过程中只要适当改变其外部条件，如可进入性、接待设施、环境条件等，就可以提供给游客观光与欣赏。可见，旅游资源质量更强调"特性"，例如，价值特性（经济、社会、环境价值）、类型特色、结构规模等，因此，旅游资源质量与一般意义的工业产品质量是有区别的。

旅游环境包括自然和人文环境，旅游环境质量主要通过生态性、舒适性、原真性等固有特性满足人们要求的程度来表征。配套或支撑旅游产品的设施主要分为两大类：公共基础设施（交通设施等）和旅游接待设施（宾馆、饭店、旅行社等）。同样，服务大致分为公共服务、社会服务和旅游服务。设施与服务的质量更多强调"满足需求"，即通过安全性、舒适性、审美性、好客性等固有特性满足人们要求的程度来表征。旅游产品是直接提供给旅游者的，其产品质量的构成大致可以分为四部分：旅游资源质量（旅游景观质量）、设施质量、服务质量和旅游环境质量。旅游产品质量不仅体现在对旅游资源开发利用而形成的旅游景观特性（如景观的美学性、体验感等）上，而且体现在旅游设施与旅游服务特性（如设施的安全、美观，服务的准时到位、超值）满足人们要求的程度上。旅游资源与旅游环境，以及在此基础上形成的旅游产品质量，构成了旅游景区和旅游地的核心竞争力。

（二）旅游资源质量管理

旅游产品和旅游景区的质量管理不仅包括对旅游资源的质量管理，还包括对旅游环境、旅游设施设备与旅游服务的质量管理，而对旅游资源的质量管理是其核心。由于旅游资源有着不同于其他物质资源的特性，旅游资源质量管理具有如下显著特点：

1. 管理主体的类型杂、层次多

由于旅游资源的空间固定性、分布广泛性与区域性，其所有权属常常难以界定，在保护与开发利用中涉及不同组织、个人的责任和利益时，常常出现管理协调困难、管理标准不一等问题。例如，我国旅游资源权属国家所有（如风景名胜）、集体所有（如古村落）与私人所有（如特色民居）的旅游资源，形成对旅游资源的政府管理、集体管理、私人管理，而政府管理又涉及不同部门与层次。

2. 旅游资源本身的复杂多样性

凡是具有旅游吸引力的事物、现象与活动等皆可构成旅游资源。这样，对旅游资源的分类、调查与评价，以及规划、开发和经营，既需要考虑建立标准进行系统化和规范化管理，又需要考虑具体实情，以保证对不同类型旅游资源的有效保护和最优化开发利用。

3. 旅游资源管理的核心是质量管理

基本内容包括对旅游资源的保护和开发利用，其中对旅游资源的质量要素、质量特性和质量等级，以及对旅游资源开发利用的过程（或程序）分析，都是一项复杂的系统工程，同时旅游资源管理不能仅仅局限于旅游资源，还需考虑到旅游环境。

4. 管理手段的多样性

管理手段包括标准的、规划的、策划的、政策的、法律的、教育的等。其中，政府以政策法律法规为主，企业（景区）以制度和标准、规划或策划为主，社会以教育为主。

5. 旅游资源管理目标具有特殊性

其具体目标在于追求旅游资源的有效保护和开发利用的最优化，而最终目标是实现经济、社会和环境效益的协调，而不能像一般的赢利性组织以追求利润为主要目标。

（三）旅游资源质量管理体系

一个完善而有效的旅游资源质量管理体系是旅游资源质量管理的保证，具体包括与旅游资源质量管理相关的一系列要素组合。

1. 组织体系

依据旅游资源的产权属性，成立以所有者、经营者为主体的，有政府、专家、社区代表参与的，权责明晰的管理组织以规范组织职能部门与员工的职责，同时具体负责旅游资源的保护管理与开发利用。

2. **标准体系**

旅游资源质量的保证离不开旅游资源的质量标准，旅游资源的开发利用离不开程序标准。

3. **政策体系**

旅游资源的保护和开发利用基本上属于地方行为，地方政府依据资源和市场状况形成正确的旅游发展政策是旅游资源质量管理的行动指南。

4. **法律法规体系**

地方立法和行政部门制定的对旅游资源保护利用的法律、法规和规章是旅游资源质量管理的强制保障。

5. **过程管理体系**

建立从“调查—规划—开发—运营”到“测评—再规划—再开发—再运营”的质量循环（持续改进）体系。

第二节　旅游资源标准质量管理

一、标准与标准化

（一）标准

标准是为了在一定范围内获得最佳秩序，经协商一致制定并由公认机构批准，共同使用和重复使用的一种规范性文件，其内容包括技术标准、管理标准和工作标准三种。标准不仅是衡量产品质量、工作质量与管理质量的尺度，而且是组织（特别是企业）技术、生产和管理等所有工作的依据。

（二）标准化

标准化是指在经济管理、科学技术等社会实践中，对重复性的事物和概念，通过制定、发布和实施标准以达到统一，从而获得最佳秩序和社会效益。标准化不仅是质量管理的基础，也是现代化大生产中的各项工作的基础。

二、旅游资源标准质量管理

（一）内涵

标准质量管理在旅游业中的运用主要表现为对旅游资源、旅游环境、旅游设施设备、旅游服务的管理实行标准化。其中，对旅游资源管理的标准化，就是按照旅游资源的类型级别、积聚程度、分布特征、稀缺程度以及旅游业发展需要，建立一定标准，将旅游资源进行分类分级评价、分类分级保护、分类分期开发，并且由旅游资源的管理组织通过质量标准或以法律法规形式加以经营管理。

1. 旅游资源标准质量管理的特点

旅游资源标准质量管理的最大特点是管理对象的独特性，即它是对旅游资源质量的管理，包括旅游资源的类型结构、质量等级评价、经营管理过程的标准化，而不是对一般物质产品或服务产品的标准化。但由于旅游资源是旅游景观产品的原料，旅游资源向旅游景观产品的转化只是发生条件（如环境、设施、可进入性）和外观（如美学装饰）方面的变化，因此，对旅游资源质量管理的标准化管理实际上也是对旅游景观产品质量的标准化管理。对旅游景观产品质量的标准化管理主要涉及经管的类型、组合、等级等方面的技术评价，以及经营管理行为的规范制约。

2. 旅游资源标准质量管理的意义

标准化在旅游资源的保护利用和经营管理方面具有重要意义，包括以下几点：

（1）有利于旅游资源的分类分级管理和旅游产品的市场定位。

（2）有利于旅游资源管理组织，包括企业、社区、政府对旅游资源保护与经营的规范化，增强可操作性，减少盲目性，增强保护性，减少破坏性。

（3）有利于旅游资源保护方面的责任相关方、旅游资源利用方面的利益相关方在统一的质量标准和法律法规下形成协调。

（4）有利于旅游资源保护和经营方面的区域性交流与合作，甚至国际性交流。

（二）具体内容

旅游资源标准化管理主要包括两个方面：一是对旅游资源保护的标准化，二是对旅游资源开发利用过程的标准化。前者需要建立旅游资源类型和等级的标准体系，形成旅游资源质量保护的技术指标，属于技术事项的标准化；后者需要在前者的基础上建立旅游资源经营过程的标准体系，形成以质量循环（PDCA 循环）为特征的旅游产品过程管理模式，体现了工作和管理事项的标准化。

1. 资源类型标准化（技术标准）

旅游资源类型的繁杂要求在对旅游资源的经营管理中，制定旅游资源分类的行业标准或国家标准，然后依据此标准进行旅游资源调查、保护和开发利用工作。

中国科学院地理科学与资源研究所和国家旅游局主要依据旅游资源的质量特性，经过反复修改，先后颁布了几个旅游资源的标准分类方案，包括 1990 年的《中国旅游资源普查分类表》、1997 年的《旅游资源分级分类系统修订方案》，以及 2003 年发布的旅游资源分类的国家标准《旅游资源分类、调查与评价》。这些分类标准基本上奠定了我国旅游资源类型标准化的基础。同时应注意旅游资源是一个开放的系统，旅游资源类型标准化也是一个不断完善与丰富的过程。

2. 质量等级标准化（技术标准）

依据旅游资源的质量要素及其特性以及与其密切相关的自然环境因素，对旅游资源划分等级，形成等级标准，称为质量等级标准化，这是旅游资源分级管理和分期开发的依据。

首先，依据旅游资源共有因子建立旅游资源的综合评价赋分标准系统，形成旅游资源的质量等级。在《旅游资源分类、调查与评价》（GB/T 18972—2003）国家标准系统中，依据 3 个评价项目、8 个评价因子，将旅游资源分为 5 个等级。

其次，对于不同基本类型的旅游资源，依据各自的质量要素组成及其特性状态，建立质量等级标准。例如《中国森林公园风景资源质量等级评定》（GB/T 18005—1999）、《海洋自然保护区类型与级别划分原则》（GB/T 17504—1998）、《自然保护区类型与级别划分原则》（GB/T 14529—1993）等。这些等级标准都有待形成各自的评价赋分标准系统，以便为其后的保护与开发利用工作提供依据。

最后，对于影响旅游资源质量的旅游环境因素建立质量等级标准。例如，大气环境质量标准（GB 3096—1996）、地表水环境质量标准（GB 3838—2002）、环境空气质量标准（GB 3095—2012）、城市区域环境噪声标准（GB 3096—1993）等。

3. 经营过程标准化（工作与管理标准）

旅游业既是一个提供服务的产业，也是一个“加工与出口”风景的产业，从旅游资源调查到旅游产品形成是一个完整的产品生产过程。这个过程大致包括了旅游资源及其环境与开发条件的调查、旅游区规划、旅游产品开发和旅游景区运营四个前后衔接的阶段，但对旅游资源的保护应贯串过程的始终。为了旅游资源的有效保护和开发效益最大化，不仅需要建立各阶段的工作标准，而且需要建立各阶段的管理标准。目前，我国对旅游资源的调查、规划与运营管理已经出台了国家标准，调查方面包括《旅游资源分类、调查与评价》（GB/T 18972—2003），规划方面包括《旅游规划通则》（GB/T 18971—2003）、《风景名胜区规划规范》（GB 50298—1999），运营方面包括《旅游景区质量等级的划分与评定》（GB/T 17775—2003）、《世界自然遗产评定标准》、《国家地质公园评定标准》、《国家级风景名胜区评定标准》等。但旅游项目开发方面仍然缺乏相应的标准指南，在实际操作中可以参照《质量管理—项目管理质量指南》（GB/T 19016—2000）制定旅游项目管理质量指南。此外，应在阶段性的工作和管理活动标准的基础上，依据质量循环（PDCA 循环）的理念和方法，形成系统的过程管理标准体系。

（三）实施

1. 实施主体

旅游资源管理的标准化工作主要包括标准的制定、执行和监督，但由什么组织具体实施，因各国市场经济的成熟程度而有所不同。欧洲的旅游业管理体制是由政府颁布法令，民间标准化专业机构制定标准，相关的民间机构进行质量认证和监督。我国是全部由政府部门操作，包括制定法规、标准及其实施与监督。一般而言，政府主要负责制定和执行政策与法令，行业性组织（如协会）或龙头企业负责形成和推广标准，学术界则提供相关咨询。但在我国市场经济不成熟和民间机构不发达的情况下，由政府主导标准的制定、执行和监督是符合我国实际且切实可行的。国家旅游行政管理部门及其相关职能部门不仅要推动标准体系的建立健全，而且要指导业务管理。同时旅游资源的所有者和经营者应积极参与，高等院校与科研院所、各行业学会和协会，以及有关民间组织应提供智力和技术支持，从而形成自上而下和自下而上相结合，政府、企业、社团与学界良性互动的局面。

2. 实施过程

旅游资源管理的标准化工作是一个不断完善的过程，具体包括以下程序：

（1）全面进行国内旅游资源调查。

（2）制定旅游资源分类分级评价的项目依据和等级指标，并形成体系。

（3）分别进行各地区各类旅游资源（包括各级各类旅游景点和景区）的等级划分与评定。

（4）颁布有关旅游资源定量定型的国家标准，并制定有关法律法规加以保障。

（5）建立国家和省、区、市两级旅游资源信息数据库和档案管理。

（6）根据对旅游资源的保护原则和开发利用实践，形成旅游资源经营的工作和管理标准。

（7）严格按照旅游资源的管理标准进行旅游资源的保护和开发利用，加强国家审批和行政执法力度，最终形成“实践与借鉴—行业或国家标准体系—指导实践与再借鉴—修订”的质量循环（PDCA 循环）过程。

3. 现状与未来

自改革开放以来，经过 30 多年对旅游资源的调查、规划、开发和运营实践，以及对国外旅游资源管理实践的借鉴，对旅游资源的标准化管理已经形成共识。

然而，旅游资源本身是不断发展变化的，自然旅游资源会因为自然力的作用而发生变化，人文旅游资源也会随着人类活动而发生显著变化。同时，旅游资源管理的环境也在不断变化，因此，旅游资源分类分级的技术标准，以及旅游资源的经营工作和管理标准也要不断发展和变化。根据我国旅游资源标准化管理的现状，在以后的旅游资源标准化工作中，需要重点注意以下几方面：

（1）不断完善《旅游资源调查、分类与评价》的标准体系，特别是建立健全各旅游资源基本类型的等级标准体系，以便为旅游资源的分类分级保护与开发提供依据。

（2）不断完善《旅游景区质量等级的划分与评定》标准体系，加强旅游景区的质量认证与监督，规范旅游景区的经营活动。同时，建立健全各种类型旅游景区的质量等级标准体系，如全国农业旅游示范点与工业旅游示范点的检查标准、国家旅游度假区与国家生态旅游区的质量标准等。

（3）重视从旅游资源到旅游产品的过程标准研究，建立健全以“PDCA 循环”为基础的过程管理标准体系，包括调查标准、规划标准、项目开发标推、运营标准，特别是制定不同旅游产品的开发过程标准，如专项旅游产品、生态旅游产品、农业旅游产品、工业旅游产品、特种旅游产品等。

（4）吸引企业全程参与标准化工作，不仅包括宣传，而且在前期调研、立项、标准编制工作中都要发挥企业的积极性和主动性。可以通过四种渠道：一是各级旅游标准化工作管理机构广泛收集信息，将市场和企业比较集中的意见统一，立项为标准；二是同一类企业对共同关注的课题，向各级旅游标准化工作管理机构申报标准立项；三是同一类企业就共同的课题制定本行业的规范或手册，由各级旅游标准化工作管理机构规范为标准；四是鼓励企业制定企业标准，但企业标准要高于国家标准和行业标准。

（5）标准化管理与法制化管理、政策引导相结合，形成政府、企业、学界、社团之间的互动。

第三节　旅游资源全面质量管理

一、全面质量管理

（一）全面质量管理的内涵

全面质量管理是以产品质量为核心，建立起一套科学严密高效的质量体系，以提供满足用户需要的产品或服务的全部活动。它是以全员参与为基础，目的在于通过顾客满意和本组织所有成员及社会受益而达到长期成功的一种管理途径。

（二）全面质量管理的特点

作为一种以质量管理为中心，以全员参与为基础，目的在于通过让顾客满意和本组织所有者、员工、供方、合作伙伴或社会等相关方受益而使组织达到长期成功的管理途径，全面质量管理致力于提高产品质量，鼓舞员工的士气和增强质量意识，改进产品售后服务，提高市场的接受程度，降低经营质量成本。全面质量管理具有全面性、全员性、预防性、服务性、科学性等特点。

全面性是指全面质量管理的对象，是企业生产经营的全过程。

全员性是指全面质量管理要依靠全体职工。

预防性是指全面质量管理应具有高度的预防性。

服务性主要表现在企业以自己的产品或劳务满足用户的需要，为用户服务。

科学性是指质量管理必须科学化，必须更加自觉地利用现代科学技术和先进的科学管理方法。

二、旅游资源全面质量管理

旅游资源全面质量管理可以理解为以旅游资源质量为中心，在旅游资源利害相关方的全员参与下，以实现旅游资源综合效益为目标，对旅游资源保护利用全过程的管理活动。

旅游资源管理是一项系统工程，需要通过建立完善而有效的管理体系，在所有相关方参与的基础上，进行全过程、全方位的管理，因此全面质量管理理念和方法对旅游资源质量管理具有重要的意义。

（一）特点

1. 全方面（管理对象）

旅游资源管理不能狭义地局限于旅游资源，必须把影响旅游资源质量的所有因素，诸如旅游环境、旅游设施、旅游服务与旅游活动都放在管理之列，以及自然活动、人类生产生活活动（如社区居民活动），其中对旅游环境质量管理最为重要。

2. 全过程（管理环节）

要对旅游资源的调查、规划、开发和运营的全过程实行质量监督，确保旅游资源的有效保护和开发利用的最优化。

3. 全人员（管理主体）

旅游资源的相关利益者，包括所有者与经营者、地方政府、社区居民、游客（旅游休闲者）等需要共同参与对旅游资源的保护，共同分享旅游资源开发带来的利益。

4. 多方法

运用经济、规划、标准、科学技术、政策法律、宣传教育等手段进行质量管理活动。

5. 多层次

旅游资源管理涉及层面很多，可能是景区性的，如开发破坏、游客破坏、社区居民破坏，也可能是区域性的，如水质污染、空气污染、酸雨腐蚀，还可能是全球性的，如气候变暖。因此需要景区层面、社会层面，特别是政府层面加强协调决策。

6. 一体化

要建立一个完善而有效的质量管理体系实施质量管理，特别是通过有效的组织制定质量标准（经济、社会和环境效益）和质量目标（有效保护和开发利用最优化），进行质量策划、质量控制、质量保证与质量改进工作。

（二）内容

1. 质量责任制

质量责任制关键在于管理组织（主体）的功效。旅游资源的管理组织构成比较复杂，有景区、地方政府、社区或集体组织等，但都需要明确规定管理组织中每一个部门和员工的职责与权限，以及具体任务，以便事事有人管、人人有专责、办事有标准、工作有检查。在景区管理层面，要依据旅游资源方面的政府政策、国家法律法规、国家与行业标准、社会公德以及自身实情，进行制度化管理。在行业管理层面，有关行业协会组织和国家业务主管部门要积极推动旅游资源的标准化管理，而政府特别是地方政府要注意因地制宜形成旅游资源管理政策，并依法保护当地旅游资源。在社会层面，有关新闻机构、社会公益组织（如环保组织）需要通过宣传教育活动，培养公民（特别是游客和社区居民）自觉保护旅游资源与旅游环境的意识。

2. **标准化工作**

标准化是全面质量管理的基础。与旅游资源管理相关的企业组织、学术组织、行业组织和国家业务主管部门有责任建立和完善旅游资源管理标准，推动标准化管理。如前所述，旅游资源管理的标准化主要包括类型、等级和过程的标准化，涉及技术、工作与管理的标准化。我国在相关标准化方面已经建立了国家标准，但各种旅游资源基本类型的等级标准、不同旅游区点的等级标准，以及旅游资源开发的项目管理标准仍然缺乏，标准化工作在实际管理工作中的应用普及性还有待改进。

3. **政策与法律保障工作**

国家对旅游资源的立法、执法与司法保护是旅游资源管理的法律保障。目前，我国旅游资源管理法规主要以单行法及相关法律、行政法规、法规性文件和部门规章为主，具体包括：旅游环境管理法规，文物资源管理法规与历史文化名城管理法规，爱国主义教育基地和革命烈士纪念地（物）管理法规，宗教活动场所管理法规，风景名胜区管理法规，森林和草原管理法规，自然保护区管理法规，动植物资源管理法规，旅游度假区、游乐园（场）管理法规。

但是现阶段对旅游资源的政策引导和法制监管方面，仍然存在许多问题，具体包括：部门分割、条块分割、政出多门、利益割据；旅游资源多头管理、无人管理、缺乏约束和监督；旅游资源开发随意性大，无统一规则；旅游执法不严、破坏严重。因此，在政府主导或参与旅游资源管理方面，应进一步加强严格依法行政，以及依据地方经济、社会、文化、环境状况制定适宜的旅游发展政策。

4. **质量情报与规划工作**

质量情报是质量规划的基础和修编依据，质量规划则是质量循环的起点。旅游资源、旅游产品与旅游环境的质量始于旅游规划，而旅游规划的制定源于对旅游资源和旅游环境变化情报进行收集、分析、整理、综合。旅游发展规划是旅游目的地旅游业发展的指南，旅游区总体规划与详细规划（控制性和修建性）是旅游区旅游资源开发利用和旅游环境建设的指南，旅游规划的质量及其执行状况直接影响到旅游产品的质量。旅游规划质量保证的前提是通过利用新技术手段例如遥感、地理信息系统、全球定位系统等监控旅游资源与环境的变化并适时修编旅游规划。旅游规划在一定时段内具有动态特性。因此，旅游资源管理组织必须重视旅游规划，并以此为起点，形成质量的持续改进。

5. **旅游资源保护与质量提升**

旅游资源保护范围需要从空间和时间两个方面理解。从空间方面来看，旅游资源不是孤立的，与其存在的环境密切相关，因此对旅游资源保护不仅在于对自然与人文旅游资源本身的保护，而且在于旅游资源环境的保护。其中，对自然旅游资源保护需要维护生态环境，防止大气、水体、噪声、固体废弃物等的污染，以及对植被的破坏、动物的捕猎等问题，一般采取在旅游区（点）划定保护区的做法。对文物旅游资源保护也需要适宜的环境，包括适宜的温度、湿度、光度等，防止自然风化、灰尘污染、生物侵蚀等，一般采取建立“玻璃屋”进行封闭式保护的做法。对人文环境的保护，要防止文化的同化、商业化、庸俗化等，采取积极的保护与复兴方式。

从时间方面来看，旅游资源保护贯串于旅游资源开发利用的全过程，不仅要在开发中保护，而且要在经营中保护，防止所有者、经营者、员工、社区居民、游客等对旅游资源和旅游环境有意无意进行破坏，尽量维持旅游资源的原生态面貌和旅游环境的本土意境。在旅游资源的开发与运营过程中，需要依据质量循环（PDCA 循环）思想，建立从旅游资源到旅游产品的过程管理体系，通过保护旅游资源与旅游环境而不断提升旅游产品的质量。

6. 加强质量意识教育

旅游资源的保护和经营离不开教育，需要在学术界、政府、企业（景区）、社会（游客、社区居民）之间，以及在企业（景区）中所有者、经营管理者和员工之间形成教育链，普及资源与环境保护等知识。旅游资源保护需要运用多种手段或方法。

（1）科技手段。旅游资源保护的科技手段，主要包括物理、化学、生物、工程、计算机、空间技术、医学手段等，通过发挥它们各自的优势，将它们单一或组合使用以达到保护旅游资源的目的。物理手段如对野生动物的无线电跟踪，对民俗风情的隔离等；化学手段如对污水的化学处理等；生物手段如利用植物、动物甚至微生物恢复生态环境，美化、净化、绿化旅游资源环境等；工程手段如通过建筑隔离墙、房屋、加盖顶棚保护旅游资源等；计算机手段如对旅游资源和旅游环境状态的模拟等；空间技术手段如对大型景区的旅游资源和旅游环境实行卫星监测等；医学手段如对珍稀保护动物的人工繁殖等。

（2）规划手段。规划是对未来状态长远的、全面的设想或构想。旅游资源和旅游环境的保护规划是旅游业规划和旅游区规划的一部分，是针对一个地区或景区具体的资源、环境特点与状况，对旅游资源和旅游环境保护的思想、原则、目标、范围、手段、措施、步骤等所做的系统解释和布局，具有针对性，富有前瞻性。例如，划定旅游区和风景名胜区的范围和外围保护带就是旅游资源和旅游环境保护规划中的重要任务，一般把旅游区和风景名胜区的分区保护分为四个等级。旅游区和风景名胜区的旅游资源和旅游环境的保护措施也是旅游资源和旅游环境保护规划中的重要任务，一般包括确定旅游资源与环境保护项目的范围、开展教育与管理、合理布局各类用地、维护与修复旅游资源、维护自然生态系统平衡、治理“旅游公害”等方面。

（3）经济手段。旅游资源保护的经济手段主要通过以资金运作来影响旅游资源及其环境的利害相关方，进而达到旅游资源及其环境保护的目的。例如，通过征收旅游税、风景名胜区资源税和设立旅游发展基金为旅游资源及其环境保护筹集资金。旅游资源保护的经济手段一般包括奖励（鼓励）和惩罚（限制）两个方面，如通过财政补贴、货币信贷、物质奖励，以及保让金、押金、排污收费、罚款、赔偿等手段对旅游企业和旅游者个人实行奖罚。同时，旅游景区为了减轻游客超载对旅游资源及其环境所形成的压力，也会采取价格浮动以及营销宣传方法，对游客进行空间和季节性分流。

（4）宣传教育手段。旅游资源保护的宣传教育手段主要借助大众传媒，向公众传播有关旅游资源及其环境保护的政策、法律法规和科技知识，从而增加公众的环境保护意识。

（5）政策法律手段。保护旅游资源及其环境不仅是每个公民的义务，也是国家政府的义务。我国《宪法》明确规定："国家保护名胜古迹、珍贵文物和其他重要历史文化遗产。""国家保护和改善生活环境和生态环境，防治污染和其他公害。国家组织和鼓励植树造林，保护林木。"国务院在《关于进一步加快旅游业发展的通知》中也指出："坚持旅游资源的严格保护、合理开发和永续利用相结合的原则，正确处理好自然景观、人文景观的保护、研究、利用的关系，协调好经济效益与社会效益、眼前利益与长远利益、局部利益与全局利益的关系，实现旅游业的可持续发展。"可见，政府在旅游资源的有效保护、合理开发和永续利用方面的作用在于依据相关法律和地方具体实际情况制定行之有效的政策、法规和规章，形成系统的旅游资源及其环境管理政策和法规体系，使旅游资源的保护、开发和利用有序化、规范化。

【本章小结】

1. 一个完善而有效的旅游资源质量管理体系是旅游资源质量管理的保证，具体包括与旅游资源质量管理相关的一系列要素组合：组织体系、标准体系、政策体系、法律法规体系、过程管理体系。

2. 旅游资源标准质量管理的最大特点是管理对象的独特性，即它是对旅游资源质量的管理，包括旅游资源的类型结构、质量等级评价、经营管理过程的标准化，而不是对一般物质产品或服务产品的标准化。

3. 旅游资源标准化管理主要包括对旅游资源保护的标准化和对旅游资源开发利用过程的标准化。前者需要建立旅游资源类型和等级的标准体系，形成旅游资源质量保护的技术指标，属于技术事项的标准化；后者需要在前者的基础上建立旅游资源经营过程的标准体系，形成以质量循环（PDCA 循环）为特征的旅游产品过程管理模式，体现了工作和管理事项的标准化。

4. 旅游资源全面质量管理是指以旅游资源质量为中心，在旅游资源利害相关方的全员参与下，以实现旅游资源综合效益为目标，对旅游资源保护利用全过程的管理活动。它具有全方面、全过程、全人员、多方法、多层次和一体化的特点。

【复习思考题】

1. 简述旅游资源质量管理的内涵和特点。
2. 简述旅游资源标准质量管理的具体实施措施。
3. 简述旅游资源全面质量管理的内涵、特点及意义。
4. 旅游资源全面质量管理包括哪些内容?

【案例分析】

红色旅游景区的标准质量管理

《2004—2010 年全国红色旅游发展规划纲要》颁布与顺利实施后，在全国范围内培育、建成、规划了一大批红色旅游区、红色旅游精品景区、红色旅游精品线路，初步构建起全面合理的红色旅游空间格局；《2011—2015 年全国红色旅游发展规划纲要》突出强调了红色旅游在社会主义核心价值体系构建中的重要作用，丰富和发展了红色旅游资源的内涵，着重强调提高红色旅游的政治、文化、社会、经济和生态环境等综合效益，要求增强红色旅游的时代感与现实感，把红色旅游推向更高端、更快速的发展道路。

红色旅游高速发展的同时也存在一些问题。首先，红色旅游景区如雨后春笋般在全国各地涌现，但质量参差不齐，重复建设严重，景区规划开发雷同、缺乏新意，极不利于发挥红色旅游景区综合效益。究其原因，是发展不规范造成了这种无序状态。其次，红色旅游景区的标准质量管理借鉴一般旅游景区管理经验，但鉴于红色旅游的特殊性，目前的景区质量管理标准很难将大量的红色旅游景区纳入全面合理的标准质量管理体系。因此，如何实现景区质与量的同步发展，成为制约红色旅游发展的瓶颈。

要突破发展瓶颈，推进红色旅游景区的标准质量管理不失为一条有效途径。红色旅游景区规范发展就应做到有章可循，“章”就是“规矩”，即统一的标准，通过统一的标准进行标准化管理，判别哪些资源可以进行红色旅游开发、以何种方式开发及红色旅游景区内应具备哪些基本构件等，这样才可以把好准入关，确保规划开发的合理性与创新性，最终促使红色旅游景区形成市场竞争合力，推动红色旅游的强势发展。

分析内容：红色旅游景区的标准质量管理中还需要注意哪些问题？红色旅游景区标准质量管理实施过程如何体现创新?

第七章 旅游资源环境管理

【学习目标】

学习本章后，你应该能够：

1. 掌握旅游资源环境、旅游资源环境质量、旅游资源环境质量管理概念，正确理解其内涵；

2. 了解旅游资源环境监测管理的目的以及所采取的管理形式；

3. 掌握旅游资源环境容量管理测算方法，并能结合案例进行运用。

【章前引例】

周庄的未来何处可寻

“上有天堂，下有苏杭，中间还有个周庄。”周庄位于江苏省昆山市，是一个具有900余年历史的水乡古镇。“镇为泽国，四面环水，咫尺往来，皆须舟楫”的独特自然环境使其形成了典型的江南水乡面貌，仍完整地保存着原有的水镇建筑物及其小桥、流水、人家的独特格局。

周庄已经成江南的一个代表符号，成为中国人心中的“梦里水乡”、外国人眼中的“东方威尼斯”，中外游客纷至沓来，争相一饮这杯香味浓郁的江南清茶。

旅游人数的飞速膨胀给周庄带来了巨大的商机，也加速了周庄的商业开发，最终使浓厚的商业气息弥漫在今天周庄的上空。

如今，走在周庄古镇内，你会发现，除了几家零星的景点外，几乎所有小街两侧的房子，都破墙开店。店铺泛滥不仅破坏了古镇的风貌，还使旅游环境日趋恶化，拉客现象和恶性竞争也严重破坏了周庄的文化氛围。

大部分游客是冲着周庄“小桥、流水、人家”来的，但是由于商业氛围太浓，很多游客都是乘兴而来，遗憾而归。

现如今像周庄这样的古镇在江南星罗棋布，随着旅游客流量的增加，周庄的特色湮没于大量的客流量以及经济开发的热潮中，周庄的现状令人担忧。皮之不存，毛将焉附？我们该如何平衡商业开发与旅游资源环境保护之间的矛盾，如何对日流量进行合理限制，防止旅游人数的“井喷”发生？

第一节　旅游资源环境管理概述

一、旅游资源环境概述

旅游资源环境是以旅游资源为中心，由旅游资源（包括资源单体和资源组体）以及与旅游资源密切关联的周围事物构成的总体状况。其中，周围的事物包括自然环境、人文环境，是旅游资源形成的基本条件，也是旅游资源开发利用的根本保障。

（一）旅游资源环境的特点

1. 特色鲜明

不同地域的旅游资源环境具有其强烈的地方色彩、历史色彩和文化色彩，能够满足人们的特殊要求。

2. 脆弱性

大部分旅游资源具有不可再生性，一旦遭到破坏，依附该旅游资源所形成的旅游景观将不复存在，该旅游地也将失去吸引力，因此较其他环境而言，旅游资源环境更具脆弱性。

3. 空间结构多维性

旅游活动所涉及的空间范围有大有小，同时，由于人类旅游活动范围日益扩大，旅游资源环境的空间范围也不断扩展。

4. 时间的多变性

旅游资源环境受人为或非人为因素的影响，随着时间的推移而变化。如能够按照自然规律和经济规律去开发保护旅游资源及环境，就能使良好的旅游资源环境得以持续维持，并长期得到利用。否则，旅游资源环境就可能遭到破坏。如果超出其自我调控能力，有些不可再生性旅游资源就可能消失，旅游环境也可能无法恢复，旅游业将会失去持续发展的物质基础。

5. 供给的有限性

旅游资源环境中直接供旅游者享用和被旅游经营管理者利用的旅游资源是有限的，

不会随着人类对旅游需求的增长而持续增加，同时旅游资源还将因为人为或非人为因素的破坏而减少。

（二）旅游资源环境的分类

旅游资源环境是以旅游者为中心，以旅游资源为根本，以旅游目的地为基础，并由自然生态环境和人文社会环境共同构成的特定旅游活动复合环境系统。

旅游资源环境所包含的内容较多，具有不同的划分方法，目前学术界认识较为一致的划分方法有以下几种：

1. 以旅游者为中心划分

以旅游者为中心，可将旅游资源环境划分为旅游资源本底环境、旅游自然生态环境、旅游人文社会环境和旅游气氛环境等。

（1）旅游资源本底环境。旅游资源本底环境是指可供人类进行旅游活动的各类环境，分为自然旅游资源环境和人文旅游资源环境。实际上，不论是自然旅游资源环境，还是人文旅游资源环境，它们本身就是整体环境的组成部分。

（2）旅游自然生态环境。一般是指由旅游地域的地形、地貌、气温、降水、空气、水体、生物等组成的综合体。对游客而言，这些因素有时并不是直接的旅游对象或旅游吸引物，而只是一种起承载作用的外在环境，但恰恰是由它构成了旅游业生存、发展的基础，并直接关系旅游业发展的成败兴衰。

（3）旅游人文社会环境。一般是指旅游资源地域的政治局势、社会治安、经济水平、社会习俗、卫生健康、旅游服务和当地居民对外来游客的态度等，旅游人文社会环境从多个方面影响游客对旅游目的地的选择。

（4）旅游气氛环境。一般是指游客在旅游过程中，对周围“物”（包括自然旅游资源和人文旅游资源）和“人”（包含旅游目的地的居民、旅游经营者及其他旅游者）所形成的特定环境的感受，现场旅游的气氛环境，将影响游客的满意程度以及事后对旅游地域的评价。

2. 以旅游资源为中心划分

旅游资源环境可归纳为自然旅游环境、人文旅游环境和综合旅游环境，但都是以自然生态环境和人文社会环境为基础的。可采取以下四种划分方法。

（1）按旅游资源属性可划分为自然旅游环境（含自然旅游资源和自然生态环境）和人文旅游环境（含人文旅游资源和人文旅游社会环境）。

（2）按旅游资源要素又可将自然旅游环境划分为旅游空气环境、旅游水体环境、旅游地形地貌环境、旅游生物环境等；人文旅游资源环境也可划分为文物古迹环境、民俗风情环境等。

（3）按旅游资源地理空间或物质范围可分为单个旅游点的旅游环境、区域旅游环境、地区旅游环境等。

（4）按旅游资源的思维空间范围则可分为直接利用的旅游资源环境和间接利用的旅

游资源环境，或狭义旅游资源环境（只指能够吸引游客的各类旅游资源）和广义旅游资源环境（既包括能够吸引游客的旅游资源，还包括与其有关的周围的自然生态环境和人文社会环境）。

二、旅游资源环境管理

旅游资源环境管理是指运用规划、法律、经济、技术、行政、教育等手段，对一切可能损害旅游资源环境的行为和活动进行调控，从而协调旅游发展与环境保护之间的关系，使旅游经济得到长期稳定的增长，实现经济效益、环境效益、社会效益的有机统一。

（一）旅游资源环境保护的必要性

旅游资源是人类共有的资源，从国家和人民的长远利益出发，使旅游资源可持续开发利用，充分发挥其整体效益，是各国政府和每一位公民的共同责任。

1. 保护旅游资源就是发展旅游业

旅游资源是旅游开发的必要条件之一，是构成旅游产品的重要组成部分，没有丰富的旅游资源及优美的旅游环境，就没有旅游业的生存和发展。然而，旅游资源经过开发成为旅游产品后，如果没有进行有意识的保护就会受到不同程度的影响和破坏，从而使自然旅游资源的美学特征及观赏性降低，同时也可能使人文旅游资源丧失历史文物价值及文化底蕴，最终削弱旅游资源对旅游者的吸引力，严重地影响旅游业的发展。因此，保护旅游资源环境就是发展旅游业。

2. 保护旅游资源就是保护生态环境

旅游资源既包括自然界的山川、江河、湖泊、动植物等自然旅游资源，又包括人类活动所创造的历史古迹、宗教建筑、历史文化名城等人文旅游资源。对旅游资源加以保护，就是对旅游地域的生态环境和文化加以保护。

（二）旅游资源环境的破坏因素

研究旅游环境保护，离不开对旅游环境存在破坏因素的分析。只有全面深入地探讨旅游环境质量下降以及遭到破坏的主要原因，才能找到合适的防范对策与措施，最终达到妥善保护旅游环境的目的。

破坏旅游资源环境的因素是多方面的，从宏观方面可分为两类：一类是自然环境变化带来的破坏，另一类是人为因素带来的破坏。

1. 自然环境变化带来的破坏

自然旅游资源是地理环境的有机组成部分，其存在和发展不可避免地会受到自然环境变化的影响。由于人文旅游资源依附于一定的自然环境，故自然环境的任何现象和变化，也都会对其产生影响。如地震、火山爆发、洪水、海啸、飓风、风沙的侵蚀、干旱及气候变迁等，对各类自然旅游资源环境和人文旅游资源环境都有着直接的影响。同时气候骤变则会造成一些珍稀观赏植物和动物濒于灭绝。

2. 人为因素带来的破坏

（1）经济活动对旅游资源环境的破坏。随着人们经济活动范围、规模的日益扩大，人为因素对旅游资源环境的破坏也越来越大。例如落后的农业生产方式，乱砍滥伐、滥捕乱猎和开山造田，不仅破坏了旅游环境，甚至还会对一些重要的旅游资源本身直接造成危害。工业企业为了使利益最大化，强行占用旅游地域的有关设施，造成旅游地域资源环境的破坏。在城市化发展过程中，有些城市为发展现代化设施而拆毁历史街区、古居老宅、名人故宅，砍伐古树名木，一些极富特色的历史街道也被改造为商业街，历史文化名城所依托的人文环境不复存在，旅游人文环境遭到严重破坏。

（2）旅游活动本身对旅游资源环境的破坏。一些游客文化素质低，缺乏环境保护意识，在景区中随意攀折花木，随地乱丢生活废弃物，甚至偷猎珍稀动物、盗窃重要文物，给旅游资源环境带来严重破坏。一些生活在旅游景区的居民缺乏环保意识，对自然资源进行掠夺性开采也会造成旅游资源环境的破坏。

此外，一些旅游经营者素质不高，片面追求旅游经济，忽视科学管理、产品特色和资源保护，结果导致低级粗糙的商业化景观泛滥，使得旅游资源环境受到严重破坏。

（三）旅游资源环境保护的措施

1. 增强公众环境意识，倡导科学文明旅游

旅游业属于资源依托型产业，优良的自然旅游资源环境和人文旅游资源环境是旅游业赖以生存和发展的重要根基，保护旅游资源环境就是保护旅游业。因此必须塑造一种新的人类与自然的关系，培养人们对自然环境保护的责任感，努力使旅游与人类、自然与文化形成一个和谐整体。

必须清楚地认识到旅游资源环境的破坏，很大程度上都是人为造成的，要实现旅游业可持续发展就必须对游客进行广泛的、有效的环保宣传教育与管理，规范游客的行为，增强游客的主人翁责任感，实现科学文明旅游。同时加强宣传环境保护力度，全面提高人们的旅游伦理水平，使旅游者、旅游从业人员和当地居民自发地承担起保护生态环境的责任。

2. 正确处理旅游资源开发与环境保护的关系

旅游资源开发与保护二者是相辅相成、有机联系的矛盾统一体，二者不能割裂开来。旅游资源保护得好才具有开发价值，而合理的开发利用又能推动和促进旅游资源保护工作的开展。在开发旅游资源过程中，应当把保护工作提到更重要的地位上来，并将保护意识始终贯串于这一过程，做到旅游资源的开发规模和旅游业的发展速度与现存的自然资源和生态环境相适应，谋求区域社会、经济、生态三个方面的最佳综合效益。

旅游资源绝大多数是不可再生的，特别是对世界遗产和国家级的风景名胜区、自然

保护区、森林公园、历史文化名城、重点文物保护单位的开发利用，必须坚持“严格保护、合理开发、永续利用”的原则。保护利用好自然文化遗产和景观旅游资源，必须严格坚持功能分区的原则。风景区内的核心区严禁进行经济性开发和商业性建设，切实保护景观的自然与历史文化原作的真实性、完整性及风景区的自然度、美感度和灵感度，最大限度地满足旅游者精神文化消费需求。风景区的控制区要限制经济性开发，尽量把旅游服务设施减少到最低限度。而风景区外围开发区要适度开发旅游服务设施，大力发展第三产业，为核心区和控制区提供食、住及娱乐服务，充分满足游客各方面的需求，形成景区内外功能分区明确、协调发展的格局。

同时，要严格执行风景名胜区管理者与经营者角色分离的制度。管理机构应是非营利性机构，对景区旅游景观只有监督保护的义务，而没有随意支配的权利，任何个人、单位或地方政府，都无权把国家风景名胜区等旅游景区作为自己的摇钱树。经营者必须在有关法规的规范内进行独立经营，并接受地方政府和景区管理者的监督和指导，自觉保护旅游资源环境。

3. 加强旅游法规建设，健全资源环境保护法规体系

保护旅游资源环境除了加强宣传教育、强化人们的旅游生态环境意识和共同美化环境意识外，同时需要利用法律的强制力来约束其行为，对破坏旅游资源环境者实行强制干涉和必要惩罚。这就要求健全和完善旅游资源保护法规，真正做到有法可依、违法必究、执法必严，坚决杜绝人为因素对旅游资源环境的破坏，切实保持目前和未来旅游发展赖以生存的旅游生态环境质量，实现人类与自然界和谐共处，确保旅游资源的永续利用和旅游经济产业的高效运转与持续发展。

4. 采取有力措施，强化旅游管理

旅游行业管理的宏观调控，统筹规划职能的充分发挥，对发展旅游、规范市场竞争、提高旅游资源配置效益都具有重要作用。但目前旅游行业管理体制仍然不适应旅游经济发展的需要，旅游主管部门职能权力较弱，企业之间不正当竞争的现象依然存在，使得有些地区旅游业发展处于无序和混乱的状态，因此必须强化旅游行业管理。各级政府及有关部门，特别是旅游主管部门，要采取必要的管理手段和措施，切实强化旅游行业管理。同时要加强法制建设，提高“依法治旅”的水平，建立统一开放、竞争有序的旅游大市场，保障大旅游、大产业的健康发展。此外，也要加强执法队伍建设，规范执法行为，强化有关部门的联合执法，以完善的制度来限制破坏旅游环境行为的发生。

第二节 旅游资源环境监测管理

一、旅游资源环境监测管理的概念

（一）旅游资源环境监测管理的基本概念

狭义的旅游资源环境监测管理主要是指使用定性、定量的各种科学方法，深入研究监测活动的规律，并以监测质量、效益为中心，对环境监测整个系统进行全面管理的活动。这种狭义的旅游资源环境监测管理只是单一地考虑环境监测工作，并没有从环境与发展的高度来管理环境监测，因此，狭义的旅游资源环境监测管理并不能从根本上解决环境监测问题，只能在一定的历史条件下及一定的范围内起到有限的作用。

广义的旅游资源环境监测管理是指通过运用经济、法律、技术、行政等手段，有效动员和配置环境监测资源，科学地开展环境监测，确保环境监测及时、准确、全面地反映环境质量及变化趋势，最终达到为环境管理、社会经济发展提供依据的目的。

（二）旅游资源环境监测管理的特点

1. 目标性

任何管理都是有目标的管理，只有这样才有可能是有效的管理，不断提高对资源环境管理的服务水平是进行环境监管的最大目标。旅游资源环境监测的主要目标是为环境决策提供技术支持、为环境执法提供技术监督、为社会经济建设提供技术服务。

2. 整体性

旅游资源环境监测过程是由布点、采样、测试、数据处理和综合评价等基本环节组成的复杂系统，各环节之间既有独特的个性又密切相关，共同构成完整的监测过程。任何一个环节都有其特定的目的，对资源环境监测的整体质量的提升有着极其重要的作用，因此，资源环境监测实行质量管理必须是全过程的质量管理，任何针对某一过程的质量控制都不能代替全过程的监管。

3. 动态性

旅游资源不是一成不变的，随着旅游活动的逐步开展，旅游资源环境监测工作也在不同时期有着不同的监测要点。如果无法获得真实的资源环境质量信息，就很难达到资源环境管理服务所要求的及时性、针对性。因此旅游资源环境监测管理必须依照旅游资源的开发进度及时调整资源环境监测工作计划，以保证数据的及时性，提高旅游资源环境监测管理的实效性。

4. 服务性

旅游资源环境监测管理的主要职能是为旅游环境管理提供服务。旅游资源环境的监管工作不能仅仅依靠景区、景点管理部门，更重要的是依靠政府部门。政府在对各地区、各单位、各部门环境监测工作提出要求的同时，更需协调各方面关系，为环境监测市场服务，为环境监测提供技术方法、技术咨询、技术中介。

二、旅游资源环境监测管理的原则

（一）指挥、领导统一原则

对资源环境监测工作实行统一监督管理是各级环境主管部门的工作职责，无论是隶属的环境监测站，还是有关资源管理部门的环境监测站，均应接受当地环境主管部门的统一监督管理，避免出现重复交叉、各自为政、彼此独立的现象。

（二）权力适度集中、分级分工管理原则

旅游资源环境监测投入较高，统一管理可以减少由于多头投入和重复建设造成的资金、人力资源的浪费。因此各级地方政府要强化环境主管部门对环境监测管理的职责，适度集中环境监测管理权，防止各自为政。

另外，科学的环境监测管理体系的建立，必须有明确的分工和自上而下的等级系统，按照专业化原则进行，全面理顺管理层次，同时建立必要的信息沟通渠道。

（三）工作过程、要求统一性原则

将资源环境监测全过程作为一个完整的系统，要实现效益最优化，必须对其建立高效的质量管理体系，统一资源环境监测工作程序、过程和相关的技术要求，颁布各类环境监测要素的监测规范，统一监测标准的监测分析方法等，确保环境监测工作的一致性、可比性和准确性。

（四）公平待遇、合理竞争原则

在环境监测管理体系中，建立公平、公开、平等的待遇原则和必要的竞争机制是一项十分重要的任务。对于属于政府行为的环境监测，尤其是对非政府组织公共事务的环境监测，必须引入市场化运作的手段，由环境主管部门统一建立环境监测工作准入规则，从而提供工作方法和工作规范、倡导合理竞争，有效地推动环境监测事业的发展。

三、旅游资源环境监测管理的形式与内容

（一）旅游资源环境监测管理的形式

对于政府授权的公益性环境监测工作，实施管理的方式是以行政管理为主体，技术管理为支撑、信息管理为核心的管理模式。一般各级环境监测必须在地方行政主管部门的直接领导下进行，接受上级环境监测部门的领导。

1. 行政管理

环境监测的行政管理是指国家对环境监测工作的内容、方法、程序以及与环境监测

相关的技术经济活动做出规定，并利用行政管理的力量予以推行、实施和监督管理。通过各级环境监测行政管理机构按照环境监测方面的方针政策、法律法规，实施环境监测管理的措施。

2. 技术管理

技术手段是旅游资源环境监测管理中的有效途径。技术手段种类繁多，主要有企业和事业单位采用无污染工艺和少污染的工艺，因地制宜地采取综合治理和区域治理技术，组织推广卓有成效的旅游资源环境保护管理经验和科学研究成果，交流国内外有关旅游资源环境保护的科学技术情报，进行国际间的旅游资源环境科学技术合作。

3. 信息管理

环境监测管理的核心是监测信息的统一和共享，这也是资源环境监测网络效益的体现。环境监测信息流是监测网络的关键，也是检验网络运行机制的根本因素，环境信息共享是组建环境监测网的根本利益之一。信息统一的基础是监测技术规范的统一，而监测信息的可比性、完整性和及时性是环境监测工作质量的具体表现。

对于非政府授权的公共领域环境监测的管理，应把社会环境监测力量的组织及成员之间的相互关系看作一个相互协作的社会系统。该系统由三个因素构成，即协作的意愿、共同的目标、信息的联系，因此，非政府组织的公共事务环境监测管理要从以下四个方面着手：

第一，建立环境监测资质认可制度。环境监测的资质管理是政府对社会环境监测力量进行统一监督管理的重要内容之一。

第二，建立公平、合理的价格体系。环境监测是一种市场行为，其产品价格体系要公正，杜绝乱收费和其他扰乱市场的行为。

第三，建立一个信息联系和沟通渠道。管理者与被管理体系之间应当建立正常的信息联系和沟通渠道。

第四，提供必要的技术咨询服务。要对环境监测这一技术市场进行有效的管理，政府部门还须提供必要的技术咨询和技术服务，尤其是对于环境监测这一公益性为主的领域，政府对监测技术研究、开发的投入对环境监测事业的发展起着决定性作用。

（二）旅游资源环境监测管理的主要职能

1. 领导职能

环境监测工作的领导职能在环境保护法中有明确的规定，其领导职能主要体现在制定环境监测工作的方针、政策、条例、法规和制度。《环境监测管理办法》中进一步明确规定其职能是：要制定实施环境监测管理制度和规定，组织制定环境监测技术规范、监测分析方法、环境质量报告书、污染源调查以及其他技术规定并监督执行，同时开展环境监测调查、环境监测科研、国际交流等工作。

2. 规划职能

规划职能是资源环境监测管理的核心之一，也是最基本的管理职能。规划首先要提出合适的目标及达到目标的策略、途径、对策与方法，即制定有关环境监测管理政策。

环境监测工作规划的制定必须紧紧围绕相应时期环境保护工作的大目标，以完成当前环境保护工作中心任务为出发点，以改善环境质量为落脚点，对污染控制项目分解，定量化地确定环境监测工作任务，把工作的弹性指标转化为刚性指标。加强环境监测管理，制订实施的常规监测计划、污染物总量监督监测计划、目标考核计划等，这样制订环境监测工作的计划，才会符合针对性、及时性、权威性的要求。

3. **组织职能**

资源环境监测是一个综合性很强的跨区域、跨部门的社会性工作。要全面掌握环境质量现状、污染发展的趋势，必须有效地投入大量的人力、物力、财力，统一组织、协同合作。因此，各地环境保护主管部门要组织本地区的环境监测力量，联合资源管理部门、行业管理部门和其他社会监测力量，共同开展监测工作，通过建立环境监测组织章程、管理制度，明确各自的职责、责任，建立信息沟通的渠道等，有效地加强环境监测管理，使有限的环境监测投入发挥出更高的效益。

4. **监督控制职能**

环境监测的质量控制、质量保证是环境监测工作的生命线，是环境监测管理工作的一项核心职能，它关系到环境监测站的生存和发展。我国环境监测质量保证工作已进入到全过程的质量管理阶段，通过计量认证、实验室认可等工作的开展，有效地提高了监测工作的管理水平，确立了环境监测的执法监督地位，使环境监测数据具有权威性、公证性的同时，得到了国际或国内的互认。

充分发挥环境监测管理控制职能的同时，要兼顾实施组织和协调功能。控制要有系统的概念，不能因为某一环节的控制要求，而不兼顾其他环节，如因为强调实验室的精密度、准确度，而忽略采样、综合分析等环节的质量控制。

此外，环境监测管理的控制功能还体现在对当前日益增多的社会性监测行为的管理和监督。实行统一监督管理，以保证环境监测市场法制化、监测过程规范化、监测技术标准化，使环境监测工作有序、健康、快速地发展。

（三）旅游资源环境监测管理的内容

根据旅游资源环境监测管理形式，旅游资源环境监测管理的内容与要求如下。

1. **技术管理方面**

管理内容包括：起草技术规定、监测方案；规范标准方法；起草质量管理文件；实施质量管理；实施标准的分级使用和跟踪管理；统一仪器设备配置。管理要求：确保监测信息的准确性、精密性、科学性、可比性和代表性。

2. **信息管理方面**

统一监测信息的收集方式；建立各级监测信息管理数据库；建立监测信息管理网络；分析、评价环境质量状况及污染程度，统一发布环境质量信息。管理要求：组织协调各地各级各类监测网站（点）监测活动，进行信息交流，确保监测信息的及时性、完整性和可比性。

第三节　旅游资源环境质量评价

一、旅游资源环境质量评价概述

（一）旅游资源环境质量评价的概念

旅游环境质量评价是指对旅游地的环境进行专门的价值评估。它是对旅游环境能够满足旅游活动需要的程度进行的量化分析或定性分析过程，其从旅游开发经营和旅游活动的需要出发，运用相应的数理方法，对旅游地环境系统状态的价值进行科学的评定。其实质是在对旅游地与旅游相关的环境要素调查的基础上，以旅游开发经营和旅游活动要求（适宜性或满足程度）为标准，对其质量优劣程度进行深入剖析和研究；其目的在于调整人们在旅游开发与利用中的行为，使旅游环境质量朝着更加有利于人们旅游活动开展的方向变化。

（二）旅游资源环境质量评价的制约因素

1. 污染源及其范围难以确定

旅游活动是人类社会经济发展到一定阶段的产物，大多数旅游区域在发展旅游之前，人们已经进行着各种各样的政治、经济、文化和生活活动。同时，对旅游环境的影响既有人为因素也包括非人为因素，因而往往难以确定环境的改变是人为作用还是自然作用的结果。此外，旅游及相关产业或行业、旅游景区及其相邻或附近地方的活动，也都会对当地环境造成影响。因此，旅游地污染源的范围就很难确定。

2. 评价标准难以确定

评价对象不同、目的不同、地区范围大小不同，所要求的精度也就不同，并且有关因素中有相当部分难以用数量明确表示，这些问题将影响到环境质量评价的标准及精度。

此外，虽然一般的环境质量评价已经有了相应的标准，但由于旅游环境的特殊性，加上旅游业发展时间较短，还未形成专门的旅游环境质量评价标准，并且其环境质量评价还要考虑人文社会环境因素，有相当的部分难以量化，更增加了旅游环境质量评价的难度。

二、旅游资源环境质量评价的内容和程序

（一）旅游资源环境质量评价的内容

旅游资源环境是一个复杂系统，由各种自然生态环境要素和人文社会环境要素所组

成。根据旅游资源环境的基本组成来分析，旅游资源环境质量可以分四个方面来考察，即旅游景观质量、旅游生态环境质量、旅游设施质量和旅游地的社会环境质量。

1. 旅游景观质量

旅游景观本身的质量可以从其美学价值、历史价值、科学价值等方面来考察，如杭州西湖的美学价值很高，而北京的故宫则以其历史价值和科学价值而著称。

2. 旅游生态环境质量

旅游生态环境质量包括大气环境质量、水体环境质量、地质环境质量、土壤环境质量和生物环境质量等。这五个方面是任何旅游地域开展旅游活动的基础环境，也是构成旅游吸引力的基础。

3. 旅游设施质量

即为游客的旅游活动提供服务的设施质量，它包括旅游宾馆饭店、餐厅，旅游交通、旅游购物和娱乐设施的质量等。具体内容包括设备设施质量、安全设施质量、卫生环境质量和服务质量等。

4. 旅游地的社会环境质量

旅游地社会环境质量包括游客所接触的社会、经济和文化状况，如旅游地政府的旅游政策、物资供给、社会治安、当地居民对游客的态度等。

（二）旅游资源环境质量评价的程序

1. 旅游区性质定位

环境质量评价以环境质量对人类生活和工作特别是对人类健康的适宜程度作为评价标准，而旅游环境质量评价以游客的心理、生理适宜性或满足程度作为判别标准。由于不同的旅游地存在着不同的价值，游客的心理和生理的满足内容与程度也是不同的，即使是同一旅游地，对不同动机旅游者的满足度也是不相同的。

旅游区性质定位首先应确认区域环境为自然风光旅游区，还是人文景观或人造景观旅游区，抑或是三者的融合；然后进行二级分类：是山岳型、水景型、山水型、特异风光型、古城型、大都市型、海滨型、古典园林型，还是人工主题园型；最后要对旅游区提供的主体旅游活动形式予以认定：是观光型、度假型、娱乐型，还是综合型、特殊型。以上步骤是评价的基础，不同的旅游活动类型和实质，使得游客所要求的资源环境也不尽相同。

2. 选择评价要素和确定权重值

（1）评价要素的选择。进行旅游资源环境质量评价，必须确定评价指标，这是评价工作的核心环节之一。从旅游资源环境质量评价的角度来考虑，除了要考虑大气、水、土地、矿藏、森林、草原、野生动植物、名胜古迹等环境要素外，还应将与旅游开发经营及旅游活动关系密切的社会环境（如政府的旅游政策、经济发展程度、社会治安，居民对外来游客的态度等）要素列为待选要素。不同主题或不同开发方向的旅游地，因旅游开发经营和旅游活动对环境质量的要求不同，故在进行评价时，对于旅游资源环境要素的选取也不相同。

（2）权重值的确定。由于旅游目的地的情况千差万别，各环境要素对游客的影响程度也不同，因而难以确定权重值，但有以下四条原则可以遵循：

第一，以自然生态旅游资源为主的旅游目的地，着重评价其自然生态环境质量。其中又可根据主要吸引物的不同，确定其不同的权重值，如以山水为特色的旅游区（点），要以水体质量、山地质量和绿化程度等为重点。

第二，以人文社会旅游资源为主的旅游目的地，着重评价其人文社会环境质量，包括资源本身所具有的科学、历史与艺术等价值，及游客所感受的社会环境等。

第三，以旅游城镇为主的旅游目的地，着重评价其综合环境质量，如大气质量、噪声程度、绿化面积等。

第四，确定权重值的方法，可以采取专家判断法、游客征询法或数学统计法等。

3. 确定评价标准

旅游资源环境质量标准是为保护旅游资源不受到毁灭性的破坏，对其最小程度上所能允许的损害程度的规定，与资源环境质量相对应，它主要有自然资源质量标准、人文资源质量标准两大类，每一类又按不同的控制对象分为若干小类。

旅游资源环境质量标准体现了当地的环境保护政策和要求，是衡量旅游资源环境是否受到损坏的尺度，也是环境规划和管理的依据。

4. 环境现状监测、分析与评估

首先，根据不同性质旅游区的环境要素进行深入、细致的监测，观察和调研，以获得真实、详细、全面的第一手资料。

其次，在监测工作中，要注意监测资料的代表性、可比性和准确性。具体监测方法应按国家规定标准进行，并按照国家标准执行实施方案。

最后，评估要选用适当的方法，要根据环境监测资料，对不同地区和地点、不同季节和时间的资源环境消耗程度进行定量和定性的判断与描述，并分析造成资源环境消耗的原因，以及资源消耗对旅游地域、当地居民的影响程度，同时根据所得资料，对旅游环境进行综合分析与评价。

5. 提出环境质量评价结论

即利用选择的评价方法，对环境质量进行等级或类型划分，并绘制环境质量图，提出环境质量评价的结论。

通过评价得到的结论对于旅游环境管理部门、规划部门具有重要的参考意义。相关部门可以据此制定出具体措施控制和减轻一个旅游区或旅游城市的旅游资源环境消耗程度。对一些主要环境问题，可以通过污染技术治理，制定合理的旅游开发规划等措施加以解决，所以，评价结果是进行旅游环境管理和决策的重要依据。

三、旅游资源环境质量评价的原则及要求

(一) 旅游资源环境质量评价的原则

1. 以旅游者为本的原则

旅游资源环境质量评价，要真实地反映旅游者的审美需求，使旅游环境更加符合旅游者的旅游需求，从而对旅游者产生持续的吸引力。因此应遵循以旅游者为本的原则，在评价过程中尽可能反映游客真实的心理需求，以提高评价的准确性与可靠性。

2. 生态学原则

旅游资源开发必然对旅游生态系统产生不同程度的影响，评价是在旅游开发建设实施前保护旅游资源环境的一种措施，具有预防旅游开发带来环境破坏的作用。因此需要应用生态学原理，使开发建设活动顺应自然变化规律，达到维护生态平衡的同时实现旅游资源环境良性发展的目标。

3. 协调性原则

旅游资源环境质量评价的目的就是要实现旅游规划的环境效益，保证开发建设项目不造成重大环境问题。因此，必须从整体上评价开发建设项目与其所在区域发展规划的一致性、内部功能齐全的合理性，全面评价建设项目的环境影响及各项目之间的相互影响，提出建设项目的环境保护措施。

4. 战略性原则

旅游资源环境质量评价应着眼于未来，在预测开发建设项目当前及未来环境影响的基础上，从战略性高度，提出项目开发应遵循的原则以及污染物排放控制量和削减的方案。还应纳入旅游资源开发总体规划，对旅游资源环境进行长期监测，同时根据事后动态评价随时调整旅游资源环境管理的对策和措施。

5. 综合性评价

旅游资源开发影响到不同类型旅游资源的保护和利用以及旅游环境的各要素，因而旅游资源环境质量评价应采用综合的方法，从各个环节评价开发建设项目对旅游区及周围环境的影响，既要考虑生态环境和自然环境，也要考虑旅游地社会环境和视觉环境。

6. 可持续发展原则

良好的生态环境是旅游业可持续发展的物质基础。旅游资源环境质量评价必须通过对旅游资源开发及其对环境影响的预测与评价，贯彻执行环境管理制度，落实环境保护的要求，从而确保旅游资源的可持续利用。

(二) 旅游资源环境质量评价的要求

由于旅游活动是人们的一种较高层次的物质和精神享受，因此，人们对旅游环境质量的要求不同于对一般的环境质量的要求。总体来看，人们对旅游环境质量的要求要高于、优于对一般的环境质量要求，具体表现在以下三方面：

1. **要保证游客的人身和财产的安全**

安全是游客的最基本需要，也是保证游客满意度的最基本条件。曾有相关机构对游客进行了一次关于“暑期旅游最担心的事”的问卷调查，调查结果显示：旅游安全问题以超过50%的比率占据第一位。这足以说明旅游的安全问题是游客最关心的问题。

2. **要保证游客的身心健康**

旅游的环境质量应明显高于一般的生活与生产环境质量，不仅要满足一般的或较高的生理要求，还应满足游客更高的心理需求。因此，旅游环境要保证有清新的空气、洁净的水体、良好的卫生环境，同时要有优美的风景、协调的建筑、适宜的气氛和方便、舒适的服务设施等。

3. **要有鲜明特色**

以山水为主要特色的旅游目的地，游客对其环境质量的要求更高，因此，对其要有特殊的评价标准。同时，古城型、古典园林型的旅游目的地则需要保留与现代建筑不同的鲜明特色。

第四节　旅游资源环境容量管理

一、旅游资源环境容量概述

旅游资源环境容量是指某一生态旅游区在特定时期内，在保证该地资源与生产的连续性、生态的完整性、文化的延续性、发展质量的前提下，所能承受的旅游者人数或旅游活动的强度。旅游资源环境容量是一个概念的体系，一个旅游地能接纳的旅游客流量，取决于容量最小的一个，超过了这一容量，旅游地的资源环境就会遭到破坏，游客在该地就无法得到满意的旅游体验。它是旅游地旅游环境保护与管理的主要指标与依据，包括五个方面，即旅游资源容量、旅游生态容量、旅游感知容量、旅游经济发展容量、旅游社会地域容量。

旅游资源容量是指在保持旅游资源质量的前提下，在一定的时间内，某地域旅游资源所能容纳的旅游活动量。

旅游生态容量是指在一定的时间内，在旅游地域内的自然生态环境不会导致退化或恶化的前提下，该地域所能容纳的旅游活动量。生态容量是立足于当地原有的生态质量，并考虑自然环境对于旅游场所产生的旅游污染物是否能够完全吸收与净化的因素。

旅游感知容量又称为旅游心理容量，是指游客在某一地域进行旅游活动时，在不降低旅游体验质量的条件下，该地域能容纳的旅游活动最大值。根据环境心理学原理，旅游者在旅游时对环绕在身体周围的空间有一定的要求，如果空间狭小、拥挤，会导致旅游者的情绪不安和精神不愉快。

旅游经济发展容量是指在一定时间、一定的旅游区域范围内，由其经济发展程度所决定的能够接纳的旅游活动规模。在考虑经济发展程度的同时，也须考虑旅游的基础设施与专用设施的容纳能力，两者共同决定能够接纳的旅游活动量。

旅游社会地域容量是指由接待地区的人口构成、宗教信仰、民族风俗、生活方式与习惯、社会开化程度以及国家政策等所决定的当地居民和社会文化形态可以接纳和容忍的旅游业规模。

旅游资源环境容量值在某一时段相对稳定，但随时间将会有一定的变化，其中经济发展容量和社会地域容量变化较快，而资源容量、生态容量、感知容量变化相对较慢。

二、旅游资源环境容量的测定

对旅游资源环境容量的科学测定，可以合理地计算出旅游地域所能接纳的最大游客量，进而对游客量进行控制，使其在资源环境容量阈值之内，保持旅游地域可持续发展。

（一）旅游资源容量和旅游感知容量的测定

仅就资源本身的容纳能力而言，极限值的取得较为简单，以资源的空间规模除以每人最低空间标准，即可得到资源的极限时点容量，再根据人均每次利用时间和资源每日的开放时间，就可得出资源的极限日容量：

$$C = \frac{T}{T_0} \cdot \frac{A}{A_0}$$

式中，C 为极限容量，T 为每日开放时间，T_0 为人均每次利用时间，A 为资源的空间规模，A_0 为每人最低空间标准。

旅游者的心理容量一般要比旅游资源极限容量低得多，这有其深刻的环境心理原因。根据环境心理学原理，个人在从事某种活动时，对环绕在身体周围的空间有一定的要求，任何外人对该空间的进入，都会使人感到受侵犯，导致情绪不快，这种空间称之为个人空间。个人空间的大小受三个方面因素的影响：活动性质和活动场所的特性，年龄、性别、种族、社会经济地位与文化背景等个人因素，人与人之间的熟悉和喜欢程度、团体的组成与地位等人际因素。实际上，旅游资源合理容量的观念也主要是考虑旅游者感知的满足程度，即旅游者平均满足程度最大时，旅游场所容纳旅游活动的能力被视为旅游资源的合理容量值。从这里可以看出，旅游资源合理容量事实上与旅游心理容量（旅游感知容量）为同一个数值。

影响旅游者个人空间的因素复杂多样，大多数情况下难以有一个使所有旅游者都满意的个人空间值（基本空间标准），因此，旅游者平均满足程度达到最大的个人空间值，就被作为旅游资源合理容量或旅游感知容量计算时的基本空间标准。相应计算公式为：

$$C_p = \frac{A}{Q}KA$$

$$C_r \frac{T}{T_0} C_p = K \frac{T}{T_0} A$$

式中，C_p 为时点容量，C_r 为日容量，A 为资源的空间规模，Q 为基本空间标准，K 为单位空间合理容量，T 为每日开放时间，T_0 为人均每次利用时间。

（二）旅游生态容量的测定

旅游生态容量主要指以自然资源为基础的旅游区容纳旅游活动量的限定值。并非所有类型的旅游地皆存在生态容量问题。人造的大规模旅游吸引物或文物古迹，本身并无自然生态成分，因此不存在生态容量的问题，只有那些以自然资源为基础的旅游地才存在一个容纳旅游活动量的生态限度值。

生态容量的测定，一般应以旅游区为基本空间单元。有些旅游活动直接导致的对自然环境的消极影响可以通过严格管理措施而予以控制、限制或者基本可以杜绝，如践踏、采摘、折损等，在生态容量测定中一般不予考虑，而只考虑对污染物的吸收与净化。因此，一个旅游区生态容量的测定因子主要考虑自然生态环境净化与吸收旅游污染物的能力，以及一定时间内每个游客所带来的污物总量，旅游区生态容量测定公式为：

$$F_0 = \sum_{i=1}^{n} S_i T_i \, / \sum_{i=1}^{n} P_i$$

式中，F_0 为生态容量（日容量），即每日接待游客的最大允许量；P_i 为每位游客一天内产生的第 i 种污染物量；S_i 为自然生态环境净化吸收第 i 种污染物的数量（量/日）；T_i 为第 i 种污染物的自然净化时间；n 为旅游污染物种类数。

显然，生态容量的测定，最重要的是确定每位游客一天所产生的各种污染物量和自然环境净化与吸收各种污染物的数量两个参数，这两个参数会随旅游活动的性质、旅游区所处的区域自然环境而有所差别。

（三）旅游经济发展容量的测定

影响经济发展的因素主要有两个方面：其一是旅游内部经济因素，主要指旅游设施；其二是旅游外部经济因素，它以基础设施和支持性产业为主体。影响旅游需求的最主要的条件是食宿供给条件，其次是娱乐、购物条件或设施，这两者所决定的旅游经济发展容量的测定公式如下：

$$C_e = \sum_{i=1}^{m} D_i \, / \sum_{i=1}^{m} E_i$$

$$C_b = \sum_{i=1}^{H} B_i$$

式中，C_e 为主副食供应能力所决定的旅游容量（日容量），C_b 为住宿床位决定的旅游容量（日容量），D_i 为第 i 种食物的日供应能力，E_i 为每人每日对第 i 种食物的需求量，B_i 为第 i 类住宿设施床位数，m 为游人所耗食物的种类数，H 为住宿设施的种类数。

（四）旅游社会容量的测定

社会承载量分析大多是围绕着可容纳的人数进行分析和探讨的，游客行为也会影响社会承载量。如乱丢垃圾、制造噪声、故意损坏环境等游客不文明行为皆会降低旅游区的社会承载量；而当地居民对游客不友善的态度，也会使该地区的社会承载量大幅度降低。

三、旅游资源环境容量的控制

（一）适量抑制旅游需求

从旅游需求方面着眼，可适量抑制旅游旺季的高峰流量，使旺季的游客流量在旅游地域饱和点之内。一般是通过大众传播媒介向潜在的旅游者公布已经发生过的旅游超载现象及其环境后果，同时应当预测当年旺季可能出现的旅游流量和超载情况并及时向旅游者公布，从而影响旅游者选择旅游目的地的决策行为和出游时间。

（二）提高旅游供给能力

调控旅游供给的内部结构并辅之以对旅游需求加以引导的措施，这一方法的着眼点在于对旅游者实行空间上的分流。

旅游区超载一般分为两种情况，对应的则有不同的空间分流措施。第一种情况是，旅游区内的部分景区超载，而其他景区并未达到饱和，这些景区的剩余容量完全可以满足超载景区超载部分的旅游流量，在这种情况下应采取内部分流的办法。第二种情况是，景区内部空间分流之后仍然超载。在这种情况下，如果旅游区容量仍有扩大的潜力，则应尽快予以扩建；如果旅游地已无扩建潜力或扩建后仍不能避免超载，则必须采取外部空间分流措施，主要是通过开发建设新的旅游区来解决。

【本章小结】

1. 旅游资源环境是以旅游资源为中心，由旅游资源（包括资源单体和资源组体）以及与旅游资源密切关联的周围事物构成的总体状况。周围的事物包括自然环境、人文环境，是旅游资源形成的基本条件，也是旅游资源开发利用的根本保障。旅游资源环境具有特色鲜明、脆弱性、空间结构多维性、时间的多变性和供给的有限性等特点。

2. 旅游资源环境管理是指运用规划、法律、经济、技术、行政、教育等手段，对一切可能损害旅游资源环境的行为和活动进行调控，从而协调旅游发展与环境保护之间的关系，使旅游经济得到长期稳定的增长，实现经济效益、环境效益、社会效益的有机统一。

3. 旅游资源环境保护的措施主要有：增强公众环境意识，倡导科学文明旅游；正确处理旅游资源开发与环境保护的关系；加强旅游法规建设，健全资源环境保护法规体系；采取有力措施，强化旅游管理。

4. 狭义的旅游资源环境监测管理主要是指使用定性、定量的各种科学方法，深入研究监测活动的规律，并以监测质量、效益为中心，对环境监测整个系统进行全面管理的活动。广义的旅游资源环境监测管理是指通过运用经济、法律、技术、行政等手段，有效动员和配置环境监测资源，科学地开展环境监测，确保环境监测及时、准确、全面地反映环境质量及变化趋势，最终达到为环境管理、社会经济发展提供依据的目的。

5. 旅游资源环境容量是指某一生态旅游区在特定时期内，在保证该地资源与生产的连续性、生态的完整性、文化的延续性、发展质量的前提下，所能承受的旅游者人数或旅游活动的强度。旅游资源环境容量是一个概念的体系，一个旅游地能接纳的旅游客流量，取决于容量最小的一个，超过了这一容量，旅游地的资源环境就会遭到破坏，游客在该地就无法得到满意的旅游体验。旅游资源环境容量包括旅游资源容量、旅游生态容量、旅游感知容量、旅游经济发展容量和旅游社会地域容量。

【复习思考题】

1. 旅游资源环境的破坏因素主要有哪些？

2. 常用的旅游资源环境容量的测定方法有哪些？

3. 全球化、工业化、城市化浪潮以及全球旅游业的迅猛发展，给旅游资源保护带来了哪些挑战？

【案例分析】

谁能管南极的事

很多年来，人们对南极的印象基本都是酷寒、干燥、大风、冰雪，目之所及只有企鹅、海燕、鲸等野生动物，偶尔晃过一两个人影，那是科考队员在执行任务。景色未变，人却已改。如今的南极大陆，人明显多了，活动也丰富起来——来自世界各地的游客源源不断，他们或观光看企鹅，或跳伞潜水，热闹非凡。

但是，喧闹表象下难掩南极生态环境的脆弱。科学家警告，南极旅游并不像看起来那么美，游客应当注意生命安全，同时也要注意保护环境。

每年 11 月至次年 3 月是南极的夏天，也是南极旅游季。此时，南极圈全日白昼，天气相对温和，鲜有大风，野生动物也趁机在冰川大陆上晒太阳，是游客观赏南极风景的最佳时光。

大部分南极游客来自美国，跟的也是美国旅游公司的旅游团。他们最常去南极半岛，那里离智利和阿根廷很近，可以看到成群的海豹、企鹅等野生动物。另外，罗斯海也是个热门的选择，那里距新西兰或澳大利亚约10天的航程。罗斯冰架是世界上最大的浮冰群，面积相当于一个西班牙，它们矗立在海平面，最高可达60米。

如果打算在南极待几天，一般游客会去南极最大的聚居点——可一次性容纳1200多人的美国麦克默多科考站。它的旁边是新西兰的斯考特基地，大概可以容纳90人。虽然这两个基地不直接参与旅游，但游客在那里可以买到许多小纪念品。

南极旅游国际运营商联盟提供的数据显示，相当长一段时间里，全球每年能登上南极大陆的游客为几百人。至20世纪80年代南极旅游悄然盛行时，每年大概有2000人。到2007—2008年时，全球一度超过4.6万人登上南极大陆。近几年虽受到金融危机等影响，南极旅游发展有所放缓，但2011—2012年时也有2.7万客流量。

20世纪80—90年代的南极游客大部分是中老年人。他们基本都在邮轮上观光，偶尔在几个固定点上岸，看看野生动物、历史遗迹或仅仅是访问一两个科考站。但如今，旅游项目日渐多元化，除观光外，还有各类极地活动的探险旅游。

美国旅游组织执行总监斯蒂夫指出，旅游业是人类对南极洲环境破坏的一个不可忽视的因素。他说，游客违反规则是常有的事，“每个季节，我们都能听到可怕的故事。比如，不遵守规则乱走、抽烟以及离动物太近”。

还有人担心，南极将很快被践踏，游客带来的外来物种或微生物在当地繁殖，破坏南极的生态系统。英国南极考察处一研究小组发现，一种来自格鲁吉亚南部地区的昆虫——摇蚊在南极西格尼岛上大量繁殖。它能分解垃圾，可释放出大量营养物质渗入土壤，改变本地物种的生活。这种蚊虫可能通过科考队研究用的植物进入南极，目前数量猛增，超过了当地其他所有昆虫的数量。

此外，观光邮轮发生漏油事件也是一大隐忧。很多邮轮载着成百上千的游客在满是冰川、大风的南极海域转悠，而且又不熟悉当地气候环境，一旦漏油事故发生，污染在所难免。而且，游客生命也受到威胁，因为南极附近没有急救队能展开及时救援。

新西兰负责管理南极环境的吉尔布森认为，需要更多有力的监测措施才能快速有效地评估旅游带给南极环境的影响。吉尔布森指出，南极半岛是全球气候变暖速度最快的地方之一，这很大程度是因人类活动引起的，“尤其是每年大概5000名科考人员和近3万名游客的造访”。

南极旅游有利可图，是旅游公司不顾破坏南极环境风险执意为之的主要动力。此外，南极环境保护法律法规的缺失也给了旅游公司和游客破坏南极环境的机会。

分析内容：保护南极的生态环境是我们不可推卸的责任。我们该如何测定南极旅游资源环境容量？从哪几个方面进行测量？

第八章 旅游资源保护管理

【学习目标】

学习本章后，你应该能够：

1. 识别旅游资源衰败的原因，并结合具体案例进行分析；
2. 理解并掌握旅游资源保护的必要性、原则以及对策与措施；
3. 学习旅游资源保护的相关法律制度，对比分析国内外旅游资源保护法的区别与联系；
4. 了解旅游资源保护的常用科技方法，并结合所学分析实际的旅游资源保护案例。

【章前引例】

马尔代夫，那里椰树林立，水清沙白，天蓝地净，犹如世外桃源；那里仅仅高出海平面1.5米，是“失落在人间的天堂”；那里如梦如幻，向世人展开温柔的双臂，是每一个旅游爱好者心向往之的旅游目的地。然而，2009年，马尔代夫总统纳西德在哥本哈根世界气候大会上指出了一个让人心痛的事实，“全球气温只要再上升2℃，马尔代夫将永远从这个地球上消失”。更有科学家预言，50年后，马尔代夫将会彻底消失。

全球经济蓬勃发展的同时，全球温室效应加剧、环境污染严重、人为破坏环境等问题随之而来。生态环境的变化和人为的直接破坏让许多类似马尔代夫的景观资源饱受濒临消失之痛。“地球肚脐”——约旦死海，受到过度汲水及全球暖化的影响，水位正在急速下降，预计生命可能剩余时间50年；“落基山脉上的皇冠”——冰川国家公园受到全球暖化的影响，冰川急速融化，预计2030年左右冰川将融化殆尽；“史前文化缩影”——法国拉斯科洞窟壁画，受到真菌侵袭、化学反应等影响，壁画正在脱落或消失；“印度的代表性建筑”——泰姬陵，受到酸雨腐蚀，墓室出现大量小孔，白色大门开始变黑，预计剩余时间5年。

当这些珍稀的旅游资源进入“倒计时”，人们不禁为之扼腕叹息。叹息的同时，也越来越清楚地认识到，旅游资源同所有的生物一样，一样会“生老病死”，一样需要呵护珍惜。

第一节 旅游资源保护概述

一、旅游资源保护的必要性

旅游资源具有不可替代性和不可复制性特征，极易受到自然和人为因素的双重影响而衰败。一些珍稀的自然、人文旅游资源如果不能得到良好的保护，就会从这个世界上永远消失。因此，旅游资源保护工作迫在眉睫。

（一）保持旅游资源活力，满足旅游者需求的要求

旅游对旅游资源的依存度极高，可以说旅游就是将旅游资源“出售”给旅游者的过程。而具有高度审美价值、历史价值、科研价值的旅游资源能给游客带来愉悦和舒适的体验，对游客具有极大的吸引力。但是，一旦旅游资源衰败，它对游客的吸引力就会随之下降，因此，只有对旅游资源进行保护，维持其活力与吸引力，才能满足旅游者的审美需求，吸引游客前往。

（二）满足旅游经济可持续发展的要求

作为旅游开发的必备条件之一和构成旅游产品的重要组成部分，旅游资源一旦遭到破坏或彻底消失，旅游业也就无从发展。然而，在旅游资源经过开发成为旅游产品的过程中，会受到不同程度的影响和破坏，从而使得自然旅游资源的美学特征及观赏性遭到破坏，同时使人文旅游资源丧失历史文物价值即文化内涵，最终削弱旅游资源对旅游市场的吸引力，严重影响旅游业的发展。因此，从这一角度上讲，保护旅游资源就是保护旅游业，就是实现传统旅游业向低碳化、可持续化旅游业的转型，即以最小的资源环境代价获取最大的发展效益，满足旅游经济可持续发展的要求。

（三）承担起全球环境保护责任的必然选择

在环境污染和破坏日益严重的今天，全球气温上升、大气污染等问题已经不再是个别国家的问题，而是全人类共同面临的严峻挑战，保护生态环境是全世界人民的共同心愿。自然旅游资源作为地理环境的重要组成部分，对它们进行保护不仅是环境保护的内容，更对维护全球生态平衡具有积极意义。人文旅游资源作为旅游地文化的精华部分，

对它们进行保护不仅是旅游发展的需要，更对维护全球文化多样性、原真性和完整性具有重要意义。对两者的积极保护，是维护生态环境平衡、文化环境和谐的要求，也是承担起全球环境保护责任的必然选择。

二、旅游资源保护的原则

旅游资源开发与保护关系并非不可调和，相反，两者存在着协同双赢的关系。为了保护旅游资源而阻止旅游开发活动并不是最佳选择。只有在旅游资源开发与保护中寻求平衡点，摈弃传统的发展观，在旅游开发经营的同时重视旅游资源保护，才能实现旅游资源开发与保护的双赢。旅游资源保护必须遵循以下原则：

（一）资源计划原则

任何旅游景点和旅游设施的开发都不可避免会涉及旅游资源占用问题，因此，在决定开发旅游项目之前，必须对所有资源的不同用途可能带来的社会收益与社会成本（损耗）进行比较和权衡，以确保该项资源用途符合当地社会的最佳利益。对旅游开发中所涉及的资源占用必须有计划性，尽可能使这些资源的配置获得当地目前和未来的最佳利益。

（二）永续利用原则

永续利用原则是指通过权衡现实利益与未来利益，在保障旅游资源永续利用的前提下追求最佳利益。应做到：第一，尊重景区最大承载量，在保障景区内旅游者人身安全和旅游资源环境安全的前提下，开展旅游活动，避免因旅游活动过度导致旅游资源、环境发生不可逆转的变化；第二，杜绝大肆建设大型娱乐设施，所有旅游基础设施与其他设施的建设都应以不引起环境质量退化和诱发自然灾害为前提；第三，尊重旅游资源的原真性，避免对其进行过度商业化的改造和建设，尽可能地以旅游资源最本真的面貌吸引游客；第四，利用旅游收入反哺旅游资源保护，逐步走上“以旅游养环保”的良性循环道路。

（三）预警保护原则

预警保护原则要求旅游开发在没有进行相关科学论证并缺乏肯定性结论之前，不能擅自进行旅游开发、旅游设施建设和开展旅游活动，从而减少盲目的旅游开发、经营行为。同时，预警保护原则要求旅游资源管理者对旅游资源进行实时监控，一旦旅游资源出现衰败迹象，必须立即对其进行修复管理，甚至将其退出旅游市场进行“隔离”保护。

（四）污染付费原则

污染付费原则是建立在预警保护原则之上的，要求“谁污染、谁负责”或“谁污染、谁治理”。旅游开发经营者和旅游活动参与者需根据其使用旅游资源的情况，对旅游资源保护承担相应责任，为其造成的资源环境破坏负责。同时应及时发现遭到破坏的旅游资源，并及时有效地予以纠正和治理，让旅游资源保护落到实处。

（五）科技保护原则

依靠传统的旅游资源保护方法已经难以满足当今旅游资源保护的需求。因此，必须与时俱进，采用现代科学新原理、新技术，研究、考察、监测旅游资源；采取科学有效的方法对其进行保存、养护、修缮和管理；将科学研究工作贯彻旅游资源开发、运营、保护管理的始终，从而提高旅游资源保护效率和水平。

三、旅游资源保护的对策与措施

（一）转变旅游开发模式

粗放、片面的旅游资源开发行为会对旅游资源造成难以修复的破坏，如何科学地利用旅游资源，对防止旅游资源遭到破坏具有重要意义。因此，在旅游开发的过程中必须树立正确的开发观，转变旅游开发模式。

1. 粗放型向精细化转变

实现由粗放型向精细化转变，一要打造精品、突出特色，做到“人无我有，人有我优”。在开发的过程中寻找、挖掘和利用有特色的旅游资源，注重培育景区特色，使旅游资源的开发向特色化、精品化方向迈进。二要丰富旅游资源的文化与内涵，以艺术、文学、民俗等文化因素为内涵，对原有人文景观资源和自然景观资源进行再开发。

2. 简单化向生态化转变

要实现简单化向生态化的转变：一要科学开发，即坚持生态旅游资源科学开发的原则和思路，做好总体规划与区域规划；二要持续发展，即坚持可持续发展的原则和思路，对景区进行功能分区，以达到有效控制和减轻污染的目的；三要加强旅游景区及周边生态环境的建设保护，加速实施绿化工程，提高植被覆盖率，建立绿色天然屏障以改善生态环境，实现生态良性循环。

（二）建立有效的管理体系

旅游资源具有综合性，其保护工作仅仅依靠旅游景区或旅游主管部门的力量是远远不够的，还需要旅游行业专家和旅游者共同贡献力量。一个完整有效的管理体系是旅游资源保护工作有序开展的前提，它必须包括中央政府层的专门机构、地方政府层的管理机构、旅游景区管理机构、专家咨询机构、民间组织这五个部分[①]。

---

① 张朝枝，保继刚．美国与日本世界遗产地管理案例比较与启示．世界地理研究，2005（4）．

1. **中央政府层的专门机构**

中央政府层的专门机构拥有全国旅游资源的所有权、管理权和监督权，在旅游资源保护管理中发挥主导作用，并负责按照旅游资源的非经济性要求制定旅游资源保护的战略性计划的工作。

2. **地方政府层的管理机构**

地方政府层的管理机构接受中央专门机构的委托，负责配合和监督各地区的旅游资源保护工作，行使管理权和监督权。

3. **旅游景区管理机构**

旅游景区管理机构作为旅游资源的直接开发者、运营者和管理者，执行旅游资源日常保护工作。

4. **专家咨询机构**

专家咨询机构是由旅游相关的各个领域的专家共同组成的，负责将最前沿和最具创新性的旅游资源保护模式传递给旅游资源保护管理的各个部门，为政府制定旅游资源保护政策提供建议支持。

5. **民间组织**

民间组织是对旅游资源保护管理的一个支持补充，是发挥社会作用，倡导全民参与旅游资源保护的体现。其形式主要包括行业协会、志愿者同盟等。

（三）完善法律法规制度

完善的法律法规体系是旅游资源保护的重要保障，是旅游资源保护有法可依的基础。

首先，要做到法律法规体系内容上纵向与横向的完善。所谓纵向完善，是指必须包括国家法律体系和地方法规体系。横向完善，即旅游资源保护法律体系应涵盖旅游资源保护专项法律、刑事相关法律、治安管理法规等方面的内容。

其次，要让这些法律法规真正发挥作用，必须做好法律法规传达工作。因此，旅游资源保护管理部门需要及时传达法律法规文书、开展法律法规学习培训、做好法律法规日常宣传，提高旅游资源相关法律法规的实施程度。

最后，旅游资源保护管理部门还应该对旅游资源保护相关法律法规的执行情况进行实时监督，真正做到有法可依、有法必依、违法必究、执法必严。

（四）旅游资源分区保护管理

1973 年，福斯特（Richard Forster）提出同心圆式的功能分区管理模式，这是一种得到世界自然保护联盟认可的旅游管理模式，也是国外旅游资源保护管理普遍采用的管理模式见图 8－1，值得我国借鉴。

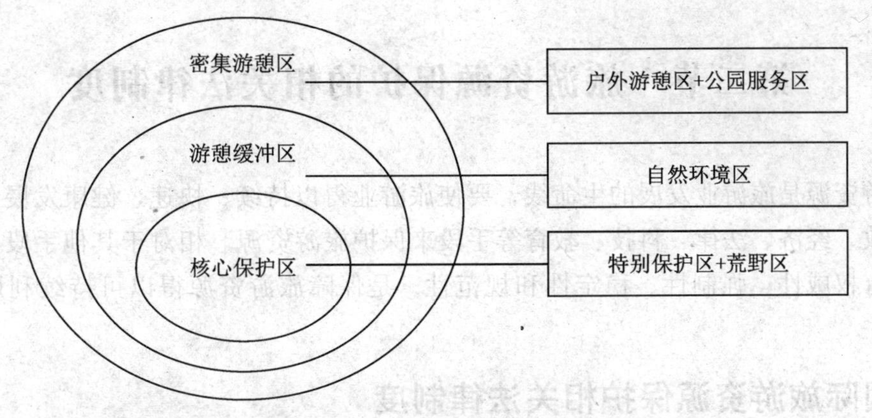

图 8－1　福斯特同心圆式的功能分区管理模式

以加拿大为例，著名世界遗产沃特顿冰川国际和平公园的功能分区就包括特别保护区、户外游憩区、公园服务区、荒野区和自然环境区这五大区。其中特别保护区作为保护重点，严禁任何公众进入，不允许汽车通行，不许搞建设。荒野区代表该区域的自然特征需要被始终保持，不得随意进入，不得建设大量旅游设施。特别保护区和荒野区对应“核心保护区”，受到严格的保护。自然环境区对应“游憩缓冲区”，在保护自然环境的前提下，允许建设适量娱乐设施，控制机动车辆通行，起到过渡区作用。户外游憩区和公园服务区则对应“密集游憩区”，是旅游活动集中开展的区域。

详细周密的功能分区规划，使旅游资源保护工作更具针对性，大大提高了旅游资源保护的水平，使加拿大沃特顿冰川国际和平公园始终维持着原生态的自然面貌和充满活力的生态系统，成为旅游资源保护的典范。同时，功能分区管理模式对游客的游览范围进行了明确划定，对游客游览行为也做出了指导性规定，为成功的游客管理奠定了基础。

（五）拓宽保护资金来源渠道

保护资金是维持旅游资源活力，保障旅游资源可持续发展的关键所在。因此，成功的旅游资源保护管理都致力于积极拓宽保护基金来源渠道，建立有效的旅游资源资金保障机制。

（六）重视旅游资源保护的宣传教育工作

旅游资源保护的宣传教育措施是指通过现代化新闻媒介和其他形式，向公众传播有关旅游资源保护的法律知识和科技知识，从而达到教育公众、提高其环境意识，进而使公众自觉地保护旅游资源的目的。这涉及两个方面的内容：一是旅游资源宣传，二是旅游资源教育。旅游资源宣传是手段，旅游资源教育是目的，二者相辅相成，只有紧密结合，才能达到保护旅游资源的目的。我国公民在环境和资源保护问题的认识上、行动上，与发达国家还存在较大差距，这就更需要我们加强环境与资源保护的宣传和教育。

第二节 旅游资源保护的相关法律制度

旅游资源是旅游业发展的生命线，要使旅游业得以持续、快速、健康发展，就必须采取行政、经济、法律、科技、教育等手段来保护旅游资源。相对于其他手段，法律手段更具有权威性、强制性、稳定性和规范性，是保障旅游资源得以可持续利用的重要手段。

一、国际旅游资源保护相关法律制度

（一）全球性旅游资源保护相关法律制度

由于旅游资源尤其是具有珍贵遗产价值的旅游资源是全人类文化遗产的重要构成部分，国际社会对旅游资源的保护问题给予了高度的重视。除世界旅游组织（WTO）、经济合作与发展组织（OECD）、欧洲经济共同体（EEC）、世界旅游环境研究中心（WTTERC）等组织的全球行动外，各国之间也通过签订双边条约、多边条约或国际公约的形式，对旅游资源和旅游环境某些方面的问题作出了规定。

1.《威尼斯宪章》

1964 年 5 月，联合国教科文组织在威尼斯召开第二届历史古迹建筑师及技师国际会议。会议通过了著名的《国际古迹保护与修复宪章》，即《威尼斯宪章》。《威尼斯宪章》肯定了历史文物建筑的重要价值和作用，将其视为人类的共同遗产和历史的见证。同时要求，必须利用一切科学技术手段保护与修复文物建筑，以完全保护和再现历史文物建筑的审美和价值。这是关于文物建筑的第一个国际性宪章，意味着保护文物建筑的观点已经在世界范围内达成共识。

2.《人类环境宣言》

1972 年 6 月 16 日，联合国人类环境会议全体会议于斯德哥尔摩通过《人类环境宣言》。该宣言阐明了与会国和国际组织所取得的 7 点共同看法和 26 项原则，以鼓舞和指导世界各国人民保护和改善人类环境。

《人类环境宣言》明确宣布："按照联合国宪章和国际法原则，各国具有按照其环境政策开发其资源的主权权利，同时亦负有责任，确保在他管辖或控制范围内的活动，不致对其他国家的环境或其本国管辖范围以外地区的环境引起损害。"它肯定各国对其环境资源享有主权权利的同时，明确提出各国对环境资源负有的责任与义务，为各国环境保护、旅游资源保护奠定了重要基础。

3.《保护世界文化和自然遗产公约》

1972 年 11 月 16 日，联合国教科文组织大会第十七届会议在巴黎通过了《保护世界文化与自然遗产公约》。公约对自然、文化遗产进行了定义；对自然、文化遗产的国家、国际保护做出了规定；对保护自然、文化遗产的政府间委员会建立，基金设立，国际援助条件和安排，教育计划等内容都进行了相关说明。公约是世界文化和自然资源保护的有效依据和最佳保障，也为更广泛的旅游资源保护提供了参考依据。

4.《世界自然资源保护大纲》

1975 年，联合国环境规划署与国际自然和自然保护同盟经过讨论后，国际自然和自然资源保护联合会起草了《世界自然资源保护大纲》。大纲以保护自然环境与资源为宗旨，提出了保护自然资源的目标、各国建议采取的行动措施和要求采取的国际行动。大纲发表后，引起了世界范围内的广泛重视，许多国家按照大纲确定的原则和方法，制定了本国的保护资源的法规和措施。

5.《马尼拉世界旅游宣言》

1980 年 9 月 27 日—10 月 10 日，在菲律宾马尼拉世界旅游会议上通过了《马尼拉世界旅游宣言》。《马尼拉世界旅游宣言》明确了旅游各个方面的真正含义，肯定了旅游发展的社会作用，并对各国在促进和发展旅游事业问题上提出许多具体要求和建设性的意见。

其中宣言第 18 条明确提出："各国的旅游资源同时由空间、设施、价值等组成。这些资源必须加以控制地使用，否则将有遭受破坏甚至毁坏的危险。旅游需求的满足绝不能损害旅游区人民的社会和经济利益、环境以及最重要的自然资源。它们是最基本的旅游景观和历史、文化遗迹。所有旅游资源都是人类遗产的一部分。各国和整个国际社会必须采取必要的旅游资源保护措施。保护历史、文化和宗教胜迹，在任何时候，特别是在冲突时期是各国的一个基本责任。"这一条款言简意赅地说明了旅游资源保护的必要性与旅游资源保护的要求，在旅游资源保护发展历史上具有重要的里程碑意义。

（二）国外典型的旅游资源保护法律制度

1. 美国旅游资源保护法律制度

美国是首先以国家力量介入自然文化遗产保护和首先提出世界遗产地概念的国家①。早在 1872 年，就针对黄石公园颁布了世界上第一部公园法《黄石国家公园法》。这部公园法将西北部的黄石地区确定为为了人们利益和欣赏目的的大众公园或休闲地，对世界各国的旅游资源立法产生了巨大影响。此后，美国又分别颁布了《科罗拉多河蓄水工程法》《自然保护区法》《联邦水利工程游览法》《国家野生动物庇护区系统管理法》《原始风景河流法》等有关旅游资源保护的法律。相继出台的各项法律制度逐渐涵盖各类旅游资源、旅游环境，美国的旅游资源保护法律体系也随之愈加完善。

2. 日本旅游资源保护制度

日本通过《观光基本法》《国土利用法》《环境基本法》《自然公园法》《都市公园法》《自然环境保全法》《文化财产保护法》《古都保护法》《农地法》《鸟兽保护法》《温泉法》《海岸法》《生产绿地法》《以维护城市景观为目的的树木保存法》《市民农园

① 徐学书. 旅游资源保护与开发. 南京：东南大学出版社，2007.

整备促进法》，以及各个都、道、府、县的《自然保护条例》等法律、法规来对旅游资源进行全面的保护。

二、国内旅游资源保护相关法律制度

我国政府非常重视对各类旅游资源的保护，对各类旅游资源采取了相应的以防为主、以治为辅、防治结合的保护措施。在旅游资源的开发、利用、保护方面制定了一系列的法律、法规及规章，以规范人们在旅游资源开发中的行为，强化人们的旅游保护意识，切实做到合理开发、利用旅游资源，以实现旅游资源的永续利用和旅游经济的高效运转与持续发展。以《宪法》为代表的各项法律法规及规章的相关规定共同构成了我国的旅游资源保护法律制度体系，在旅游资源保护中发挥着重要的作用。

（一）《中华人民共和国宪法》

《中华人民共和国宪法》是中华人民共和国的根本大法，拥有最高法律效力。旅游资源和旅游环境作为资源和环境的一种，适用于《中华人民共和国宪法》中关于资源和环境保护的各种规定。我国现行《中华人民共和国宪法》对资源和环境的保护作了一系列规定：

第 9 条规定："国家保障自然资源的合理利用，保护珍贵的动物和植物。禁止任何组织或者个人用任何手段侵占或者破坏自然资源。"明确提出了要保护自然，禁止侵占或破坏自然资源。

第 10 条规定："城市的土地属于国家所有。农村和城市郊区的土地，除由法律规定属于国家所有的以外，属于集体所有……一切使用土地的组织和个人必须合理地利用土地。"强调对自然资源要严格保护和合理利用，以防止不合理开发自然资源而导致的环境破坏。

第 22 条规定："国家保护名胜古迹、珍贵文物和其他重要历史文化遗产。"明确提出了要保护名胜古迹等旅游资源。

第 26 条规定："国家保护和改善生活环境和生态环境，防治污染和其他公害。"这一规定是国家关于环境保护的总政策，说明了环境保护是国家的一项基本职责。

《中华人民共和国宪法》中的这些规定，为我国旅游资源保护活动以及旅游资源保护立法提供了指导原则和立法依据。

（二）《中华人民共和国环境保护法》

《中华人民共和国环境保护法》是我国环境与资源保护的基本法。作为一部综合性的基本法，它是进行旅游资源保护立法工作的依据；作为一部综合性的实体法，它对环境保护的目标范围、基本原则、方针政策、重要措施、组织结构等作出了原则性规定。

《中华人民共和国环境保护法》以协调发展原则，预防为主、防治结合原则，开发者养护、污染者治理原则，协调合作原则，公众参与原则等作为基本原则，对保护和改善环境、防止环境污染和其他公害作出了具体规定。该法中还有一些关于旅游资源保护的具体规定：

第 29 条规定："各级人民政府对具有代表性的各种类型自然生态系统区域，珍稀濒危的野生动植物自然分布区域，重要的水源涵养区域，具有重大科学文化价值的地质构造、著名溶洞和化石分布区、冰川、火山、温泉等自然遗迹，以及人文遗迹、古树名木，应当采取措施予以保护，严禁破坏。"

第 35 条规定："城乡建设应当结合当地自然环境的特点，保护植被、水域和自然景观，加强城市园林、绿地和风景名胜区的建设与管理。"

《中华人民共和国环境保护法》中的这些基本原则、基本制度及具体的法律规定，对引导人们合理地开发、利用、保护旅游资源、保障旅游业可持续发展起着重要作用。

（三）旅游资源保护相关条例

1.《风景名胜区条例》

风景名胜区是指具有观赏、文化或科学价值，自然景物、人文景物比较集中，环境优美，可供人们游览、休息或进行科学、文化活动，具有一定规模和范围的区域。风景名胜区一般是在特定的地质、地理、气候和生物条件下，经过大自然的逐渐演变和人类的长期经营形成的，是自然和人类历史发展的见证，具有很高的美学、生态学、科学以及旅游观赏和经济等价值。因此，保护好风景名胜区不仅对保护和改善环境有重要作用，而且对于开展科学、文化、历史、艺术研究，丰富人们的精神文化生活，乃至促进旅游事业、推动地区经济的发展，都有重要的作用。

1985 年 6 月 7 日，国务院制定颁布了《风景名胜区管理暂行条例》，在风景名胜区的分级、管理体制、规划、禁止性规定、奖惩制度等方面作出了一系列规定。

2006 年 9 月 6 日，国务院第 149 次常务会议在《风景名胜区管理暂行条例》的基础上，制定颁布了《风景名胜区条例》，并规定《风景名胜区条例》于同年 12 月 1 日起施行。该条例在《风景名胜区暂行条例》的基础上进行了细化、完善，对进一步提高风景名胜区管理水平，实现风景名胜资源的有效保护、合理利用具有重要意义。

2.《中华人民共和国自然保护区条例》

自然保护区是指对有代表性的自然生态系统、珍稀濒危野生动植物物种的天然集中分布区、有特殊意义的自然遗迹等保护对象所在的陆地、陆地水体或者海域，依法划出一定面积予以特殊保护和管理的区域。设立自然保护区的目的是为了保护自然环境、自然资源和自然历史遗迹、文化及景观，拯救生物物种，以利于人类的科学研究，使自然资源得以永续利用。

1994 年 9 月 2 日，国务院第 24 次常务委员会会议讨论通过《中华人民共和国自然保护区条例》。该条例围绕自然保护区的建设、管理和法律责任三大主题，在自然保护区的分级、管理体制、建立条件、建立程序、保护措施、禁止或限制的人为活动等方面作了一系列的规定，为自然保护区资源、环境保护提供了强有力的保障。

（四）地方性规章制度

旅游资源较丰富、旅游业较发达的地区根据有关法律法规，结合当地特点和具体情况，制定了具有地方特色的旅游资源保护地方性规章制度。例如，湖南制定了《岳麓山风景名胜区管理办法》《湖南省武陵源世界自然遗产保护条例》，四川制定了《四川省风景名胜区管理条例》《四川省世界遗产保护管理条例》，等等。

（五）其他相关规定

1.《中华人民共和国水污染防治法》

《中华人民共和国水污染防治法》适用于我国领域内的江河、湖泊、运河、渠道、水库等地表水体以及地下水体的污染防治。该法以预防为主、防治结合、综合治理为原则，对旅游环境的水质标准和防治污染问题作了专门规定：

第 64 条规定："县级以上人民政府可以对风景名胜区水体、重要渔业水体和其他具有特殊经济文化价值的水体，划定保护区，并采取措施，保证保护区的水质符合规定用途的水环境质量标准。"

第 65 条规定："在风景名胜区水体、重要渔业水体和其他有特殊经济文化价值的水体的保护区内不得新建排污口。在保护区附近新建排污口，应当保证保护区水体不受污染。"

这些规定，对防止旅游区内的水体遭受污染，保护水体资源质量，确保旅游区的水质标准有着重要作用。

2.《中华人民共和国海洋环境保护法》

《中华人民共和国海洋环境保护法》以保护和改善海洋环境，保护海洋资源，防治污染损害，维护生态平衡为目标，对海洋环境监测、生态保护、海洋环境防治作出了系列规定。其中，涉及海洋旅游资源保护的规定包括：

第 2 条规定："国务院有关部门和沿海省级人民政府应当根据保护海洋生态的需要，选划、建立海洋自然保护区。国家级海洋自然保护区的建定，须经国务院批准。"

第 30 条规定："在海洋自然保护区、重要渔业水域、海滨风景名胜区和其他需要特别保护的区域，不得新建排污口。"

这些规定对保护海洋旅游环境，维持滨海旅游资源质量，保障旅游者的滨海旅游体验质量具有重要意义。

此外，其他法律如《大气污染防治法》《文物保护法》《森林法》《野生动物保护法》等都从不同的角度对旅游资源保护作出了相应规定。

第三节 旅游资源保护的常用科技方法

旅游资源保护的科技方法包括物理方法、化学方法、生物方法和工程方法①。各种方法通过不同的原理、渠道发挥着各自的优势与作用，单一或组合使用这些科技方法能够实现对水体、山地、动植物及文物古迹的有效保护。

一、物理方法

物理方法是指通过某些设施、设备或方法的物理作用，来达到处理污染物和保护旅游资源的目的。

（一）自然旅游资源的保护

物理方法主要应用于自然旅游资源中的水资源保护、大气保护和野生动物的保护。

1. 水资源的物理保护方法

水资源的物理保护方法是指污水物理处理法，即通过过滤、沉淀与上浮、吸附等技术分离废水中的悬浮污染物。这里所说的污水主要是指旅游景区在经营过程中所排放的生活污水。生活污水如不能得到较好的处理而直接排入周围环境，将对自然旅游资源及环境造成破坏与污染。

（1）过滤法。过滤法是除去悬浮物，特别是除去浓度比较低的悬浊液中微小颗粒的一种有效方法，通过将废水流过具有一定孔隙率的过滤介质，来截留废水中的悬浮物。常见的过滤介质类型包括格筛过滤、微孔过滤和膜过滤。

（2）沉淀与上浮法。沉淀与上浮法是利用密度差将水中悬浮颗粒与水进行分离的基本方法。即当悬浮颗粒的密度大于水时，受到重力作用，悬浮物将下沉形成沉淀物；当悬浮颗粒的密度小于水时，则上浮至水面形成浮渣（油）；再通过收集沉淀物和浮渣（油）使污水获得净化。

沉淀法可以去除水中的沙粒、化学沉淀物、混凝处理所形成的絮体和生物处理所形成的污泥；上浮法主要用于分离水中的轻质悬浮物，如油、苯等。

（3）吸附法。吸附法是脱出水中微量污染物的物理处理方法，主要通过溶质与吸附剂之间由于分子间力（范德华力）而产生的吸附力来实现水污染处理。其主要应用范围包括脱色、除臭、脱除重金属、各种溶解性有机物、放射性元素等。

（4）其他物理方法。除了以上几种水污染物理处理方法，还有吹脱法、气提法、蒸发法、结晶法等多种物理方法，它们在污水处理中应用也较为广泛，同样发挥着重要的作用。

---

① 徐学书．旅游资源保护与开发．南京：东南大学出版社，2007.

2. **大气的物理保护方法**

自然旅游资源裸露在大气环境中，对大气环境的变化表现出极强的敏感性，因此，保护大气环境，对保护旅游资源具有重要意义。大气的物理保护方法是指对大气污染治理的物理方法，包括大气中颗粒污染物的治理和气态污染物的治理。

（1）颗粒污染物治理。大气中的颗粒污染物多源于燃料燃烧。减少固体颗粒污染物除了需要改变燃料的构成，以减少颗粒的生成，还需要采用设备控制，在废气排放前进行颗粒污染物排除。主要的除尘设备包括：

①机械除尘器。利用机械力（重力、惯性力以及离心力）将尘粒从气流中分离出来，达到净化的目的。这类除尘器比较典型的有重力沉降除尘器和旋风除尘器等。

②过滤式除尘器。以过滤机理作为除尘的主要机理，包括袋式除尘器和颗粒除尘器等。

③湿式除尘器。采用喷水的方法将尘粒从气体中洗出去。这种除尘器种类很多，有喷雾式、填料塔式、离心洗涤器、喷射式洗涤器、文丘里式洗涤器。

④静电除尘器。在高压电场的作用下，通过电晕放电使含尘气流中的尘粒带电，再利用电场力使粉尘从气流中分离出来并沉积在电极上。

（2）气态污染物治理。气态污染物的物理处理方法是指分离法，即利用污染物与废气中其他成分的物理性质差异使污染物从废气中分离出来的方法。常见的分离方法包括物理吸收、冷凝、膜分离等。

①物理吸收法。被吸收的气体单纯溶解于吸收剂的过程被称为物理吸收。物理吸收法是利用气体混合物中的一种或多种成分在选定的吸收剂中的溶解度的不同，将其分离出去的操作过程。如高浓度的二氧化硫，可用水做吸收剂。

②冷凝法。冷凝法是指气体在不同温度及压力下具有不同的饱和蒸汽压，在降低温度和加大压力时，某些气体物质就会凝结成液体分离出来，进而达到净化和回收的目的。

③膜分离。气体膜分离法的基本原理是混合气体在压力梯度作用下，透过特定的薄膜时，不同的气体具有不同的透过速度，从而达到分离不同成分间气体的效果。

3. **野生动物的物理保护方法**

物理手段不仅可以运用于旅游环境，有时候也能直接运用于野生动物等自然旅游资源。给野生动物带上无线电跟踪装置就是利用物理手段保护的典型案例。

2006 年 5 月，国家林业局和四川省政府共同在卧龙自然保护区组织实施了全球首次圈养大熊猫野外放归行动。放归野外的大熊猫被科学家套上了无线电信号跟踪装置和 GPS 定位项圈，通过这一物理追踪装置，科学家能够实时监测大熊猫的异常行为并及时提供救援①。

---

① 马海波，章尚正．以科技手段保护旅游资源．科技经济市场，2008

（二）人文旅游资源的保护

1. 纸质文物的物理保护

文物害虫是威胁纸质文物安全的主要因素之一。应对这一问题，较为简便易行的方法是加装紫外光灯，对纸质文物进行定期照射。这一方法可有效杀灭害虫及微生物等，但对氧化、腐蚀性气体等无效。

为应对氧化、腐蚀性气体，国内采用较多的技术是充氮降氧密封保存法。它将文物放在密闭空间内，通过充氮置换，除去空间内的氧气及腐蚀性气体。这一方法不仅具有防虫的功效，而且还能防止霉菌、氧化等问题的发生，对纸质等有机质文物的质地、颜色和字迹也无任何影响，但每次开启后都要重新进行密封置换。因此，此种方法适用于提用率很低的文物保存。

2. 铜器的物理保护

为修复铜器的裂隙、断裂或缺损，常用的物理保护方法是激光焊接青铜器技术。激光焊接即通过将激光聚焦为很细的高能量密度光束直接照射至青铜器断裂处，与青铜材料相互作用，使材料局部加热、熔化，从而实现焊接。焊接过程中同时施以氦气侧吹法，从而保护被焊接部位免受氧化。这一技术能使断裂的铜器修复完整如初，肉眼难辨其裂痕，具有良好的修复效果。

二、化学方法

化学方法是指利用化学物质与污染物的化学反应，改变污染物的化学或物理性质，使污染物改变它的存在状态，最后使其减少或转变为其他无害物质的一种方法。

（一）自然旅游资源的保护

1. 水资源的化学保护方法

水污染的化学保护方法是指利用向污水中加入某种或某几种化学药品，与污水中溶解性的污染物发生化学反应，使污染物生成沉淀或转化为无害物质的方法，主要包括离子交换法、化学沉淀法、混凝法、中和法、氧化还原法等。

2. 大气的化学保护方法

大气的化学保护主要用于气态污染物的处理，是通过化学物质与大气污染物的化学反应，改变污染物的化学性质，最后使其减少或转变为其他无害物质的一种方法，常见的方法包括化学吸收法、催化法、燃烧法（直接燃烧、热力燃烧和催化燃烧）等。

（二）人文旅游资源的保护

1. 铜器的化学保护

青铜器出土后会和空气中的化学物质发生反应，在青铜器表面形成具有极强腐蚀性的白点——粉状锈。粉状锈具有极强的传染性，它可以迅速扩散渗透到青铜器内部，将青铜器变成粉末并使其他青铜器也遭受腐蚀。

针对这一问题，西北大学文博学院考古系摸索出一套过氧化氢纸浆糊敷与注射点滴相结合的工艺，即将经过特殊处理的纸浆糊敷于粉状锈部位进行氧化除氯反应，待纸浆团干燥后，将连接点滴瓶的注射针头插于纸团中间，将注射速度调节为几乎为零的状态，利用纸浆自身的吸水性来加入双氧水，彻底清除粉状锈。此方法安全快捷、操作简单，不仅根除了粉状锈，而且大大缩短了治疗时间，且成本低廉便于推广。

2. 壁画的化学保护

壁画文物经常出现起甲[①]、酥碱[②]等现象。应对这一问题，可以采用天然高分子材料如胶矾水、动物胶、植物胶和合成高分子材料如环氧树脂、聚乙烯醇、聚醋酸乙烯树脂、聚丙烯树脂等对壁画及其他相关文物进行修理与保护。以敦煌莫高窟为例，莫高窟采用合成高分子材料配方来修复起甲、酥碱壁画。这一方法是我国壁画保护的主要技术。目前在壁画文物的起甲、酥碱治理及修复中，天然高分子材料已被广泛采用。

三、生物方法

生物方法是指通过植物、动物、微生物本身的特有功能，以达到检测、防治环境和文物污染与破坏，以及美化、净化、绿化旅游环境和保护对象的作用。

（一）自然旅游资源的保护

1. 植物保护法

植物是自然旅游资源的一部分，也是旅游生态系统的生产者和改造者。它不仅可以调节气候、保持水土、净化空气，更能降低噪声、减少污染、反映大气状况，对旅游环境的建设和保护起到至关重要的作用。如构树能抵抗二氧化硫等多种有害气体，吸收有害气体和空气中的粉尘，是大气污染严重地区的先锋绿化树种；朴树对二氧化硫、氟化氢等有害气体的抗性很强，是防污的优良树种；臭椿对二氧化硫、氯气、氟化氢、二氧化氮等有害气体的抗性强，同时吸收有害气体的能力以及防尘能力也很强；龙柏在松柏类植物中抗污染能力最强，能抵抗氯气、氟化氢、二氧化硫、二氧化氮、氯化氢等有毒气体。

2. 动物保护法

动物对旅游环境的保护作用体现在其对固体废弃物的分解作用上。如蚯蚓是分解者，它可以分解掉除石头、砖瓦、玻璃、金属、橡胶等以外的有机废物和生活垃圾，使其变成无机物，供植物等利用，是名副其实的“环境卫士”。

---

① 起甲：由于壁画的颜色层和白粉层结合力不强，或某种颜料的用胶量不均而造成的龟裂，泛起许多小鳞片的现象。

② 酥碱：在支撑结构的崖体中，山体水分较多时，由于水的渗透将岩砾中的盐溶解后，通过地层岩石中的孔隙传送而集结于壁画的颜料层，腐蚀壁画内的胶结材料，盐分通过吸水膨胀又使壁画酥松，造成酥碱。

人类也能通过动物监测旅游环境达到保护旅游资源与旅游环境的目标。乌贼的肝脏为体重的5%～15%，而且肝脏内的脂肪较多，海水中的63种元素几乎都可以在其肝脏里浓缩，一些甚至不能直接从海水中检测出的微量元素也可以从其肝脏中检测出。利用乌贼这一特点，就可以对海洋环境污染进行监测。

3. **微生物保护法**

微生物在水资源保护中应用较为广泛。如在污水处理中经常用到的活性污泥法、生物膜法、厌氧生化法都是利用微生物保护自然旅游资源的体现。活性污泥法是利用悬浮生长的微生物絮体处理有机废水的一种生物处理法。生物膜法通过使废水与生物膜接触，使固体、液体相交换，利用膜内微生物将有机物氧化，使废水获得净化，同时使生物膜内的微生物不断生长繁殖。这层生物膜具有生物化学活性，会进一步吸附、分解废水中的呈悬浮、胶体和溶解状态的污染物。厌氧生化法是环境工程中一项重要的技术，是处理有机废水的强有力的方法之一。它是在无分子氧的条件下通过厌氧微生物（包括兼氧微生物）的作用，将废水中各种复杂的有机物分解转化为甲烷和二氧化碳等物质的过程，也称厌氧消化。

（二）人文旅游资源的保护

1. **木质文物的生物保护**

木质文物极易受到虫害的影响，遭受损害。解决这一问题，除了可以用煤气或氮气等气体使蠹虫窒息外，还可以利用虫害的天敌，通过生物方法解决。以克拉纳赫神坛屏风为例，在处理虫害问题时，有关机构选取了马蜂驱除法，即用身长不过3毫米的马蜂来消灭蠹虫。马蜂通常将蠹虫的蛹麻醉，然后将自己的卵产在其中，它们的幼虫也拿蠹虫的蛹作为食物，从而就消灭了害虫。

2. **丝绸文物的生物保护**

对丝绸文物的生物保护方法主要指无强度丝绸的微生物加固方法这项技术。这种微生物保护技术的原理是将生物菌渗透到木头、丝绸内部，修复文物本身受损纤维素，或生成纤维素以填充本已疏松的文物内部，从而起到加固定型作用。

四、工程方法

工程方法是指建造或利用围墙、堤坝、沟渠、桥梁、支柱、护驾、护坡等各类建筑物和构筑物，以达到保护旅游资源和环境的目的。

（一）自然旅游资源的保护

工程方法主要用于污染防治和对野生动物的保护。以青藏铁路为例，自青藏铁路开工建设以来，为了保障可可西里等地的藏羚羊及其他野生动物的自由迁徙，青藏铁路建设者在其沿线专门设置了33处野生动物通道。这一野生动物通道对沿线野生动物种群的交流和迁徙均起到了积极的作用，藏羚羊等野生动物已逐步熟悉和利用通道，并且对其利用率逐年上升，监测中未发现有藏羚羊迁徙被铁路阻隔的现象①。

（二）人文旅游资源的保护

文物古迹，特别是历史建筑、大型雕塑等，容易受到自然风化或人为破坏而破损。在保持原貌的原则下，使用原材料、原构件进行必要的修复加固，甚至在必要的时候用现代构件进行加固，或者将裸露在自然环境下的文物用各种防护盖（如在文物上加罩或加盖建筑物等）予以保护，都是对文物古迹进行保护的有效措施。

赵州桥是我国造桥史上的杰作，由隋代杰出工匠李春和众多石匠共同建造，为著名的华北四宝之一。然而，由于汶河河水污染严重，直接威胁着古桥的安全。为了保护这座著名的古代桥梁，河北省、石家庄市政府，会同环保、水利、交通、文物等部门在距桥600米的上游，500米的下游，各筑一道坡坝，在河岸北侧开挖一条明渠，与现有溢洪道相连，并将污水改行原汶河溢洪道。桥下清污后，从上游打的机井取清水注入桥下河道。这项工程不仅拓宽和加深了河道，解除了污染危害，还使赵州桥重现主拱全貌，是工程保护法成功的典型案例。

五、综合利用法

（一）自然旅游资源的保护

单一的保护方法各有侧重和优势，但也不可避免各有缺陷。只有综合运用多种科技保护方法，才能有效提高对自然旅游资源的保护水平。

以安徽省采石风景区为例，管理部门对景区内百年以上的古树名木进行了鉴定、登记，编制了古树名木手册；聘请专业人员加强对古树名木的复壮和养护管理，全年保持古树的排水畅通，定期松土、锄草、施肥、修剪、打药驱虫，防治病虫害，促使古树茂盛生长；根据需要设置防护栏，围砌点石，保护古树的生长环境；在每棵树上悬挂宣传牌，宣传古树相关知识和保护措施；做好预防工作，避免由于风雨、冰雪、雷电等恶劣天气对古树的破坏。采石风景区对古树名木的保护同时使用了生物、化学、物理、工程等方法，保护工作取得了较好的成效。

（二）人文旅游资源的保护

和自然旅游资源的保护一样，只有综合运用多种科技保护方法，才能有效提高对人文旅游资源的保护水平。

以杭州市飞来峰石窟造像保护为例，由于渗水侵蚀、溶蚀风化，飞来峰石窟造像损害严重。为此，杭州市有关部门启动了石窟造像保护工程。采用“佛像近景摄影测量”等高科技信息技术手段，运用植被结构调整、地表防渗等方法延缓造像风化速度，最大

① 付鹏，张宇，吴晓民．青藏铁路野生动物通道有效性分析．环境科学与管理，2011.

限度地保存文物及环境的原貌。该保护工程综合运用了电子、生物、物理等方法对石像进行保护，取得了较好的效果。

【本章小结】

1. 旅游资源保护的原则包括：资源计划原则、永续利用原则、预警保护原则、污染付费原则和科技保护原则。旅游资源保护的措施主要有：转变旅游开发形式、建立有效的管理体系、完善法律法规制度、旅游资源分区保护管理、拓宽保护资金来源渠道和重视旅游资源保护的宣传教育工作。

2. 旅游资源保护相关法律规范有《威尼斯宪章》《人类环境宣言》《保护世界文化和自然遗产公约》等国际性公约，以及我国的《宪法》《环境保护法》《风景名胜区条例》等。

3. 旅游资源常用的保护方法有物理方法、化学方法、生物方法、工程方法和综合利用法。

【复习思考题】

1. 旅游资源保护的主体包括哪些？各有什么职责？

2. 国际和国内旅游资源保护的法律制度有什么区别与联系？试比较国际和国内的旅游资源保护法。

3. 请结合国内旅游资源保护较成功的案例，分析旅游资源保护的方法。

4. 你所知道的国际上有哪些旅游资源保护的新技术适合推广到国内，请结合案例说明。

【案例分析】

天然恒久远，魅力永流传——美国黄石国家公园

美国黄石国家公园地处落基山脉，美国中西部怀俄明州的西北角，是世界上第一座国家公园。公园占地面积8956平方千米，85%都覆盖着森林。园内山峰起伏崎岖，瀑布直泻而下，湖泊如翡翠夺目，飞禽走兽得到天然庇护，被称为“地球上独一无二的神奇乐园”。自建园以来，美国黄石国家公园始终以保持自然风光而闻名于世，其经验管理方式亦被称为世界国家公园管理的典范。

中央政府垂直管理。不同于其他世界遗产独立经营管理的模式，美国黄石国家公园系统是由联邦政府内政部下属的国家公园管理局直接管理的。国家公园管理局直接任命黄石国家公园的管理人员，对其进行统一调配。同时，黄石国家公园的规划设计也统一由国家公园管理局下设的丹佛规划设计中心全权负责。

全员参与资源保护。为实现全方位、全员参与资源保护，黄石国家公园对员工进行定期培训，向员工普及生态环境保护、野生动植物保护的知识，不断提高员工素养。同时，所有雇员都被鼓励参与游客教育的活动。在黄石国家公园，有野生动物缓缓走过的地方就有工作人员在向围观的游客讲解野生动物的生活习性、种群状况、相处方式等。有游客垂钓的地方，就有工作人员上前与之闲聊，顺便检查他们是否遵守了公园的规章制度。

重视宣传教育。美国黄石国家公园的宣传教育工作包括内部员工培训和游客宣传教育两个部分。在内部员工培训方面，除了定期的讲解授课，黄石国家公园每年都会向全体员工发送数以万计的电子邮件，进行不定期电话问询，开展书面咨询等。在游客宣传教育方面，除了安排正式和临时性的讲解员为游客进行生态环境保护教育讲解，黄石国家公园每年都会针对来访游客和其他大众出版 60 多种读物。其中包括报纸、自助游出版物、旅游宣传册、期刊等。当游客走进黄石国家公园，音频、视频、书册开始刺激游客的各个感官，“生态环境保护”的理念也在潜移默化中植根于游客的脑海中。

发挥科研论坛作用。1991 年，黄石国家公园举办首届科研论坛活动。该论坛保持每两年召开一次的频率并延续至今，来自世界各地，不同领域的学者在黄石国家公园进行思想碰撞，最前沿的理论和最创新的管理模式在这里萌芽。“近水楼台先得月”，黄石国家公园掌握着第一手的科研成果，这对提高黄石国家公园旅游管理能力有着莫大的贡献。

分析内容：美国黄石国家公园的资源保护手段有什么特色？对我国旅游资源保护有什么启示？

第九章 旅游资源信息管理

【学习目标】

学习本章后，你应该能够：

1. 理解旅游资源信息的概念，明确旅游资源信息管理系统的应用价值；

2. 熟悉旅游资源信息管理系统的结构，了解系统层、数据层、用户层各自的操作原理与功能；

3. 了解旅游资源信息管理系统的需求分析，掌握旅游资源信息管理系统开发的原则、方法和流程，并能熟练运用；

4. 了解旅游资源管理研究中的重要技术工具，明确其对旅游资源研究的应用意义。

【章前引例】

西藏作为“世界屋脊”和“雪域天堂”，旅游资源丰富，令人心驰神往。但由于地处祖国的西南边陲，同时受制于经济、文化、教育、科技等，西藏的旅游资源一直得不到充分的开发与利用。

2006年青藏铁路的全面通车为西藏带来了大量的游客，旅游业成为西藏经济的潜在增长点。然而，当时的西藏信息化水平很低，旅游资源的管理水平不高、信息传递不畅、信息共享水平低，严重阻碍了西藏旅游业的发展。旅游信息化建设已成为当务之急。为此，中科院地理科学与资源研究承担建设西藏自治区旅游资源信息管理系统，利用现代信息技术，特别是地理信息技术（GIS）与旅游资源普查紧密结合，实现了西藏旅游资源管理的信息化，实现了旅游资源的优化配置。

西藏自治区十分重视提高信息化水平，实施旅游综合信息服务工程，建设西藏旅游资源数据库和综合信息管理系统。2011年获批的《西藏自治区“十二五”时期信息化规划》提出建设完善西藏旅游资源数据库，旅游信息资源库、地市及主要县（市）旅游宣传网站和营销平台、主要旅游景区信息及监控系统、旅游电子导示系统建设等都被纳入其中。旅游信息化已成为促进西藏旅游产业快速发展的重要举措。

借助于信息化发展战略，西藏神奇瑰丽的自然风光、底蕴深厚的人文景观，以及众多源远流长的起源传说焕发出了很强的生机，也让世人更多地关注起西藏。随着一次次化蛹成蝶、华丽蜕变，旅游业现已成为西藏的支柱产业之一，成为百姓增收致富的助推器。

第一节　旅游资源信息管理概述

一、旅游资源信息管理

（一）旅游资源信息管理

旅游资源信息是指人类社会在对旅游资源进行调查、研究和管理过程中所产生的信息。旅游资源信息内容十分广泛，不仅包括旅游资源自身的信息，还包括与旅游活动相关的食、住、行、游、购、娱等旅游要素及旅游资源发展环境等方面的信息。旅游资源开发理念、利用广度的深化，进一步促进了旅游资源信息内容的外延以及表现形式多样化的发展趋势。

为更好地保护、利用和开发旅游资源，需要对旅游资源信息进行系统的管理，制定全局性的管理战略，促进其健康可持续发展。因此，对旅游资源信息的管理是一种具有长远意义的战略管理，能够对旅游资源信息的开发、规划、控制、集成及利用情况进行综合部署和管理，其实质是对信息生产、信息资源建设与配置、信息收集与开发、信息传输、信息吸收与利用等活动中的各种信息要素（包括信息、人员、资金、技术设备、结构、环境等）的计划、组织、协调、控制与领导，从而有效地满足旅游者、旅游经营者、旅游管理者对旅游资源信息需求的过程。

（二）我国旅游资源信息管理现状

1. 旅游资源信息的收集和管理效率较低

旅游资源信息具有海量性特征，其收集、管理工作是一项烦琐、细致的工作，加之受到旅游资源属性特征的影响，其收集管理工作受人力、物力及自然条件的约束较多，因此需要综合采用多种方式。但目前我国对旅游资源信息的收集、管理多采用人工方式，不仅表现在利用人工进行资源的普查，还表现在利用人工进行旅游资源信息的统计、文字材料编写、图件制作及资源评价等工作。人工收集的方式在覆盖面、精确度等方面都存在较大的局限性，远不能满足旅游资源信息收集、管理的需要，因此迫切需要新技术、新手段的加入，以提高旅游资源信息收集、管理的效率。

2. 旅游资源信息利用和管理体系尚未建立

目前对旅游资源信息的利用未形成系统体系，通常是当需要利用旅游资源信息时才着手信息的收集、管理工作，当工作结束后，也未及时进行信息的综合存储工作，致使信息的综合利用、共享利用效果大打折扣。总的来说，旅游资源信息的利用和管理缺少完善管理体系的支持，未能建立起旅游资源信息之间的有效联系以增强信息的共享性和一致性，因此需要进一步完善和改进。

3. 旅游资源信息管理不能较好地反映动态信息特征

信息具有时效性特征，旅游资源的发展环境也在不断发生变化，因此，为提高旅游资源信息利用的有效性，必须保障其高度的实时性和动态性。旅游资源信息管理缺乏对信息的敏感性，不能及时进行信息的收集和更新，从而降低了旅游资源信息在旅游业发展中的价值作用。

4. 旅游资源信息管理的利用手段较为落后

信息化时代的到来促使现代社会对信息的利用依赖于更多的信息化技术。利用现代化高效的信息技术、决策技术和管理技术，可以为信息管理提供更多的有用分析和利用方法，从而有效提高管理效率。旅游资源信息管理也需要借助高新技术的支持，但是目前对信息技术的利用远远落后于现代社会管理的需要，主要原因在于对旅游资源信息管理新技术研究和投入力度不够，传统管理方式和信息化技术未能实现有效结合，而这也是未来旅游资源管理的努力发展方向。

二、旅游资源信息管理系统

旅游资源信息管理系统是指通过数字化、信息化手段对旅游资源信息实现系统的整理、统计和分析，是我国旅游业适应信息化发展需求的必然之举。

（一）旅游资源信息管理系统概念化框架

旅游资源信息管理系统是对旅游资源信息加工处理的人机交互系统，以旅游资源空间数据库为基础，采用地图、文字、图标、数字、影像等多种媒介形式，进行旅游资源信息的采集、存储、管理和分析，最终实现旅游资源信息的服务和决策功能以及旅游资源信息的动态化管理。一般来说，旅游资源信息管理系统概念化框架主要包括旅游资源调查、旅游资源信息管理、旅游资源评价和旅游资源规划与应用四个部分。

1. 旅游资源调查

旅游资源调查模块的功能主要是采用多种方式实现旅游资源的调查、实地登记、收集和整理，并通过数据库管理等方式，结合相关标准，对旅游资源单体进行审查、修改和汇总，并实现旅游资源单体的分类管理和评级管理。但这一模块中的评级管理区别于旅游资源评价模块中的评价管理，其主要功能仅是实现对旅游资源单体等级的评定。

2. 旅游资源信息管理

旅游资源信息管理模块的功能主要是将采集到的旅游资源信息进行数字化和信息化的处理，利用数据库等信息化处理方式，实现对旅游资源单体的分布图制作、旅游资源信息多条件模糊查询、旅游资源信息统计管理等。在系统的开发完善过程中，实现旅游资源信息的可视化查询与统计成为系统开发的重要突破点。

3. 旅游资源评价

旅游资源评价模块的功能是根据科学的旅游资源评价模型，建立起完善的旅游资源评价体系，实现对旅游资源的综合评价。该项工作不仅涉及旅游资源本身的评价，还能够综合考察区域范围内旅游资源的综合利用状况和开发价值，在区域旅游开发过程中发挥着重要作用。

4. 旅游资源规划与应用

旅游资源规划与应用模块的功能是在旅游资源评价模块的基础上，对区域旅游规划进行系统的指导和辅助。这一模块能够将专家建议与具体的资源状况进行结合，利用多种可视化手段实现旅游规划的全方位部署和掌控，增强区域旅游资源开发利用的科学性和长远性。

旅游资源信息管理系统不同于狭义信息系统的最大特征在于其处理的数据具有空间属性，在具体开发过程中，以具有空间分析功能的地理信息系统为开发平台，以管理和辅助决策为目标，利用地理信息系统的各种功能实现对具有空间特征的要素处理分析，以达到管理区域系统的目的。

（二）旅游资源信息管理系统建设目标

利用信息化技术，加强对旅游资源的管理是未来发展的必然趋势。旅游资源信息管理系统建设的主要目标是建立统一的旅游信息数据库和可操作平台，实现旅游资源信息的共享，从而为旅游资源分析、评价和规划，旅游客源市场的定位与开发，旅游者信息需求的满足提供便利，促进旅游产业的发展。旅游资源信息管理系统的建设目标主要表现在以下几个方面：

1. 旅游资源信息化管理

旅游资源信息系统首先需要在信息收集和整理上发挥作用。旅游资源信息众多，需要借助旅游资源信息系统对其进行系统的收集、整理，实现旅游资源信息的有序管理。关键是建立起旅游资源的信息数据化，方便旅游资源信息数据的收录、查询、提取和修正。旅游资源的规划开发、管理决策和科学研究都对信息数据提出了较高的要求，旅游资源信息系统对资源信息的集中管理，能够极大地提高数据的获得和利用效率。

2. 旅游资源特色展示

旅游资源以不同的形式存在，其功能特色通过不同的载体及途径呈现。传统的旅游资源信息管理，多以文字、符号的形式储存和展示，不能很好地展示出资源特色。信息化技术能够让信息以多样化的形式呈现，更好地表现信息的功能和特色。旅游资源信息系统的建立，能够通过多媒体方式呈现旅游资源信息，除基本的文字、符号方式外，同时利用图像、声音等方式，能够更加生动和全面地展示旅游资源的特色，使得旅游资源的利用方式多样化。

3. **旅游资源统计分析**

旅游资源的开发、利用与保护都是建立在对旅游资源信息全面评价分析基础之上的。旅游资源信息系统除对旅游资源进行收集、储存外，还能够对信息进行系统的处理和分析，在系统中引入先进的评价分析模型，能够提高评价分析结果的科学性，是旅游资源管理决策方案重要的辅助性工具。

4. **信息系统便利操作**

旅游资源信息系统的一个重要功能是信息共享，因此设计灵活、方便和安全的操作系统是重要的目标之一。旅游资源信息系统的用户众多，包括相关的行政管理部门、旅游企业，也包括旅游者等主体，因此需要根据操作用户的不同，进行针对性的界面和操作程序设计。基本原则是操作界面要体现人性化思想，方便用户快速进行信息查询和资料更新，信息呈现方式多样化，并附有较多、较详细的解说信息，实现旅游资源全面、生动展示。

三、旅游资源信息管理系统的应用

旅游资源信息管理系统在旅游资源的调查、分析和评价方面具有较大的优势，能够促进旅游资源的合理开发和科学管理，应用范围也越来越广泛。目前旅游资源信息管理系统广泛运用于旅游行业机构、旅游教学、旅游研究以及旅游企业中，主要发挥其旅游资源统计、调查与管理方面的工作。在我国推进智慧旅游城市发展过程中，各地旅游行政管理部门大力引进旅游资源信息管理系统，建立起所辖区域内相对稳定的旅游资源开发、管理、评价体系，对其行政区域内的旅游产业发展决策发挥着重要作用。

（一）旅游资源的调查统计

旅游资源的调查、统计工作是一件持续性和繁重的工作，单纯依靠人工统计无法保证信息的全面性和时效性，旅游资源信息系统的引入，能够提高旅游资源信息的调查统计效率。旅游资源信息系统可以在系统内部设置专门的信息调查和统计口径及标准，实现标准化的管理，这样不仅可以使资源信息更为有序，还能缩短统计周期，提高信息的时效性及适用性。旅游资源信息库的建立，就是旅游资源信息进行标准化调查统计的过程。

（二）旅游资源的开发规划

旅游资源具有明显的区域特点，需要结合资源特色和区域特点进行综合开发规划。因此，在对区域旅游资源科学评价、综合分析投入产出比的基础上，选择合适的开发方式，是区域旅游长远发展的出发点。旅游资源信息管理系统能够对旅游资源进行开发论证，是开发决策重要的支持性系统。在旅游资源的规划方面，旅游资源信息管理系统可以实现旅游资源项目的数字化管理，尤其是借助地理信息系统、遥感技术、多媒体信息技术等能够对规划信息的收集、存储、分析、管理、维护和服务决策等提供支持，且信息技术还可以实现规划效果的动态化、网络化展示，提高规划的科学性及可行性。

（三）旅游资源的信息共享

旅游资源信息系统收集、存储的信息可以实现多用户之间信息的传递和共享，尤其是能够为政府部门、研究企业、事业单位及旅游企业提供可靠的旅游资源研究数据，便于对旅游资源开发、利用和保护的科学研究，并促进旅游产业的全面健康发展。

（四）政府部门的管理服务

旅游业是我国战略性支柱产业，在地方经济发展中的作用日益凸显。旅游资源信息系统的建立，一方面能够为政府部门的资源统计、分析及规划评估等提供重要的决策辅助工具，从而有效避免旅游资源的盲目开发和重复建设；另一方面，随着我国智慧旅游城市建设的不断推进，政府的旅游信息预报及统计工作也变得更为重要和迫切，利用旅游资源信息管理系统，能够很好地做到日常的旅游资源信息管理和收集工作，加快诸如黄金周、重要节假日等旅游信息的统计工作，且通过多种媒介渠道进行信息的发布，极大地提高了政府管理和服务的效率。旅游资源信息管理系统在政府管理服务中的应用主要表现在旅游资源实体信息管理、旅游资源开发审批管理、与旅游行业组织协同开展的旅游资源管理及旅游资源信息发布管理等方面。

四、旅游资源信息管理系统的结构

旅游资源信息管理系统的总体框架结构自下而上由系统层、数据层和用户层三个部分构成，如图 9 –1 所示：

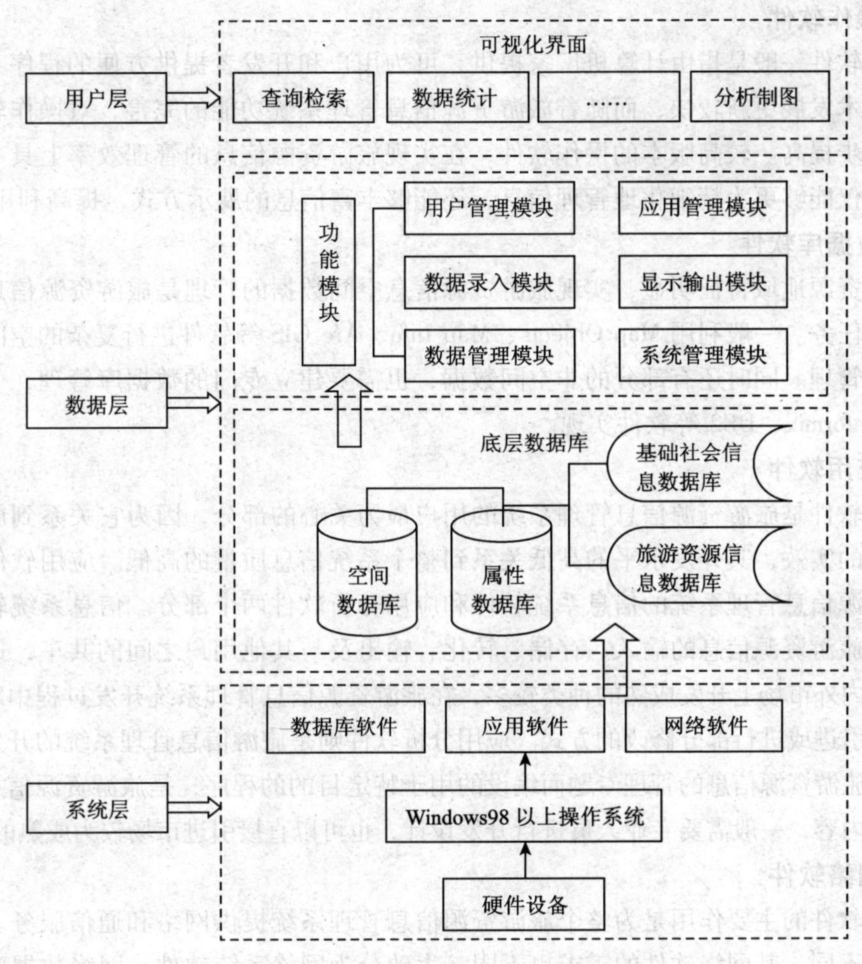

图 9－1 旅游资源信息管理系统结构①

（一）系统层

系统层主要包括系统的硬件设备、操作软件、数据库软件、应用软件和网络软件五个部分。

1. 硬件设备

旅游资源信息管理系统应用范围较广、信息储备较多，因此需要高配置、大容量硬盘的支持，同时为了保证系统的良好运行，还需要配备必要的数字化仪、扫描仪、打印机、数字通信传输设备等辅助设备。旅游资源信息管理系统的硬件设备由计算机主机、数据输入设备、数据存储设备和数据输出设备四部分构成。

① 吴国清．旅游资源开发与管理．上海：上海人民出版社，2010：211－213.

2. 操作软件

操作软件一般是指由计算机厂家提供，可为用户和开发者提供方便的程序系统。现代信息技术发展更新较快，而随着旅游资源信息管理系统功能的完善，对操作软件的要求也在逐步提高。较高版本的操作软件，在实现旅游资源信息的管理效率上具有更多的优势，不仅能够更为精细化地管理信息，还能够丰富信息的展示方式，提高利用效率。

3. 数据库软件

旅游资源地域特征明显，实现旅游资源信息空间数据的管理是旅游资源信息管理系统的重要任务。一般利用 Map Objects、Map Info、Arc GIS 等软件进行复杂的空间数据库的建立及管理。同时还有部分的非空间数据，也需要建立专门的数据库管理，一般通过 Oracle、Informix、DB2 等软件实现。

4. 应用软件

应用软件是旅游资源信息管理系统的用户最为关心的部分，因为它关系到旅游资源信息提取的实效，其开发水平的高低关系到整个系统信息质量的高低。应用软件主要包括旅游资源信息管理系统的信息系统软件和应用分析软件两个部分。信息系统软件主要用于支持旅游资源信息的输入、存储、转化、输出及与其他用户之间的共享，这类应用软件在国内外市场上开发成熟的种类较多，在旅游资源信息管理系统开发过程中对其一般采用直接引进或进行部分修改的方式。应用分析软件则是旅游信息管理系统的开发人员或用户根据旅游资源信息的管理专题而编设的用于特定目的的程序，是旅游资源信息管理系统的具体内容，一般需要专业人员进行开发设计，也可以直接引进市场较为成熟的软件。

5. 网络软件

网络软件的主要作用是为整个旅游资源信息管理系统提供网络和通信服务。针对系统模块的不同，其网络软件的需求也不同，大致分为网络系统软件、网络数据库和网络应用软件三种类型。网络数据库的建设是其中最关键也是最难的部分，需要多部门的共同协作完成。

（二）数据层

数据层主要建立起旅游资源信息管理系统合理的数据库结构，是整个系统开发设计的关键和核心环节。

1. 数据的类型

数据是旅游资源信息管理系统中信息的记载方式，也是系统能够对信息进行处理的依据。数据在系统中的存储、管理是依据数据的特点而定的，而系统也根据数据的不同属性开发出不同类型的数据库，以加强对数据的专门化管理。旅游资源信息管理系统的数据可依不同的特点划分为不同的数据类型。

（1）按照数据的来源划分。数据的来源途径多样，基本上可划分为直接调查获取的数据、查阅文献资料获得的数据和利用多媒体搜索的数据三种类型。数据的来源途径不同，数据的特点也各不相同，主要表现在两个方面：其一是数据的统计口径差异，影响着不同来源数据之间的可对比性；其二是数据表现形式的差异，需要旅游资源信息管理系统能够对数据进行标准化的管理，注意不同数据之间的相互支持性。

（2）按照数据信息特征划分。从数据所反映的信息特征上来划分，旅游资源信息管理系统的数据可分为空间数据、属性数据、时态数据和管理数据四种类型。

空间数据是反映旅游资源空间属性特征的数据。空间数据主要反映两种空间特征：其一是空间定位，即旅游资源具体的空间位置、空间定位，一般用几何坐标来表示，如经纬度、极坐标等；其二是旅游资源之间的空间关系，即旅游资源与所在空间之间的关联性，如旅游资源点、线、面之间的拓扑关系。

属性数据是用以解释、标注旅游资源信息具体性质的数据，是表示在某一空间位置具有开发价值的旅游资源具体的属性分类，如将旅游资源划分为河流类型、植被种类等。空间和属性特征的结合，能够完整地表达出地物或空间现象。

时态数据描述地物或空间现象在某一时间段内所特有的性质、特点，能够表现出旅游资源的发展性。目前，时态数据多通过时间轴进行分类处理，但是这种方式不能够很好地对数据进行“去粗取精”，造成较多的冗余数据，因此，在系统开发过程中需要进行更多的技术创新。

管理数据是指旅游资源信息管理系统用于管理已有数据或各种应用数据参与到应用过程中产生的数据，如系统元数据、数据库管理数据、事务管理数据等。管理数据来源于原始数据、依赖于原始数据，除原始数据外，还有部分的衍生数据。

2. 数据库基础

数据库是数据层的核心内容，也是整个旅游资源信息管理系统的核心部分，整个系统其他部分功能的实现都依赖于完善、合理的数据库体系。因此开发出符合旅游资源信息管理系统的要求，能够实现数据有组织、有条理的存储和管理，提高整个系统信息的查询与处理效率是整个系统开发的关键环节。

（1）数据库。数据库能够将数据按照一定的组织方式使其在存储设备上以相关事件集合的形式进行存储。利用数据库存储设备可以使数据具有组织性，有效减少数据的冗余度，提高数据的独立性和扩展性。同时，不同数据库之间建立相关联系，可以实现用户之间的数据共享。

（2）数据库管理系统。数据库管理系统主要负责数据的组织、存储和维护等。用户可以通过数据库管理系统实现数据的定义、操作和管理。同时，系统的更新和维护功能，能够有效保护数据的完整性和安全性。

（3）数据库系统。数据库系统是指在计算机系统中引入数据库后的系统构成。其由数据库、数据库管理系统应用软件、用户等构成，目的是实现用户对数据的使用。

（4）旅游资源信息管理系统中的数据库系统。结合数据库的特点和旅游资源信息管理数据的特点，旅游资源信息管理系统中的数据库需要做到：数据冗余度小，重复率低；数据应用便利，能够快速进行分享；数据集合之间具有独立性，可单独存储；有专门的数据管理软件，方便数据的输入、输出、维护和检索等操作。

3. **数据库结构**

旅游资源信息管理系统根据数据特征的不同，建立不同功能作用的空间数据库和属性数据库。

（1）空间数据库。空间数据库主要执行旅游资源信息管理系统的空间数据分析功能，是整个系统的核心构成部分，影响到整个系统的构成、开发及应用管理，其功能的实现是旅游资源信息管理系统区别于一般信息管理系统最主要的原因。空间数据库的开发需要配备专门的空间数据输入和输出设备，尤其需要配置图形图像显示设备以用于图形和图像数据的处理，需要研制出与数据结构和数据库管理方法相关的专门的图形图像分析算法和处理软件，提高空间数据库的可操作性。

（2）属性数据库。属性数据库一般分为基础社会信息数据库和旅游资源信息数据库。基础社会信息数据库又分为社会经济信息数据库和自然环境信息数据库两个部分。社会经济信息数据库主要存储和分析旅游区的人口数量、国民生产总值、国民收入、经济结构、交通运输等与旅游业相关的内容，统计和分析旅游资源管理所需要的社会经济方面的信息；自然环境信息数据库主要存储和处理旅游区旅游环境的自然要素，如地质地貌、气象气候、水文、动植物等信息，统计和分析旅游资源管理所需要的自然环境信息。

旅游资源信息数据库也可以进一步细化为三个组成部分：其一是反映旅游区总体概况的旅游区信息数据库，存储和处理的数据主要包括旅游区名称、编码、面积、开发年代、工作人员数量、景区介绍、景区旅游项目等内容；其二是反映旅游区域中单体资源状况和区域旅游资源分布规律的旅游资源单体信息数据库，主要包括旅游资源单体的名称、单体代号、主类名称、亚类名称、基本类型等内容；其三是反映旅游区旅游资源接待状况的旅游客源信息数据库，主要内容包括各时期旅游区接待的旅游者人次数以及旅游收入（国内、国外、省内、省外等）。

属性数据采用二维关系表的形式存储，用编码的方式来区分不同表示地物的属性数据。大的地物，如公路、铁路，按照国家统一的编码体系来进行编码；小的地物，特别是属于旅游行业的，则按照旅游行业中的标准、规范来进行编码。在旅游资源信息管理系统中，常用数据库管理系统 Visual Fox Pro 来进行属性数据的存储和管理。

4. **功能模块结构**

（1）旅游资源信息管理系统的主要功能。旅游资源信息管理系统的主要功能包括数据输入、转换、维护、检索、分析和处理等。同时其输出结果能够为用户提供资源管理、分析评价和开发规划的功能。

①资源管理功能。旅游资源信息管理系统能够将不同类型的数据，利用专门的数据库转化为数据信息，实现旅游资源信息的数字化、标准化和计算机化管理。数据库的管理方法还能够实现对旅游资源信息的快速查询检索、可视化输出表达和实施交换，达到旅游资源的统一管理、数据共享，促进旅游资源的自动化管理。

②分析评价功能。数据库可以建立不同的分析模型，对旅游资源的相关影响因素，如资源等级、规模、吸引力、环境、区位、客源市场等，进行定性或定量分析，为系统用户提供旅游资源开发利用的科学参考信息。

③开发规划功能。根据模型对旅游资源的分析评价结果，可以获得对旅游资源的开发现状、发展潜力及趋势较为全面的认识和了解。结合旅游市场的发展格局，能够得到更多可行性的旅游资源开发规划方案，还可利用系统进行开发规划方案的模拟，提高方案的实际可操作性，是用户进行旅游资源开发与利用的重要辅助工具。

（2）旅游资源信息管理系统功能模块。旅游资源信息管理系统根据用户对系统功能的具体需求，一般由用户管理模块、数据录入模块、数据管理模块、应用管理模块、查询统计模块和数据输出模块组成。

①用户管理模块。用户管理模块需要根据具体的使用对象设计相关的限定功能：如果是系统工作人员使用，则需要设计出工作人员身份验证程序，一般采用用户名和密码的形式，以保证系统数据的安全性；如果是游客使用，则不需要设置身份验证程序，为游客提供相应的服务数据即可。旅游资源信息管理系统还可以根据工作人员对数据的具体控制级别设置不同的数据使用权限：一般工作人员可以利用分配的账号进行数据的维护、查询、检索、浏览和输出等；中级工作人员除一般工作人员可使用的权限外，可进一步使用空间分析功能；高级工作人员则在中级工作人员权限之上，使用旅游资源信息输入标记、多媒体数据载入和删除等功能。旅游资源信息管理系统一般还需要配备专门的系统管理人员，以便对系统实行实时管理，系统管理人员可使用系统的全部功能，且其他工作人员的系统使用权限由其设置。

②数据录入模块。旅游资源信息管理系统的数据录入模块要求能够迅速、准确地采集数据，并能够通过配套的数据输出设备（数字扫描仪、数码相机等）快速输入到系统终端设备（计算机等）中，建立起相关的旅游资源数据库，采集的信息包括空间数据、属性数据、时态数据、环境数据等。

③数据管理模块。旅游资源信息管理系统通过数据管理模块实现对系统采集的旅游资源信息进行管理，这一模块提供存储、编辑、检索、查询、运算、显示、更新空间数据和数据挖掘功能，使最新获得的信息能够快速更新、补充到对应的数据库中，并能够对数据进行统一管理和维护，是系统中最重要的部分。

④应用管理模块。应用管理模块致力于解决用户对系统的具体应用需要，如旅游单位应用这一模块进行旅游科学研究（旅游资源的调查评价、开发环境及条件评价、旅游开发策略研究等），旅游企业用于旅游项目的策划，旅游行政管理部门用于日常旅游资源的管理、规划决策等。应用管理模块功能的实现，以系统数据库中的数据为基础，借助各类应用软件完成。

⑤查询统计模块。旅游资源信息管理系统除提供便利的信息系统查询外，还提供空间数据查询功能，包括提供各种旅游资源、服务设施、交通线路等标注出其具体地理位

置和坐标参数信息。用户还可以根据空间位置的点、线、面等多种方式进行空间信息查询。在旅游资源信息管理系统中通常还设计有旅游资源分布和统计情况的分析程序，用户除可以查询原始数据外，还可以根据具体需要查询到分析程序的处理结果。

⑥数据输出模块。数据输出模块可以为用户提供多种输出方式，如可以图件、照片、报告、表格、统计图、影像、拷贝数据等形式输出数据，还可以利用 GIS 显示数据输出的地图化表示，如将旅游资源质量评价等级图、旅游资源分布图、地形图、道路交通图、服务设施分布图和地形图进行叠加，从而输出一幅方便游客的详细的导览图。

（三）用户层

旅游资源信息管理系统的用户主要分为两类：一类是旅游者，他们主要利用系统的查询功能，以全面了解旅游目的地的旅游资源状况，为其旅游活动提供信息基础；另一类是旅游行政管理部门、旅游企业、旅游科研机构等，他们往往是旅游资源信息的收集和提供者，需要利用系统进行信息的存储、转化、统计、分析、更新、维护和管理。他们除要求获得全面的旅游资源信息外，还需要借助系统，完成旅游资源的合理开发、利用和保护工作。

旅游资源信息管理系统的用户层设计的关键在于其可视化的界面，因为用户层是人机的对话层，是连接系统与终端的接口，也是使用者可直接使用和操作的部分。在旅游资源信息管理系统中开发出生动直观、操作简便、简洁友好的界面，不仅能够方便使用者操作，而且还可以帮助使用者快速获取准确、有效的信息，使旅游者形成对旅游区的良好印象，也能够方便管理者对旅游资源和旅游区进行高效率和高精度的管理。

目前，旅游资源信息管理系统在开发用户层时多采用自顶向下逐层分解的设计思想，逐级进行界面设计，信息系统的主菜单界面为最高一层界面，展示系统的主要功能，其余界面之间通过不同形式的菜单进行调用。面向旅游者的主界面则需要充分结合多媒体技术，使旅游资源信息能够图文并茂、音像结合地展示，方便旅游者通过旅游区地图、旅游区宣传片等多种形式获得旅游景区的简介、地理位置和景观特色等信息。现在在这一界面的开发过程中，更多融入了人机交互的方式，增强与旅游者在查询信息过程中的互动性。

第二节　旅游资源信息管理系统开发

一、旅游资源信息管理系统需求分析

（一）系统业务需求分析

旅游资源信息管理系统信息数据的来源主要是旅游资源单体，因此系统开发也应针对旅游资源单体特点展开。

1. **旅游资源单体及旅游资源单体信息**

根据我国《旅游资源分类、调查与评价》的定义，旅游资源单体是指可作为独立观赏或利用的旅游资源基本类型的单独个体，包括独立型旅游资源单体和由同一类型的独立单体结合在一起的集合型旅游资源单体，具有数量多、空间分布广、资料丰富等特点。旅游资源单体的信息包括其空间信息（如经纬度、单体分布图、背景图等）、单体的属性信息（如地文景观、生物景观或水域风光等）、单体的描述性信息（主要指对单体保护与开发现状、单体所在区域及进出条件等总体情况进行描述）。

2. **旅游资源调查业务流程分析**

旅游单体资源的大部分信息的获得需要进行现场的调查采集。根据《旅游资源分类、调查与评价》，旅游资源调查工作应先组建调查组，调查组需要具备与该调查区旅游环境、旅游资源、旅游开发有关的专业知识，一般应吸收旅游、环境保护、地学、生物学、建筑园林、历史文化、旅游管理等方面专业人员的参与。调查过程中根据调查区域划分为若干层级的调查小区，所有调查小区的调查工作完成后进行资料的汇总。调查收集的资料主要包括与旅游资源单体及其赋存环境有关的文字描述资料、与调查区有关的各类图形资料、与旅游资源调查区和旅游资源单体有关的各种照片、影像资料等。完成对所有的资料信息的汇总后，利用档案、文件及计算机等方式进行管理，最后由旅游行政管理部门从整理的资料中提取有价值的信息供旅游者利用。具体的旅游资源调查业务流程如图 9－2 所示：

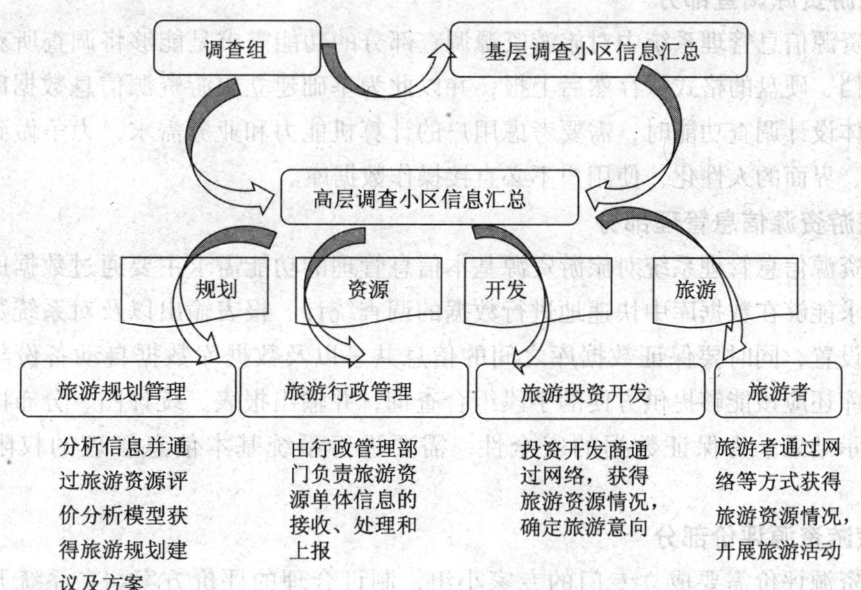

图 9－2 旅游资源调查业务流程

3. **数据流程图**

数据流程图描述了旅游资源单体调查工作的逻辑模型，反映了旅游资源信息管理系统中信息数据的生成、流动和处理过程。数据流程图是确定功能需求、划分功能模块、编制旅游数据辞典和数据库设计的基础，旅游资源信息管理系统的数据流程图如图9－3所示：

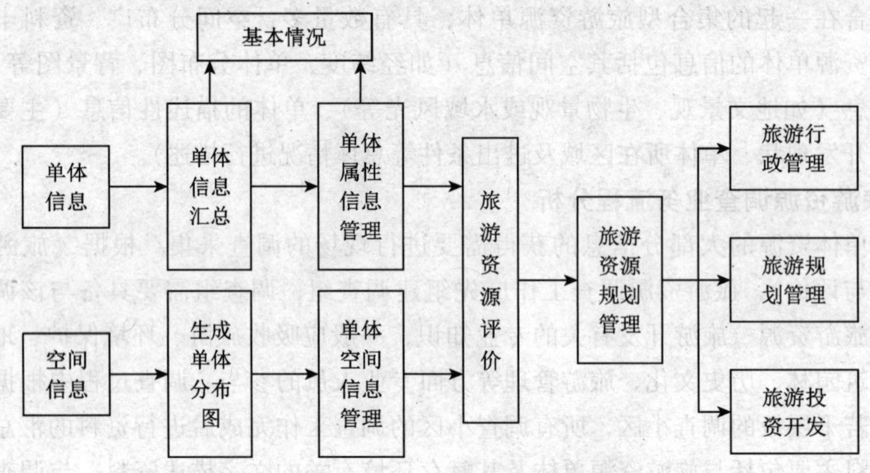

图9－3　旅游资源信息管理系统数据流程图①

（二）系统功能需求分析

1. 旅游资源调查部分

旅游资源信息管理系统中对旅游资源调查部分的功能需求是能够将调查所获取的数据通过文档、硬盘的格式保存然后上报，并以此为基础建立旅游资源信息数据库。在旅游资源具体设计调查功能时，需要考虑用户的计算机能力和业务需求，力争做到操作的简单便捷、界面的人性化，使用户不必直接操作数据库。

2. 旅游资源信息管理部分

旅游资源信息管理系统对旅游资源基本信息管理的功能需求主要通过数据库的管理实现，要求能够在数据库中快速地进行数据的调查统计、报表输出以及对系统数据的维护和服务设置，同时要保证数据库之间的信息共享以及数据库数据自动备份与恢复功能。数据库还应该能够提供方便的字段组合查询，并输出报表、统计图、分布图等多种方式的显示结果。为保证数据的安全性，需要进行系统基本信息管理的权限设置和维护。

3. 旅游资源评价部分

旅游资源评价需要成立专门的专家小组，制订合理的评价方案。在系统开发设计上，需要设计出便捷的人机交互界面，方便多人操作。在系统中还需要建立相应的旅游资源评价模型，确定评价指标体系，以便在旅游资源信息数据采集录入后，能够方便地

① 肖江南．旅游信息管理．福州：福建人民出版社，2007：112.

根据系统模型、评分指标体系实现对旅游资源的评价功能。

4. 旅游资源开发规划部分

旅游资源开发规划是旅游资源管理的重要功能，关系到旅游资源的长期可持续发展，也是用户进行旅游资源信息管理的主要原因之一。在系统设计过程中，需要根据旅游资源特点进行数据库的分类建立，并在系统中模拟开发规划方案，辅助开发规划决策。

二、开发原则

旅游资源信息管理系统的开发是一项非常复杂、任务艰巨的工程项目，需要投入大量的人力、物力、财力。因此，旅游资源信息管理系统的开发，需要制订合理有效的开发策略和开发计划，统筹安排系统开发工作。在系统开发过程中，还需要遵循科学的开发原则。

（一）实用性和稳定性原则

旅游资源信息管理系统的开发应该以用户需求为导向，结合系统的开发环境，使开发出的系统功能能够满足旅游者、旅游企业及旅游管理部门的不同需要，具有较强的实用性。同时，系统应保持良好、稳定的运行状态，使用户能够方便使用。

（二）标准化和规范化原则

旅游资源信息管理系统的开发应该严格按照标准化和规范化的要求进行，满足旅游相关国家标准、行业标准和地方标准的要求，且能够方便地利用系统实现信息交流与数据共享，保证系统的科学性和通用性。

（三）先进性和开放性原则

系统在开发过程中要采用先进且较成熟的现代化科学技术，提高系统的性能，使其能够保持良好的运行状态。系统还需要具有良好的开放性，可以兼容国际标准和工业标准的相关接口，可以与其他相关系统联网和通信，支持标准的应用开发平台，为广大用户、旅游企事业单位、旅游者提供方便的接口。

（四）可更新和扩展性原则

旅游资源处于不断发展和变化状态，因此旅游资源信息具有较强的时效性。一方面，旅游资源信息管理系统在设计时应考虑信息数据的更新功能，为数据更新提供方便的通道；另一方面，系统要从长远发展角度出发，考虑到以后系统的功能应该得到逐步的完善和扩展，故应预留数据输入输出接口，使系统具有扩展能力，如属性编码的可扩展性、软件设计的可扩展性等。

（五）简易性和灵活性原则

旅游资源信息管理系统应该遵循面向用户的原则，考虑到一般用户对系统相关的开发技术软件了解较少，因此，设计的系统应界面友好，操作直观、方便，使用户能够轻松上手。此外，针对不同的用户，可以设计出风格迥异的系统界面，提高用户使用的灵活性。

（六）高效性和安全性原则

旅游资源信息管理系统需要快速对用户的操作指令做出准确的响应，同时系统还应该具有必要的保密措施，随时应对计算机犯罪和病毒攻击，保证系统的高效性和安全性。

三、开发方法

旅游资源信息管理系统的应用范围日益广泛，越来越多的技术被应用到系统的开发中，同时系统的开发方法也越来越成熟，主要包括生命周期法、结构化系统开发方法、面向对象技术法等，这些开发方法极大提高了系统开发的可行性。

（一）生命周期法

生命周期法是国内外信息系统开发中最常见的方法。该方法认为任何一个软件都有生存期，即从软件项目的提出，经历研制、运行和维护，直至推出的整个时期。生命周期法将软件工程和系统工程的理论和方法引入信息系统的研制开发中，将信息系统的整个生存期作为一个生命周期，同时又将整个生存期严格划分为若干阶段，并明确每一阶段的任务、原则、方法，分阶段、分步骤地进行信息系统的开发。

（二）结构化系统开发方法

结构化系统开发方法也称结构化生命周期法，是自上向下结构化、工程化的信息系统开发方法和生命周期系统开发方法的结合产物。结构化系统开发方法是迄今为止在信息系统开发方法中最普遍、最成熟的一种方法，它是从数据流的角度将问题分解为可管理的、相互关联的子问题，然后再将这些子问题的解综合成为整个业务问题解的一系列技术的总称。其实质是“自上向下、逐步求精、分而治之”，旅游资源信息管理系统也往往利用这种开发方法进行系统的自上向下逐步开发。

（三）面向对象技术法

面向对象技术法不仅是一种系统开发设计方法，也是一种抽象思维方法。传统软件设计时将数据域及对数据域的处理分开，使得人们在思考系统解决问题时还需要考虑计算机处理的细节。面向对象法则是将数据域和对它们的处理组合成为对象，以对象为基础进行分析和设计，为认识事物提供了一种全新的思路和方法，是一种综合性的信息系统开发方法。

三种开发方法的比较如表 9－1 所示。

表9-1 信息管理系统主要开发方法比较①

方法	优点	缺点	适用范围
生命周期法（Life Circle Approach）	开发阶段清楚、任务明确、文档齐全，整个开发过程便于管理和控制。	系统的开发深度不够，系统与用户需求之间的确定性不够；开发周期长，文档过多；各阶段文档的审批工作困难。	大型信息系统和应用软件的开发。
结构化系统开发方法（Structured System Development Method）	从抽象到具体，逐步求精；正确性、可靠性和可维护性高；质量保证设施完备。	难以精确确定用户需求；不能很好地解决系统分析与系统设计之间的过渡。	组织相对稳定、信息处理过程规范、需求明确且在一定时期内不会发生较大变化的大型复杂系统的开发。
面向对象技术法（Object－Oriented Design，OOD）	具有较好的重复性、易改性、易维护性和易扩充性，满足用户需求。	相关原理和技术仍需要完善；在处理基于复杂数据的信息管理系统、复杂的人机交互界面的开发设计方面仍存在较大的不足。	适用范围较广。

四、开发流程

旅游资源信息管理系统的开发需要经过较长的时期，且需各方面共同配合完成。系统的开发需要按照开发方案所确定的开发步骤，其开发过程与开发方法与一般信息管理系统大致相同，主要经历六个阶段。

（一）人员组织阶段

人员组织阶段的工作主要是建立开发领导小组和系统建设专家组。前者是系统开发的最高决策机构，其主要工作是确定系统的目标，审核批准系统实现方案，验收鉴定系统以及组织各种开发；后者则由各相关领域的专家组成，负责完成整个系统开发的总体规划、系统分析和系统设计等工作。

（二）系统规划阶段

系统规划阶段主要是就旅游资源信息系统的开发提出总体的规划方案，以保证开发工作有计划、有步骤、有控制的进行。此阶段的主要工作包括：

1. 系统初步调查

对现行系统做初步的了解、分析与评价，为新系统目标的确定收集原始资料。

① 吴国清．旅游资源开发与管理．上海：上海人民出版社，2010：220.

2. 系统目标确定

系统目标是系统建成后要达到的运行指标，也是新系统研制开发的重要依据。在系统规划阶段，新系统的目标并非非常具体和确切，但随着系统开发的深入，新系统的目标将逐步具体化和定量化。

3. 拟订计算机系统的初步实现方案

旅游资源信息管理系统是以计算机及通信系统为核心建立起来的，系统规划阶段，从信息系统的总目标设计开始，根据各方面的制约条件，拟订多个计算机系统的初步实现方案以供选择，并确定总体结构的初步方案。

4. 可行性分析

可行性分析是任何一个系统工程项目正式投入人、财、物之前必须进行的一项工作，在系统规划阶段，根据所确定的系统的目标，来分析研究开发新系统的可能性和必要性。其中开发新系统的可能性即开发的条件是否具备，通常从技术、经济、时间和运行环境四个方面考虑。

（三）系统分析阶段

系统分析在信息系统开发中又称为逻辑设计，指在逻辑上以信息处理为出发点构建新系统的功能和任务，解决系统“能做什么”的问题。其主要内容包括：

1. 目标分析

对系统规划阶段确定的新系统的目标进行再次考察，明确系统开发的阶段性目标，并处理好阶段性目标和总体目标之间的关系。

2. 逻辑功能分析

通过评价原有系统的各项功能及新系统的增加功能，细化新系统的各项具体功能，这些功能主要侧重于逻辑方面，而不考虑显示方面。

3. 业务流程分析

业务流程是指为完成组织目标所作的相关业务的处理过程，对其分析是为了发现系统中不合理的地方，以便通过重组、改进，形成新的合理的流程。

4. 数据流程分析

数据流程是信息管理系统中信息出路方法与处理过程的统一，与业务流程分析相比较，数据流程分析是为了优化信息处理的过程。

5. 功能/数据分析

功能/数据分析也可以叫作子系统划分，即将系统划分为若干个子系统，这样可以简化工作。这一过程一方面是对系统功能的划分，即子系统结构的形成，另一方面也确定了数据资源的分布情况，即明确了哪些是各子系统内部的数据，哪些是各子系统之间的共享数据。

（四）系统设计阶段

系统设计在信息系统开发中又称为物理设计，是在系统分析的基础上，根据系统分析阶段所提出的系统逻辑模型，详细设计出新系统的实施方案，建立系统的物理模型，其主要内容如下：

1. 总体结构设计

在系统分析阶段，系统被划分为若干子系统，子系统可以看作系统目标下的一层功能，对其中的每项功能还可以继续分解，直至由一个或一组程序能够完成的功能模块。总体结构设计包括旅游资源信息系统的功能结构设计和功能模块设计等。

2. 系统物理配置方案设计

系统物理配置方案设计包括设备配置、通过网络的选择和设计以及数据库管理系统的选择等。在总体规划阶段，根据系统的目标、要求，提出了可行的计算机系统实现方案，随着系统开发工作的进行，在对系统的具体情况和要求有了更详细的了解后，应进一步完善系统方案。

3. 代码设计

代码是用数字、字母、符号等来代表客观存在的实体及属性等。在信息系统中，代码是人和计算机的共同语言。用代码的目的是为了方便计算机的处理，便于进行信息的分类、存储、校对、统计和检索等。代码应根据信息系统的规模、数据类型按标准化、规范化的原则设计，并且要易于扩充以适应系统未来的发展变化。

4. 输入设计

输入设计是指将数据正确地传送到信息系统中以供计算机系统进行各种处理，输入设计的内容包括输入数据的内容、数据的输入方式和输入数据的记录格式，其目的是要使数据的录入更便利、更有条理和尽可能地纠正错误。

5. 输出设计

输出设计的出发点是必须保证系统输出的信息能够方便地为用户所使用，为用户的管理服务提供有效的信息服务。其内容包括确定输出信息的内容和格式、输出设备和介质等。

6. 对话设计

人机对话是人和计算机系统实现信息交换、对信息系统运行进行控制的必要手段。良好的人机界面能大大增强信息系统的易用性，对话设计的内容包括人机界面、对话方式、对话内容及具体格式等。

7. 数据库设计

数据库设计是系统设计的主要内容之一，其设计质量对整个系统的功能效率有很大影响。要根据数据的不同用途、不同使用要求，以及数据量、设备、技术等方面的条件，决定数据的组织形式、结构、类型、载体、安全保密性等问题。数据库设计一般分5个步骤完成，分别为用户需求分析、概念模式设计、逻辑模式设计、物理结构设计和安全保护设计。在旅游资源管理信息系统中，数据库通常不仅要有与旅游资源相关事物的属性信息，还要有大量的空间信息。

（五）系统实施阶段

系统实施是系统设计的物理模型付诸实现的阶段，需要投入大量的人力、物力和时间，进行设备安装、程序设计及调试、系统测试，形成新系统的运行环境，此阶段的主要工作包括工作环境准备（硬件设备和系统软件准备）、数据的录入与装配、人员培训、系统调试等。

（六）系统维护阶段

系统投入使用后，一些设计上的缺陷会暴露出来，用户也会由于形势的变化，对系统提出新的要求，要让系统能够不断完善，灵活地适应变化，需要长期的维护工作。系统的维护工作主要包括应用软件维护、数据维护等。

第三节　旅游资源现代信息化管理

现代科学技术在旅游资源管理中的渗透性越来越高，旅游资源管理也越来越离不开现代化的信息技术。其中3S技术，即遥感（RS）、全球定位系统（GPS）和地理信息系统（GIS），是旅游资源管理研究中的重要技术工具，尤其是在空间信息的管理上。而其他计算机网络技术、多媒体技术、虚拟现实技术在旅游资源信息管理中的作用也在不断突出。

一、遥感技术

遥感技术，是指利用装载于飞机、探测气球、卫星、火箭等不同工作平台上的传感器，探测和接收地面或地下一定深度内的目标物体反射或发射的电磁波信号，并通过对信息的传输和处理分析，进而识别地物或现象的性质和特征及变化的技术。它具有探测范围大、多时段周期短、信息量大、能实时客观地反映地物动态变化特征等特点，广泛应用于农林、气象、海洋、旅游、环保、军事等领域。遥感技术在旅游资源信息化管理的应用主要体现在如下三个方面：

（一）旅游资源遥感调查

旅游资源开发后形成的景区，在其发展演变过程中存在一定的生命周期，一般经历形成、发展、成熟、衰退、消亡（再生）各阶段，旅游资源演变过程与其所处的环境、市场的变化相关，因此旅游资源的可持续发展要求对其进行动态化的管理。传统的旅游资源调查方法受到人力、资金及自然条件的限制，无法及时获得旅游资源的最新信息数据，无法满足动态化管理和开发的需求。

遥感技术可以利用遥感图像的波谱特性，在遥感图像上识别旅游资源，尤其是一些面积较大，肉眼不易看全的地物甚至于地下旅游资源，并结合部分资料，进行旅游资源数量、质量和分布的调查研究；遥感技术与人文考古相结合，可进行遥感考古；通过遥感图像，可以进行旅游景区地质灾害的调查和监测。

（二）旅游资源动态环境监测

遥感技术是旅游资源重要的监测手段，利用遥感提供的不同时段的影像，可方便地对同一地区的旅游资源进行周期性重复监测，掌握旅游资源动态变化的过程，及时发现旅游资源被破坏或退化情况，对旅游资源实行动态管理并及时采取措施加以保护。

第一，在遥感调查研究的基础上建立区域旅游资源数据库，为进一步研究区域旅游资源、建立旅游信息系统奠定牢固的基础。建立数据库，能使旅游资源的有关数据规范化，便于开展定量研究和动态研究。通过对数据的分析、转换和处理，能为用户提供咨询与决策。通过获取不同时相的遥感影像资料，能及时更新数据库，识别旅游资源开发前后的动态变化，为合理开发旅游资源提供预测。同时，利用遥感数据多时相的特点，可以监测旅游资源及环境动态变化，譬如，监测城市生态旅游景观的变化，监测湿地旅游环境的演变等。

第二，在遥感图像上叠加环境、市场需求等因子，利用计算机处理技术，可进行旅游资源综合评价；利用空中遥感平台，可方便地对地面同一目标、同一区域进行周期性监测，不断提供该目标区域的最新变化资料，对目标实行动态分析。由于旅游资源的季节性和动态性特征，需要反映旅游资源在时间序列上的变化过程，因此，遥感技术的这一特点也适合于旅游资源的监测。另外，在遥感调查中还可以及时发现旅游资源中潜在的自然危害因素，以及在旅游资源开发中可能出现的危害状况，为开发生态旅游项目和保护旅游资源提供参考。

第三，利用 AVHRR 图像和 TM 图像能准确定位森林火灾，包括火头位置、火势发展方向、各种救火措施的实际效果等重要信息，为森林救火提供可靠依据。

（三）旅游地图的遥感制作

在进行旅游规划时，有一项非常重要的工作，即制作诸多图件，这就需要有相关的底图。若直接扫描当地地形图作为底图，再在底图上覆盖专题要素，经常使底图要素要么全部显现，不能突出主要的专题要素，要么都非常模糊，不能很好地定位旅游专题要素。常规的方法是采用适当比例尺的地形图，进行相关要素的数字化，并制作成底图，然后在底图上加上相关的专题要素。虽然这样可以自行设计底图，但所有的要素依然以符号的形式显示出来，相对于实际地物来说并不直观。此外，并非所有的旅游区都有适当比例尺的地形图，有许多地区是缺乏地形图的。最科学的方法是从遥感影像直接判读出有关内容，然后根据其内容制作出基础底图。其基本的流程是：①影像的校正处理，包括几何校正和辐射校正。②根据需要将提取的地物状况进行相应的处理：彩色增强，提高分辨率；边缘增强，提取地物的边界；反差增强，增加地物的层次；频率增强，突出河流、山脉、裂隙等条带状地物；比值增强，消除同谱异物现象等。③选择适当的分类方法，得到地物种类。④选取相应的要素，判读制成规划所用的基础底图。目前已经有很多规划设计单位直接采用遥感影像尤其是真彩色数字影像作为底图，所有的规划要素以符号和属性注记的形式直接覆盖于影像之上。因为遥感影像是直接从高空对地面摄影的真彩色照片，所以采用这种方式制作的影像地图可读性强、立体视觉性较好，能直观地显示地表自然物体和人文景观，综合了遥感影像和地图的优点。

二、地理信息系统技术

地理信息系统是对地理空间数据进行采集、储存、管理、分析、模拟和显示的计算机系统。GIS 将景观生态学中的变量以不同的数据层表示，在处理空间数据方面有两个途径，即栅格（raster）数据和矢量（vector）数据。栅格数据采用离散化的空间单元或栅格细胞表达和处理空间数据，这种数据由像元阵列构成，每个像元用网格单元的行和列来确定它的位置，结构比较简单，易进行空间分析。此类数据常用于表示地质、气候、土地利用或地形等面状要素，进行景观格局分析、动态模拟。矢量数据以点、线和多边形组合在一起来表达和处理空间信息，地理实体用一系列 X，Y 坐标来确定它们的位置，即通过记录坐标的方式，尽可能精确地表达景观生态学中变量的线性特征。该数据结构常用来描述线状分布的地理要素，如河流、道路、等值线等，现在常用的 GIS 软件都有栅格—矢量转化模块。

目前 GIS 技术在我国旅游资源信息管理中的应用范围还比较少，还有很大的发展空间。其主要功能体现在以下三个方面：

（一）为游客提供旅游信息查询导航功能

利用 GIS 强大的数据处理功能，为游客提供全面的旅游信息，如旅游景区的方位、分布、旅游点内部详细情况、周边环境、交通最优路径的选择、航班车次、住宿饮食、旅行社服务等。未来 GIS 技术将与个人数字手持设备（简称 PDA）相结合，为旅游者提供全面、实时、便捷的移动数字旅游概念。

（二）辅助旅游资源开发规划

根据技术方案和具体实施措施所做出的统筹部署和具体安排，GIS 可为旅游规划提供相关信息的快速查询和统计功能，建立模型进行分析和预测，同时可以利用计算机进行规划方案的效果模拟显示等，有利于不同规划方案的选择与比较。另外，GIS 可提供电子形式的规划成果，如利用计算机进行多媒体演示汇报，使汇报效果更加形象生动。

（三）为管理和决策提供数据和依据

“数字旅游”是国内许多城市相继推行的“数字城市”信息工程的重要组成部分，而旅游管理信息化是“数字旅游”建设的一项基础性工作。GIS 技术以其强大的数据处理能力和空间分析手段，为旅游管理和辅助决策提供了有力支持。以 GIS 为基础开发创建的旅游管理信息系统具有明显的三维空间特性，不仅能够提供及时、准确的统计图表和数据分析结果，还可以产生一系列制作精美的专题地图，使枯燥的表格数据可视化，从而极大地方便了数据分析和辅助决策。

三、全球定位技术

全球定位系统是目前广泛应用于全世界的一种高精度定位、定时系统。20 世纪 90 年代，GPS 卫星定位和导航技术与现代通信技术相结合，推动了空间定位技术方面革命性的进步。GPS 同时测定三维坐标的方法将测绘定位技术从陆地和近海扩展到整个海洋和外层空间，从静态扩展到动态，从事后处理扩展到实时（准实时）定位与导航，从而大大拓宽了它的应用范围。GPS 技术在旅游资源信息管理中主要有以下作用：

第一，辅助遥感技术进行旅游资源调查评价。利用遥感图像进行地质地貌类型解译时，并不能做到完全准确，因此在遥感调查的基础上，需要辅助以人工实地调查，利用 GPS 可以对调查人员在野外调查时进行精确定位。

第二，为旅游者导航。GPS 可以让野外旅游的人们随时随地知道自己所处的位置。

第三，测量高程。利用 GPS 测量技术可以精确测定旅游区的高程，建立数字高程模型（DEM），结合遥感影像图，通过 GIS 软件制作旅游区三维景观图。

四、多媒体技术

多媒体技术是计算机交互式综合处理多种媒体信息（文本、图形、图像和声音），使多种信息建立逻辑连接，集成为一个系统并使其具有交互性的技术。在旅游资源研究中，多媒体技术主要应用在制作具有图像、文字、影音、动画等多媒体表达形式的旅游电子地图上。借助于多媒体技术，将旅游资源信息形象、声动地展示给旅游者，以增强旅游资源信息的表达能力，从而提高旅游者的旅游兴趣。

五、计算机网络技术

随着通信技术广泛应用在计算机和移动设备上，用户可从任何一台与因特网联网的微机或笔记本电脑、手机等设备上方便快捷地获取所需旅游资源的信息和数据，如景点区位、旅游路线、旅行社、饭店、购物等，以及与专家的网上交流等。通过网络技术，各旅游企业还能利用各自的管理系统，对旅游资源实行网络化管理。

六、虚拟现实技术

虚拟现实技术是利用计算机生成一个三维空间的虚拟世界，模拟人们的视觉、听觉、触觉等感官所能感受的事物、场景，让使用者如同身临实境。VR 技术在旅游资源研究中的应用，主要体现在以下几个方面：

第一，对现有旅游景观进行虚拟旅游，有利于更好地宣传旅游景点、扩大其影响力来吸引游客，同时受时空限制，在一定程度上满足了没有条件到达景点的游客的游览和审美需求。

第二，真实再现已经不存在的景观，具有景观珍藏的意义。

第三，为游客提供旅游线路、自助导游、旅游服务、旅游网上购物等多种服务。

第四，为旅游管理部门提供辅助决策功能，对拟建设的旅游景点，可借助 VR 技术展示、修改和检验设计方案。

【本章小结】

1. 旅游资源信息管理能够对旅游资源信息的开发、规划、控制、集成及利用情况进行综合部署和管理，其实质是对信息生产、信息资源建设与配置、信息收集与开发、信息传输、信息吸收与利用等活动中的各种信息要素（包括信息、人员、资金、技术设备、结构、环境等）的计划、组织、协调、控制与领导，从而有效地满足旅游者、旅游经营者、旅游管理者对旅游资源信息需求的过程。

2. 旅游资源信息管理系统是对旅游资源信息加工处理的人机交互系统，以旅游资源空间数据库为基础，采用地图、文字、图标、数字、影像等多种媒介形式，进行旅游资源信息的采集、存储、管理和分析，最终实现旅游资源信息的服务和决策功能以及旅游资源信息的动态化管理。一般来说，旅游资源信息管理系统主要包括旅游资源调查、旅游资源信息管理、旅游资源评价和旅游资源规划与应用四个部分。

3. 旅游资源信息管理系统的总体框架结构自下而上由系统层、数据层和用户层三个部分构成。

4. 旅游资源信息管理系统的开发应遵循实用性和稳定性原则、标准化和规范化原则、先进性和开放性原则、可更新和扩展性原则、简易性和灵活性原则、高效性和安全性原则。旅游资源信息管理系统的开发方法包括生命周期法、结构化系统开发方法、面向对象技术法等。

5. 旅游资源现代信息化管理中运用的现代化信息技术主要有3S 技术，即遥感（RS）、全球定位系统（GPS）和地理信息系统（GIS）。此外，还有计算机网络技术、多媒体技术和虚拟现实技术。

【复习思考题】

1. 如何理解旅游资源信息系统的功能与特征？

2. 旅游资源信息系统可以运用到哪些具体的工作当中？

3. 旅游资源信息管理系统由哪几个层次构成，各层次之间的关系是什么？

4. 旅游资源信息系统的开发可以通过哪些具体的方法？

5. 旅游资源信息管理系统可以运用哪些具体的科学技术？

【案例分析】

广东旅游资源普查与管理信息系统的功能与应用

广东旅游资源普查与管理信息系统是由广东商学院旅游与环境学院开发的一套旅游资源信息管理与资源评价的系统。该系统是按照国家标准《旅游资源分类、调查与评价》（GB/T 18972—2003），针对广东省旅游资源特点，面向各个地区的旅游管理部门，为其资源管理与评价专业人员开发的。

1. 系统介绍

该系统基于地理信息系统技术，通过数字地图平台来实现各种旅游信息的空间管理，并结合国家标准《旅游资源分类、调查与评价》（GB/T 18972—2003）而设计，目的是大幅度提高信息系统的实用性。系统可以广泛适用于各类旅游资源的普查、详查，旅游资源的分类、评价、开发、保护与管理，旅游规划与项目建设，旅游资源信息化管理，旅游营销策划等方面。

2. 系统特点

该系统运用了 GIS（地理信息系统）技术，即电子地图、地理信息分层、空间分析等应用技术，用电子地图作为平台对旅游资源进行分类、评价、管理。系统采用了基于 GIS 技术的电子地图存储基础数据。由于该系统主要用于旅游资源区域的宏观管理，因而基础数据由矢量点、线、面组成，由开发部门或系统管理员统一制作管理；旅游资源专题数据在系统的应用层中只以点文件存在，操作用户只能对点文件进行分析管理，如地理信息分层、地理要素查询、添加点、修改点、删除点等。

3. 系统功能及应用领域

（1）旅游资源分类。系统内置了国家标准《旅游资源分类、调查与评价》（GB/T 18972—2003）中的分类体系，可在数据录入时对景区景点中的旅游资源进行直观、方便快捷的分类。分类后可生成报表打印或输出文档，也可以通过查询功能查询已有资源的分类情况，或对已有分类结果进行调整。

（2）旅游资源评价。按照国家标准《旅游资源分类、调查与评价》（GB/T 18972—2003）中的评价体系，以人机交互方式对旅游区中的旅游资源进行判断，由系统内置的专家系统完成评价。评价后可自动划分旅游资源等级，并生成报表打印或输出文档。

（3）旅游资源管理。系统利用 GIS 的空间查询与部分分析功能，可以对电子地图中的景区景点，按照旅游资源分类和评价的结果进行分区管理。此外，系统还支持对多媒体数据的访问，用户可对景区景点的各种类型的资料，如文字说明、数码照片、数码录像、资源分类、资源评价等，进行操作（添加、删除、修改、查看）。

（4）数据统计与输出。系统针对旅游管理部门的工作流程，对旅游区旅游资源按照旅游资源分类和评价结果进行统计，自动生成数据报表。对于非资源系统数据，如地方经济统计数据、人口数据等，系统也提供了主要数据建库、统计、生成数据报表的功能。

(5) 其他功能。主要包括测量距离、鹰眼、打印输出和数据恢复等。

测量距离：在电子地图上通过比例尺计算，测出实际距离。

鹰眼：通过电子地图的索引图，选中任意目标区域，在电子地图上查看相应的部分，并可对电子地图放大、缩小以及还原成1∶1的显示效果。

打印输出：电子地图的输出打印功能包括全局打印、局部打印、输出BMP图片。

数据恢复：权限在高级用户以上级别的用户，可以将电子地图的点文件恢复成最后一次的备份数据。用户管理员可对操作用户添加、删除、修改。操作用户可以修改自己的登录密码。权限设置分为三个级别，即管理员、高级用户、普通用户。其中，管理员能使用系统的所有功能，高级用户能使用除用户管理模块以外的功能，普通用户这方面的权限较低。

4. 系统工作主界面与菜单

系统为操作人员提供了面向图形的工作主界面，通过菜单与快捷工具栏访问系统的各项功能，其操作风格与Windows相同。

分析内容：简述广东旅游资源普查与管理信息系统的主要特点，以及它对其他地区的旅游资源信息系统的开发有什么借鉴意义。

第十章

自然旅游资源开发与管理

【学习目标】

学习本章后，你应该能够：

1. 了解自然旅游资源的分类与特征，识别地貌景观、水土景观、生物景观、自然地带性景观与气象气候类旅游资源；
2. 掌握各类旅游资源开发的概念、原则与可行性研究；
3. 掌握自然旅游资源经营管理的目标、理念与开发模式；
4. 探讨自然旅游资源的保护问题，了解自然旅游资源可持续发展的意义及措施。

【章前引例】

旅游资源大致可分为自然旅游资源和人文旅游资源两大类。自然旅游资源主要包括了地貌景观旅游资源、水体景观旅游资源、生物景观旅游资源、自然地带性景观旅游资源和气象气候类旅游资源。

从世界级的自然旅游资源如拥有着“童话世界”美誉的四川省九寨沟、黄龙景区，到区域性自然旅游资源如湖北武汉东湖、云南石林，自然资源在旅游活动中充当着不可替代的客体作用。自然旅游资源是具有观赏性和游览性的自然景观和自然环境，它是自然界的诸多因子在不同的历史条件下，作用于不同地理环境而形成的，而且它始终处于变化之中。自然旅游资源是旅游资源重要的一部分，其经济价值、社会价值、生态价值十分显著，尤其是在世界经济一体化旅游业成为各国龙头产业或支柱产业的今天，对自然旅游资源的开发越来越受到重视，为此我们应该加强对自然旅游资源的管理。在当今世界，人类亲近大自然，了解大自然，探索大自然已成为旅游的发展趋势之一，因此从各方面对自然旅游资源进行研究就显得十分必要。

第一节　自然旅游资源概述

自然旅游资源也称为自然风景旅游资源，主要是指天然赋存的具有游览观光、休息疗养、娱乐体育等旅游功能的事物与因素。

自然旅游资源按其形态特征和成因可归纳为地貌景观旅游资源、水体景观旅游资源、生物景观旅游资源、自然地带性景观旅游资源、气象气候类旅游资源和其他自然旅游资源。

一、地貌景观旅游资源

（一）地形地貌旅游资源

地形地貌是指具有观赏和一定吸引功能的地表形态的总称，是地质作用在地表所形成的具有旅游价值的典型地貌景观，如山岳、丘陵、峡谷、高原、平原和盆地等地貌，河流、冰川、岩溶、风蚀、海蚀作用形成的地貌，以及火山和重力作用形成的地貌。它们是构成旅游资源的重要天然景观资源。

（二）喀斯特地貌旅游资源

喀斯特地貌是指具有溶蚀力的水对可溶性岩石进行溶蚀等作用所形成的地表和地下形态的总称，又称为岩溶地貌。

喀斯特地貌的形成条件有：可溶性岩石，可溶岩能提供水渗透和运移的空间，具有溶蚀能力的水流，且水流必须具有流动性。

我国喀斯特地貌主要分布于西南地区的云南、广西、贵州等省区。桂林山水、云南石林、肇兴七星岩、贵州织金洞、黄果树瀑布、兴文洞乡、宜兴善卷洞、桐庐瑶林仙境等都是喀斯特旅游景区的代表。

（三）丹霞地貌旅游资源

丹霞地貌是指由产状水平或平缓的层状铁钙质混合不均匀胶结而成的红色碎屑岩（主要是砾岩和砂岩），受垂直或高角度节理切割，并在差异风化、重力崩塌、流水溶蚀、风力侵蚀等综合作用下形成的有陡崖的城堡状、宝塔状、针状、柱状、棒状、方山状或峰林状的地形。

丹霞地貌主要分布在中国西北部、西南部，美国西部，中欧和澳大利亚等地，以中国分布最广。1928 年，冯景兰等人在粤北仁化县发现丹霞地貌，并把形成丹霞地貌的红色砂砾岩层命名为丹霞层。

（四）火山地貌旅游资源

地球内部处于高温和高压的状态，当上覆岩层发生破裂或地壳背斜褶皱升起时，火山地貌地下的炽热岩浆将沿地层的破裂面或背斜轴部喷出地表，形成火山。这种喷出的现象叫火山喷发，火山喷发的形式有两种：裂隙喷发和中心喷发。规模较大的火山相对高度可达4000～5000米，火山口的直径可达数百米。规模较小的火山，相对高度不及100米。火山有时成群分布，称为火山群。

（五）风成地貌旅游资源

风成地貌是由风力对地表的作用而形成的地貌。风力是塑造风成地貌的主要动力，但由于地面各种条件的差异，风力所起的作用就有不同，从而形成了不同的风蚀地貌和风积地貌。在基岩组成的地面，岩石的裂隙发育为风力等作用创造了有利的条件，在风向与构造方向相近的情况下，形成与风向大致平行的风蚀地貌。地表物质粗细与风成地貌的关系也很大，在内陆盆地外围的山前地带，多为岩漠。从山麓至盆地内部，地表组成物质一般由粗变细，各种荒漠依次分布，在盆地中部风蚀洼地和雅丹都较普遍。而在水源丰富的地区，植被茂密，风力受阻，很少形成沙丘。风沙流中含沙量的高低，主要决定于沙源的贫富，在沙源丰富的地区，加之风力很强，可以形成巨大的、密集的风积地貌。沙丘的分布和移动主要决定于风向和风速。风成地貌在干旱地区十分普遍，在沙质海岸、湖岸、河岸等处只有小规模的分布。

（六）海岸地貌旅游资源

海岸是在构造运动、海水动力、生物作用和气候因素等共同作用下所形成的各种地貌的总称。根据海岸地貌的基本特征可分为两大类：海岸侵蚀地貌和海岸堆积地貌。

海岸侵蚀地貌是指岩石海岸在波浪、潮流等不断侵蚀下所形成的各种形态。主要有海蚀洞、海蚀崖、海蚀平台、海蚀柱等，这类地貌又因海岸物质的组成不同，被侵蚀的速度及地貌的发育程度也有差异。

海岸堆积地貌是指近岸物质在波浪、潮流和风的搬运下，沉积形成的各种形态。按堆积体形态与海岸的关系及其成因，可分为毗连地貌、自由地貌、封闭地貌、环绕地貌和隔岸地貌。按海岸物质的组成及其形态，可分为沙砾质海岸、淤泥质海岸、三角洲海岸、生物海岸等地貌。

二、水体景观旅游资源

水体景观旅游资源是各种水体在地质地貌、气候、生物以及人类活动等因素的作用下，形成不同类型的水体景观，主要包括风景河段、风景湖泊、风景瀑布和风景泉。这些水体资源构成了自然旅游资源的重要组成部分，因此，凡是能够吸引旅游者进行观光游览、度假健身、参与体验等活动的水体资源，均可视为水域风光类的旅游资源。

随着人们旅游需求个性化和多样化的不断发展，旅游活动不仅仅局限于看、游、赏，旅游者越来越注重体验与参与。水体旅游资源既可以观赏又可以体验和参与，因此对于水体类旅游产品的开发具有很大的市场开发优势。

三、生物景观旅游资源

生物是地球表面有生命物体的总称，按照其性质可以分为动物、植物和微生物。在漫长的生物进化过程中，地球表面的生物衍生出了极其丰富的群类和形态，据统计，现今被发现、记载并命名的生物体大约有200万种，这使得自然界呈现出多姿多彩的生物景观景象。作为旅游资源的生物景观主要是指由动植物及其相关生存环境所构成的各种过程与现象。

生物是自然生态系统的主体，也是地球表面自然景观的标志物或指示物，生物景观是人类旅游活动的主要对象之一。生物景观以其复杂的形态和由其自身生命节律所表现出的变化性构成了旅游景观的实体，是自然旅游资源中最具特色的类型。生物景观除了具有观赏价值，还可以供人们开展科研、医疗健身、环境美化等多种活动。生物景观与生物多样性保护、生态环境建设密切相关，因此它是生态旅游、专题旅游的开发热点。

四、自然地带性景观旅游资源

地带性是指自然环境各要素，在地表呈带状分布，沿一定方向递变的规律性，包括纬度地带性、经度地带性和垂直地带性。纬度地带性：热量分布和纬度有关，越靠近赤道越热，越远越冷。经度地带性：我国受海洋的影响，越往内陆影响越小。垂直地带性：一般是高山，海拔越高温度越低。总的来说，非地带性因素概括起来有如下几类。

第一，海陆分布，如北半球高纬度的苔原带和亚寒带针叶林带呈东西延伸、南北交替的现象十分明显，而南半球相同纬度绝大部分是海洋，故没有苔原带和针叶林带分布。

第二，地形起伏，如南美安第斯山南段西侧是多雨的温带森林，而同纬度的山脉东侧却是干燥的巴塔哥尼亚沙漠。

第三，局部水分变化，如热带荒漠带和温带荒漠带内的绿洲。局部水分矿化度的变化，如在沿海平原的温带落叶阔叶林中，由于盐分变大出现的碱蓬草地。

第四，局部岩石性质的变化，如在四川盆地的亚热带常绿阔叶林中，由紫红色的砂岩、页岩风化而成的紫色土。

第五，局部地热异常，如在冰岛，苔原是其地带性植被，但在热泉附近却分布着草甸。

第六，人为作用，如在沙漠边缘进行造防护林、填湖造田、培育水稻等活动都可能造成对地带性规律的改变。

五、气象气候类旅游资源

气象气候类旅游资源是指对人类旅游活动具有吸引作用的气象气候条件和奇妙多彩的天气、气象现象。由于我国各地纬度分布、距海远近、地形地势以及在大气环流中所处位置的不同，我国各地气候差异很大。我国是世界上气象气候景观最为丰富多样、立体气候景观最为显著多彩的国家（见表10－1）。

表10－1 我国气候气象旅游资源的类别

大类	景观类型	代表性景观
观光型气象气候旅游资源	云、雾、雨景观	黄山、庐山、峨眉山的云海，新安江的雾，草堂烟雾，江南春雨，潇湘烟雨
	冰雪、雾凇、雨凇景观	东北林海雪原，西山晴雪，太白积雪，吉林树挂，峨眉山、华山、衡山的雨凇
	日出、日落、霞、佛光、蜃景	泰山日出，雷峰夕照，贵州毕节的东壁朝霞，峨眉金顶佛光，山东蓬莱蜃景
康乐型气象气候旅游资源	休养型康乐气候资源	三亚、昆明、北戴河、青岛、大连、北海、厦门、西双版纳等
	活动型康乐气候资源	黑龙江滑雪场、吉林冰雪雕刻艺术、西北冰雪探险考察

【拓展学习】

自然奇观——峨眉佛光

佛光是一种特殊的自然物理现象，其本质是太阳自观赏者的身后，将人影投射到观赏者面前的云彩之上，云彩中的细小冰晶与水滴形成独特的圆圈形彩虹，人影正在其中。佛光的出现无疑要阳光、地形和云海等众多自然因素的结合，只有在极少数具备了以上所有条件的地方才可欣赏到。在峨眉山金顶的摄身岩前，这种自然现象并非十分难得，据统计，平均每5天就有可能出现一次便于观赏佛光的天气条件，其时间一般在午后13：00—16：00。

峨眉山地区，由于森林茂密，山下河流交错，水汽来源充足，经常有云雾弥漫在半山之中，高耸的山峰好像孤岛一般，矗立在云海上面。当光线照射到小水滴上面时，发生了反射和折射，折射后呈现出红、橙、黄、绿、蓝、靛、紫七色，在人眼看来，水雾便呈现出彩色光环。这种光环的半径与小水滴的半径成反比，水滴越细，半径越大。

第二节　自然旅游资源开发管理

一、自然旅游资源开发的概念

自然旅游资源开发是一种综合性开发，是经济技术行为。它需要运用一定的技术手段，充分发挥人的创造性和智力资源，将存在于开发区的各种现实和潜在的资源先后有序、科学合理地进行组合利用和有效保护，使其能够被永续利用，实现经济效益、社会效益和生态效益协调发展。

传统的自然旅游资源开发模式，以发挥、改善和提高自然旅游资源的吸引力为重点，重视各个区域的合理布局，在充分统筹安排各区域的工程建设和合理利用各项资源的基础之上，使旅游资源的吸引力得到最大限度的利用。而现代自然旅游资源的开发，则以经济效益、社会效益与生态效益的均衡发展为中心，以旅游者不断提高的旅游需求为导向，把人力、物力、财力和信息的最优分配和利用作为重要手段，努力创建自然、经济、社会相互协调的旅游环境。所以传统的资源开发模式所开发出的旅游产品在层次上多为陈列观光式和表演式产品，以满足旅游者观光、猎奇的需要。而现代旅游资源的开发，则需要以满足旅游者休闲、娱乐和求知的需要为前提，开发出以自然风光为基础，可亲身体验和参与的多层次、多功能的立体型旅游产品。

自然旅游资源开发主要包括两个方面的内容：一是对尚未被旅游业所利用的潜在旅游资源进行开发，使之产生效益；二是对现实的、正在被利用的旅游资源进行再生性开发，延长其生命周期，提高其综合效益。

基于以上对现代自然旅游资源开发的认识，现代自然旅游资源开发应以市场为导向，运用一定的经济技术手段，开发和创建旅游吸引物，使其产生经济效益、社会效益和生态效益。

二、自然旅游资源开发的原则

（一）独特性原则

独特性原则，主要是要求在自然旅游资源开发中首先应该将挖掘当地特有的自然旅游资源作为出发点，尽可能突出旅游资源的特色，并要求从战略上认识到所拥有的资源的优势，并通过开发措施强化其独特性，从而形成强大的吸引力和完整、独立的旅游形象。如西班牙就是由于清楚地认识到本国旅游资源在“3S”（阳光、海洋、沙滩）方面的独特优势及对欧洲客源市场的强大吸引力，进而大力投资开发海滨旅游资源，从而取得了世界旅游强国的地位。

当然，独特性原则，并不意味自然旅游资源只是单一性开发。由于旅游消费形式的多样化，自然旅游资源开发应是在多元化开发的基础之上突出特色、显示其独特性的开发。

（二）市场导向原则

市场导向原则，是指自然旅游资源在开发之前一定要进行市场调查和市场预测，准确掌握市场需求及其变化规律，结合旅游资源特色，确定开发的主体、规模和层次。

该原则要求了解和掌握旅游市场的需求状况，包括需求的内容、满足程度、发展趋势、潜在需求状况，以及整个市场的规模、结构和支付能力，然后根据这些因素进行自然旅游资源开发的筹措工作。

由于市场需求处于动态变化之中，这就使旅游资源的开发不能局限于对客源市场的现实需求的满足，同时要把握市场的各种形式要素，认清现实的基本需求，了解长期的发展方向，预测潜在需求的变化趋势，从而用一种动态、连续、长期的发展战略进行自然旅游资源的开发，使该项工作富有前瞻性和应变性。

（三）游客参与原则

现代旅游业的发展，要求各项旅游开发工作不能局限于自然旅游资源上，而要将眼光放在消费者上，要改变过去那种走马观花式的景点组合和旅游资源开发方式，将旅游市场与自然旅游资源融为一体进行考虑。

游客参与原则，要求在自然旅游资源开发过程中创造更多的空间和机会，便于游客自由活动。各种旅游服务设施，可以采用深入、延伸或扩大视野等方法，设置在与旅游资源所处的大环境中，使游客在整个游览娱乐活动过程中有广阔的自主活动空间、主动接触大自然的机会及充分展示自我意识的环境，真正体验人与自然协调统一、和睦相处、融为一体的感受。

（四）开发与保护协调原则

自然旅游资源，只有经过人类有意识的开发，具备可进入性，有与环境相协调的基本接待设施，才能够最终被旅游业所利用。特别是近年来，旅游活动不再是单纯的观光活动，而包含了休闲、健身、娱乐等内容，这就需要开发更多的旅游服务设施。但是过度开发和超负荷的旅游者无疑会给自然旅游资源带来不利影响。自然旅游资源遭到破坏之后，一部分会自然恢复，但是需要很大的人力、物力及较长的时间；另一部分的破坏则是不可逆转的，一旦遭到破坏，自然旅游资源乃至该区域的旅游业将会遭受致命打击。因此，必须正确处理二者关系。这就要求在开发过程中，将保护工作放在首要地位，切实加强保护措施，通过开发有力地促进旅游资源的保护，而保护的成果又会使旅游资源的质量得到提高，增强吸引力。

（五）经济效益、社会效益与环境效益相统一的原则

自然旅游资源开发的目的是发展旅游业，从而达到赚取外汇、回笼货币、解决就

业、发展地区经济等目的，即实现一定的经济效益。这就需要对开发项目投资的规模、建设周期的长短、对游客的吸引力、回收期限及经济效益等，进行投入产出分析。与此同时，还要考虑开发活动不能超过环境和社会的限度，否则将不利于当地旅游业的持续发展。因此，自然旅游资源开发必须遵循经济、社会、环境三效益相统一的原则，应满足以下条件：

（1）经济贡献。自然旅游资源开发能够带来经济价值并增加就业机会。

（2）环境影响。自然旅游资源开发应在环境保护法律和法规所允许的范围之内。

（3）社会文化影响。自然旅游资源开发没有危胁到当地居民的正常社会生活。

（4）竞争影响。自然旅游资源的开发应对现有的旅游业形成互补的优势，而不是形成同类自然旅游资源开发恶性竞争的局面。

（5）可行性。自然旅游资源开发的具体项目必须具有经济可行性。

（6）遵守地方政策和发展战略。自然旅游资源开发必须遵守旅游目的地的政策、法规和规划的要求。

（7）旅游影响。自然旅游资源开发要能增加旅游目的地的旅游吸引力，改善旅游容量及有益于旅游业发展的条件，增加旅游业发展的潜力。

（8）开发和经营者的能力。自然旅游资源的开发者和经营者须具备一定的实力。

三、自然旅游资源开发的可行性研究

自然旅游资源开发可行性研究的对象应包括旅游地和具体的旅游项目。旅游地指具有一定经济结构和形态的旅游对象的地域组合，具有旅游资源分布集中、一定的旅游经济结构和规模、一定的空间尺度等特征，是开展旅游活动的主要地域空间。旅游地包括风景名胜区、可进行旅游活动的自然保护区、森林公园、游览区等。

由此可见，旅游开发是一个极为复杂的社会和技术经济过程。这一过程从总体上可以分为两个阶段：一是开发建设阶段；二是开发建设前的准备阶段。在开发建设阶段，主要是一些技术性的施工活动和一般的土地开发，即按照既定的规划设计方案进行工程建设和形象建设。自然旅游资源开发的关键在于开发建设前的准备阶段，其主要工作是对项目进行可行性研究，并在此基础上进行规划设计和资金、技术、物资等方面的准备。可行性研究的结果会直接影响到一个项目的命运，是对开发项目成败的科学预测。如果一个开发项目没有进行可行性研究或者可行性研究出现失误，将会造成一系列错误，其损失不可估量。因此，认真细致地进行可行性研究是旅游开发必不可少的环节。

第三节 自然旅游资源经营管理

一、自然旅游资源经营管理的目标

自然旅游资源经营管理的目标是为游客提供舒畅的旅游体验，实现自然旅游资源景区社会、经济与环境的可持续发展。以体验为中心的可持续旅游开发有3个重要特点：

第一，优质。可持续旅游在改善当地居民生活质量、保护环境质量的同时也为游客提供高质量的旅游体验。

第二，持续。可持续旅游要保证自然资源的持续与社区文化的持续。

第三，平衡。可持续旅游要平衡旅游业、环境与地方社区的需要，重视游客、社区与目的地的共同目标，注重三方的协作。

此外，自然旅游资源经营管理的目标还包括：在资源质量上，要保证资源的多样性、完整性与真实性；在游客体验上，要为游客提供物有所值的快乐体验；在企业经营业绩上，要保证合理回报与较低风险；在区域贡献方面，要为社区提供更多的就业机会、税收，改善基础设施。

二、自然旅游资源经营管理的理念

自然旅游资源景区的使命是使旅游者获得愉悦的旅游体验，因此一切设施与活动、服务都要围绕为游客创造舒畅的旅游体验这一核心，培养游客的“三感”与满足游客的“二求”是景区的使命。独特、参与、交往、知识与新奇是现代景区产品的主要特点。如美国迪士尼乐园成功的法宝只有一句话“家庭共享，销售欢乐”，迪士尼乐园认为欢乐就是财富。碧峰峡的建设和营销理念是：希望人们在这里找到快乐和知识。这里是父母子女享受天伦之乐的好场所，是智者施教、学者求知的最佳途径。人们可以在这里观赏到人、动物与自然和谐共存的场面。老年人可以在这里怀旧，青年人可以在此展望未来。

三、自然旅游资源经营开发模式

目前国内自然资源旅游景区根据各自的实际情况，分别采取了整体租赁、股份制、上市公司、整合开发与网络复合的治理模式。应该说，目前乃至未来都不会有一个统一的旅游景区治理模式，必须根据双赢的原则，为游客提供独特畅快体验的同时实现自然资源旅游景区的可持续发展才能实现景区的有效治理。

【拓展学习】

“碧峰峡模式”

碧峰峡位于四川省雅安市，面积为20平方千米，森林覆盖率达90%，有“天府之肺”的美誉。1998年，万贯集团紧扣时代脉搏，看准了旅游市场的巨大潜力，决定开发碧峰峡丰富的旅游资源。在碧峰峡的开发中，万贯集团大胆创新，在全国独创了“碧峰峡模式”。“碧峰峡模式”目前已成为旅游景区开发的典范，成为政企合作的样板。2001年，万贯集团董事长陈清华获得全国“十大旅游风云人物”。“碧峰峡模式”的具体内容如下：

一是总体控制、有序服务的整体经营模式。这种模式是指在一个时期内，由一家独立的法人企业对旅游区实施总体控制，包括统一区内规划，统一区内建设，统一区内管理标准，使区内所有从业者都能如一个企业内部各环节一样，得到有效运转，最终达到统一的质量标准。

二是市场化、专业化、社会化所构成的社区管理模式。即在碧峰峡模式整体控制下，为实现景区的有序、高效经营而采取“准城市化、准社区化”管理模式。这种模式的特点是：管理层次少、注重成本核算、专业化管理、社会化服务以及对内竞争、对外统一。

三是从家门到景区大门的全程管理模式。这种模式的特点是：游客从出家门开始，到回到家门为止，由景区提供吃、住、行、娱、购、游全方位的标准化、精细化服务。这样，可以减少游客对服务不周到、安全无保障、消费不透明等方面的担心。

四是挖掘筛选、多角度开发资源整合模式。即对旅游区内的资源加以挖掘和筛选，并以其中具有核心竞争优势的资源作为主体加以开发完善，形成主次分明、层次清晰、优势明显的资源整合模式。

第四节　自然旅游资源保护管理

一、自然旅游资源保护

（一）自然旅游资源保护的意义

旅游资源大多是自然及人类文化遗留下来的珍贵遗产，不但具有易受破坏的脆弱性，而且具有难以恢复的不可再生特点，而旅游资源又是旅游业发展的基础，因此，保护旅游资源就成了保护自然、文化，维持旅游业发展的关键问题。

1. **保护自然旅游资源就是保护自然生态系统**

自然旅游资源是地球表面自然生态系统中具有旅游价值的景观，是在人类大力开发下得以保存下来的经亿万年演化的珍贵景观。按其特点可以分为顺境自然生态景观、逆境自然生态景观和特异自然生态景观三大类。顺境自然生态景观指青山绿水的原始自然生态系统，如世界自然遗产、自然保护区和一些风景名胜区，这类景观多分布在高山深谷、人类难以到达的区域。而这类景观生态系统又极为脆弱，若开发不当或开发后管理不当，违反自然生态发展规律，很容易造成自然生态系统不可逆转的破坏。逆境自然生态景观是指由于自然生态系统的逆向演化所形成的具有观赏价值的自然景观，如由于严重水土流失所造成的云南元谋土林和陆良彩色沙林风景名胜区，这类景观虽然是由水土流失形成的，但若人类活动加大了这种水土流失的强度，势必影响这类景观的形态特征，甚至会导致这类景观从地球上消失。特异自然生态景观是指自然形成的以其奇特的特征吸引游客的自然景观，如喀斯特地貌中的云南石林、桂林山水、地下溶洞。这类景观的形成历经了亿万年，若不注意保护，如喀斯特造型景观的石芽被炸毁、地下溶洞中的石钟乳和石笋被敲断等，均使之失去了原有的魅力，减小了对游客的吸引力，同时也破坏了自然景观的完整度。可见，保护自然旅游资源就是保护自然生态系统。

2. **保护旅游资源就是保护旅游业的可持续发展**

一个地区有了旅游资源才能发展旅游业，从这层意义上说，保护旅游资源就是保护旅游业的可持续发展。随着人类社会生产力的提高，人们利用自然的能力也大为提高，但由于缺乏对自然环境的正确认识，工农业发展走的是一条“先污染后治理”的弯路。从这一沉痛的教训中我们应该清醒地认识到：旅游业虽被誉为“无烟工业”，但由于旅游资源的脆弱性和不可再生性决定了旅游业的发展绝不能重蹈工农业发展的覆辙。已开发的旅游资源一经破坏，吸引游客的魅力也随之消失，旅游景区的经济效益也直接受到威胁；潜在的旅游资源是旅游业进一步发展的后备资源，若未开发就先遭破坏，旅游业就会失去发展的潜力，成为无源之水。可见，保护旅游资源就是保护旅游业的可持续发展。

（二）自然旅游资源开发利用中产生的环境问题

长期以来，我国虽然在解决资源利用与环境保护方面做出了很大努力，并取得了明显的成绩，但未从根本上解决资源利用与环境保护相分割的问题。中国的环境保护在很多方面实际上走的还是发达国家走过的“先污染、后治理”的老路，致使一些景区生态环境状况恶化，出现了资源萎缩的现象。特别是一些地方片面追求经济效益，无视环境容量，采取不当的旅游资源开发模式，从而影响到旅游资源的可持续利用。主要有以下问题：

1. **环境污染**

自然旅游风景区内旅游基础设施的兴建对景区生物生存的环境造成污染破坏。近几年在不断涌现出的旅游休闲度假区内，由于管理不善，景区经营者只重开发、重收益，而轻视环境“三废”的处理，甚至不处理，对原有景区造成了极大的破坏。大气污染除了炊事和采暖燃煤污染外，汽车尾气的污染也越来越严重。生活垃圾的露天堆放和游客随意丢弃垃圾，也影响到附近的景观和环境。

2. 景观破坏

开发自然风景旅游区，必然要进行公路、宾馆、饭店等基础设施的建设。在一些旅游区，特别是一些名川名山，盲目地兴建各种旅游服务设施，特别是一些人工景点和服务设施建筑，与景区景观的相融性很差，明显降低了景区景观的审美价值。如云南石林本是一个气势宏伟的自然雕塑品，中外游客络绎不绝。但目前其周围娱乐设施、宾馆楼房不断出现，石林周围逐渐城镇化。据调查，开展旅游的自然保护区中大部分存在建筑设施与景观环境不协调的现象。

3. 生态失衡

我国大部分生态保护区都具有优美的自然环境，而环境宁静优美、人为活动少正是生态物种保护所必需的基础条件。而一些地方部门为了眼前的经济利益盲目进行旅游开发，势必对整个生态环境产生影响，加快物种灭绝的速度。自然保护区的旅游开发，旅游设施、交通噪声、游人活动对野生动物的迁徙及正常栖息也产生了不良影响。此外，在一些森林旅游区，道路、索道和人工景点的建设导致林木严重砍伐，已造成一些旅游线路的水土流失，从而影响到旅游目的地的生态系统，导致资源退化。

4. 资源浪费

首先，我国大多旅游景点由于旅游资源开发不当，使得旅游风景区水资源锐减，旅游生活用水紧张，出现风景区内瀑布断流、溪潭枯竭、古树死亡等状况，影响到旅游景点的景观价值，尤其是一些以水体旅游资源为主的风景区受到严重影响。其次，旅游资源开发不当造成土地荒漠化，这是旅游区较为常见的自然灾害。旅游风景区内因旅游线路、道路两侧、湖泊水库四周、宾馆和房屋等建筑物所在地的不适当开发，地貌和植被遭到破坏，更加剧了旅游区水土流失，使旅游目的地的生态环境退化。最后，对于一些经济比较落后的地区，旅游活动的开展，势必会改变当地资源的利用方向。比如在一些干旱地区，原本的水环境容量就比较小，而旅游业的发展就会使原本短缺的水资源更加捉襟见肘，同时造成地下水下降、饮用水污染等环境问题。

二、自然旅游资源可持续发展

（一）自然旅游资源可持续发展的意义

旅游业在飞速发展的同时，背后的危机也日益暴露。伴随全世界对于环境与资源问题的密切关注，旅游资源可持续发展的理念也得到广泛的传播。

一方面，旅游业在全球经济中占据着重要的位置。我国是旅游业发展最为迅速的国家之一，已成为世界十大旅游接待国，旅游业在我国社会经济发展中所处的地位越来越重要。随着人民生活水平和消费能力的提高，近年来我国旅游业呈现出高速增长的态势，全国有多个省（区、市）把旅游业作为重点产业来发展。同时，旅游也是我国展示改革开放伟大成就的重要窗口和加强国际友好交往的重要纽带。

另一方面，旅游业是一种资源产业，旅游业发展的现状和存在的问题，既是由旅游业自身规律和特点决定的，又有当地的社会、经济根源。旅游资源本身具有明显的脆弱性，不仅旅游者的到来会给旅游地造成有意或无意的环境破坏，而且旅游资源的规划、开发与管理不当，也会对环境产生破坏作用，世界上许多地方的旅游资源已经出现萎缩和枯竭的迹象。发展旅游业，必须将资源的开发与环境的保护纳入经济发展的体系之中，做到可持续发展。

（二）自然旅游资源可持续发展的措施

1. 制定旅游规划注重以生态环境保护为导向

在发展旅游产业时，应设立专门的组织机构，包括相关的专家、学者、工程技术人员等，做好旅游资源的科学论证和全面调查，制定相应的旅游项目开发、建设、管理与保护的总体规划，同时要注重与国家环境保护政策相统一。规划的制定要充分体现整个自然旅游景区的特点，科学构建区域旅游网络体系，切忌盲目开发。要具有统筹全局和长远的战略眼光，正确处理生态保护与旅游资源开发之间的关系，根据旅游景区生态保护和环境容量的要求，确定开发利用强度和限度。旅游风景区内部及外围地带的各项建设，都必须与景观协调一致，切忌过于人工化的造景，尽可能地保护好自然风景区的自然性，只有这样才能实现旅游资源的可持续利用，促使旅游业得到可持续发展。

2. 坚持“保护第一，开发第二”的可持续发展原则

旅游开发应在政府主导、部门参与的基础上充分发挥企业的作用，实现多方筹资，同时注重开发管理的科学性和实效性，使经济效益、社会效益、生态效益相统一。在开发过程中始终坚持“合理保护、科学开发、永续利用”的原则，暂不具备开发条件的地区应暂缓开发，切忌进行掠夺性开发。在具备开发条件的地区应突出重点项目，注重培养拳头旅游产品，充分发挥旅游产业的优势，走“以保护促开发，以开发带动保护”的可持续发展的道路。

3. 加强对生态环境保护监测的力度

在发展旅游业的过程中，应以生态环境保护为出发点，同时在旅游规划制定过程中建立监测系统和信息反馈系统，利用监测发现问题，并进行及时的修正完善，以避免对旅游资源的浪费。通过监测所反馈的信息，可以充分认识到旅游管理中存在的生态环境问题，以便进一步制定和完善相应的环保措施，防止旅游资源的人为破坏。

【本章小结】

1. 自然旅游资源主要是指天然赋存的具有游览观光、休息疗养、娱乐体育等旅游功能的事物与因素。自然旅游资源主要包括地貌景观旅游资源、水体景观旅游资源、生物景观旅游资源、自然地带性景观旅游资源、气象气候类旅游资源和其他自然旅游资源。

2. 自然旅游资源开发主要包括两个方面的内容：一是对尚未被旅游业所利用的潜在旅游资源进行开发，使之产生效益；二是对现实的、正在被利用的旅游资源进行再生性开发，延长其生命周期，提高其综合效益。开发应遵循独特性原则、市场导向原则、游客参与原则、开发与保护协调原则，以及经济效益、社会效益与环境效益相统一的原则。

3. 自然旅游景区必须根据双赢的原则，为游客提供独特畅快体验的同时实现自然资源旅游景区的可持续发展才能实现景区的有效治理。自然旅游资源可持续发展的举措包括：制定旅游规划注重以生态环境保护为导向、坚持“保护第一，开发第二”的可持续发展原则、加强对生态环境保护监测的力度等。

【复习思考题】

1. “碧峰峡模式”对于自然旅游资源的管理有什么启示？
2. 可行性研究对自然旅游资源开发有什么意义？
3. 自然旅游资源经营管理是否应该以经济利益为首要目标，为什么？
4. 实现自然旅游资源可持续发展最重要的是什么？

【案例分析】

九寨沟的保护型开发和社区居民参与制度

九寨沟既是世界遗产地，又是世界生物圈保护区，既是国家级自然保护区，又是重点风景名胜区。九寨沟是以林为本，以水为主，湖、瀑、滩、流为一体的风景名胜，自然景观十分脆弱，保护任务异常艰巨。

最近几年，九寨沟建设规模不断扩大，经济实力不断增强，知名度不断提高，辐射面不断扩大，工作的难度随之加大。为了落实保护型开发，他们从思想解放、观念更新、制度创新和利益调整的高度上，认真处理保景和富民的关系，克服了“加强保护”与“脱贫致富”问题上的矛盾。在机遇与挑战并存、希望与困难同在的形势下，着重就如何看待区内群众的问题，提出了“三个明确”：明确区内群众是保护区的动力而不是阻力，是财富而不是包袱，是主人而不是管理对象。

管理局每年拨专款800余万元作为景区居民的生活保障费，并将居民作三项分流：有管理能力的，吸收入各级班子；有经营能力的，有组织地开展旅游经营培训；文化较低的，参加养路、环保、巡山等，做到人尽其才。全局安排了600多人从事管理、保护、经营、服务，以“政策上优惠”和“经济上倾斜”，体现当地政府关心群众，依靠群众，一切为群众利益的作风。同时又要求群众服从“保护”这个大局，坚持“保护型开发”模式，丢掉“小动作”，不打“小算盘”，彻底纠正只在办旅馆、开饭店等方面攀比速度，而使主人翁角色错位，竞争行为失控的现象。

激发群众的主人翁意识，是管理工作中的一项基本任务。多年来，当地政府主要加强了三个方面的工作：一是用倡导、引导、疏导、指导的方法，使群众认识到保护九寨沟的紧迫感、危机感、责任感以及忧患意识，增强主人翁观念，自觉地取消了五花海跑马、长海骑牛、犀牛海租船等破坏性经营活动。二是用净化思想、美化形象、强化服务的要求，增强群众的奉献意识，使他们自觉拆除了污染环境的违规场所。三是用有成绩要奖、有功劳要扬、有困难要帮、有待遇要享的政策，平衡群众的心态，形成争做文明居民的良好风气。

在村民基层管理机制上，当地政府也做了三个方面工作：一是建立各基层组织的领导、政策、资金三个支撑体系，优化基层工作环境。二是制订各基层组织的领导管理、工作考核、表彰奖励三个办法，提高基层干部水平。三是理顺领导与指导、主管与协同、组织与协调的关系。充分调动居民及职工的独立工作积极性，发挥主观能动性。

这个以保护为前提和维护群众利益相一致的模式，以严肃的行政手段、开放的经济手段和严格的法律手段，激发了群众的高度自觉，显示出了强力的保护功能。

根据地域联片、便于管理的原则，以当地居民为骨干，组建完善了护林防火专职消防队、环境卫生队、保护区道路养护队，从而使保护任务落到实处。这种充分依靠区内居民参与保护的作法，与UNESCO/MAB计划提出的“必须把人看作生物圈保护区的一个组成部分，人是景观的基本组成部分”的精神和世界生物圈保护区功能中的“只有把人在生物圈中的重要因素考虑进去……才有可能为解决保护环境问题找到真正的科学依据”的精神高度一致。世界自然联盟认为九寨沟处理与景区居民关系的经验解决了世界难题，是全世界处理景区与景区居民关系的典范。

分析内容：九寨沟在旅游开发中是如何进行旅游资源保护的？发展旅游业过程中，如何平衡景区、政府和社区居民的利益？

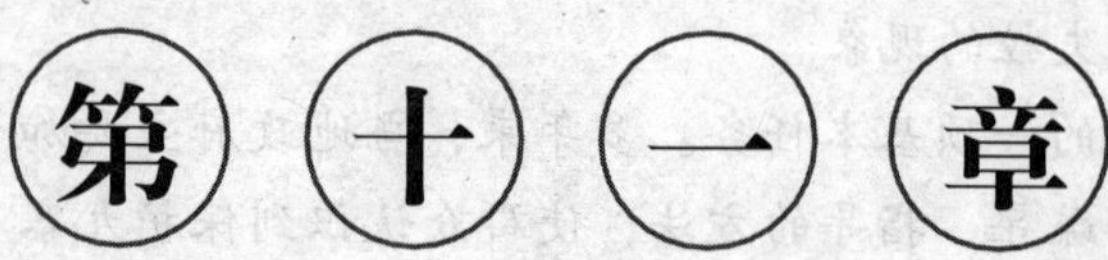

第十一章 人文旅游资源开发与管理

【学习目标】

学习本章后，你应该能够：

1. 理解人文旅游资源的概念，识别人文旅游资源的特点；
2. 区分人文旅游资源的类型和构成要素，明确人文旅游资源的功能；
3. 了解人文旅游资源开发的意义，熟悉各类型人文旅游资源的开发管理措施；
4. 掌握七种类型人文旅游资源保护管理的措施，并能熟练运用。

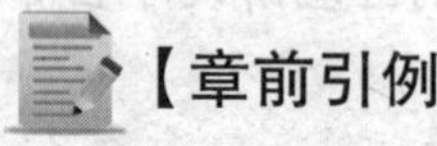

【章前引例】

丽江古城保护开发启示

丽江古城原是我国西南边陲的一个高原集镇，始建于南宋，距今有八九百年历史。从南宋至清各代，均为滇西北的政治军事重镇和纳西、汉、藏各民族经济、文化交往的枢纽。民国以后，逐渐沦为一个“被遗忘的王国”，一直属于“老、少、边、穷”之列。

1995年云南发生大地震，作为地震重灾区，丽江重新被世人注意。1997年12月，丽江古城申报联合国“世界文化遗产”成功，从而填补了我国在世界文化遗产中没有历史文化名城的空白。目前，丽江已成为云南文化旅游胜地，海外游客的比重超过了昆明。丽江古城为什么能列入世界文化遗产，为什么能重放光芒？应当说，在很大程度上得益于纳西文化研究（或东巴文化研究）。

1913年，法国学者巴克出版了《么些研究》一书，收集了纳西的象形文字730个。美国学者洛克出版了《中国西南部的古纳西王国》等著作，全面介绍了丽江这座雪山下的古城的独特风貌及纳西族的原始习俗与东巴经卷等。20世纪60年代考古发现多教合一、多文化合一的白沙壁画，再次强化了丽江文化的独特价值。后来又发现丽江民间还保存有绝世的道教古乐和唐明皇两大法曲之一的《紫薇八卦曲》以及李煜的《浪淘沙》等古曲，它们的出现具有改写中国音乐史的意义。

第一节　人文旅游资源概述

人类历史的发展，物质文明和精神文明的不断进步，为人文旅游资源的产生提供了便利条件，目前，人文旅游资源不仅具有旅游资源的特性，也是人类文明发展与进步的结晶。

一、人文旅游资源的特点

（一）历史性

人文旅游资源与人类历史的发展进程密不可分，它们是人类在各个历史时期生产和生活的真实生动的写照和记录，是人类文明的珍贵遗产，人文旅游资源深深地打上了历史的烙印，不同阶段的人文旅游资源有着不同时代的文化特征，这些反映不同时代特点的风物，就是历史的真实写照。人文旅游资源是我们了解历史最好的实物载体，历史性是其最显著的特点。

（二）区域性

生活在不同地域的人类所创造的文明差异也很大，正是地域的差异性导致的一地居民对另一地居民生活的不了解，才会对旅游者产生更大的吸引力，从而导致旅游的发生活动和大量旅游者的空间移动现象。所谓的“一方水土养育一方人”，“十里不同风，百里不同俗”，是人文旅游资源所具有的区域性最通俗的表述。

文化区域是社会文化差异形成的根本因素，人总要生活在一定的区域内，由此所创造的文化文明、生存方式和生活方式，必然明显带有本地区域的特征。人们生存的自然地理环境，为人们提供了基本生活条件和基础，而人类在适应自然生存环境的过程中，会对自然地理环境产生不同看法和认识，这种认识上的感知差异使他们逐渐形成了自己独特的生产和生活方式，创造了自己独有的文化。

文化上的差异是人类所生活的自然地理环境所造成的，人文旅游资源作为文化的一部分，也同样有着明显的地域差异性。值得注意的是，人文旅游资源的区域性特点不仅是其自身的内在属性，同时也是由于这种区域性所产生的差异，对旅游者具有极强的吸引力，这也是地方文化成为人文旅游资源最根本的原因。

（三）观赏性

旅游资源的观赏性一方面是指旅游资源本身所具有的美学价值，另一方面是由此而对旅游者所带来的吸引力。人文旅游资源同样具有这样的特征。如古建筑蕴含的古朴美，石窟寺庙体现的艺术美、神秘美，古典园林显现的精巧美，古代陵墓体现的不同形式美，古城古镇表现的古典美，民风民俗展示的生活美，饮食文化深藏的品味美，传统节日承袭的传承美等，都是人文旅游资源的观赏性能，带给旅游者的满足感也是最为深刻的。

（四）垄断性

旅游资源的垄断性更集中体现在它的特色方面，正是这一特点，使人文旅游资源的个体都是不可替代的。每一种人文旅游资源都是一个完整的个体，都有其形成的特定条件和历史，都有属于自己的故事，其或比较完整地记录其历史价值，或突出考古价值，或表现科考价值，或代表一个民族的精神，或体现一个地域的文化特征。总之，每一种人文旅游资源都或多或少体现不同的内容，显现出它的与众不同，这也就形成了它的独立性和垄断性。

（五）文化属性

旅游的表象为经济，而旅游的实质是文化，文化是旅游业发展的灵魂。人文旅游资源作为人类智慧的结晶，是一定时代文化的表征，这种文化性不仅以有形物质实体的载体出现，如历史遗迹、古建筑、古典园林、古城镇村落、帝王陵墓、饮食习俗，也体现在一些无形的精神内容方面，如文学艺术、神话传说、说唱艺术等。深厚的文化内涵是人文旅游资源可持续发展的资本，是特色开发的依据。正是由于其所具有的文化属性，人文旅游资源才能够在旅游业的发展中独具魅力，熠熠生辉。必须指出的是，旅游者在旅游过程中，由于欣赏品位不同，所以对一些文化内涵深厚的人文旅游资源并不一定都感兴趣，因此不能将人文旅游资源的文化属性作为开发的唯一标准。

（六）不可再生性和可创造性

人文旅游资源是伴随人类历史前进的脚步而诞生的，具有时代性的特征，这种时代性使得每一种人文旅游资源在时间段的形成上都是过去时，深刻的时代烙印使得人文旅游资源的每个个体都是不可再生的。即使后人模拟再造，也不是原有的实体，这一点是针对人文旅游资源个体的内涵而言的。但就文化的传承性来讲，人文旅游资源又是可以再创造的。因此人文旅游资源的不可再生性和可创造性表面上虽然是矛盾的，但实质上却是相承的。不可再生性为可创造性提供了基础，可创造性是对不可再生性的变异、继承和发展。

旅游的主体是旅游者，旅游者的需求是无止境的，所以根据旅游者的需求所创造的人文旅游资源也是旅游业发展的需要，如以迪士尼为代表的主题公园成为大众旅游的新趋势，民俗村、微缩景观、名著景观（大观园、水浒城、三国城等）、影视基地等新型人文旅游资源也成为新的旅游热点。

二、人文旅游资源的分类

（一）人文旅游资源单体划分

为了适应以旅游资源单体作为基本普查对象的需要，《旅游资源分类、调查与评价》，依据旅游资源的性状（即现存状况、形态、特性、特征），将旅游资源分为主类（8个）、亚类（31个）和基本类型（155个）三个层次。其中，人文旅游资源包括4个主类、14个亚类和84个基本类型（见表11－1），占全部旅游资源的类型比重分别为50%、45.16%和54.19%。

表11－1　人文旅游资源的类型划分

主类	亚类	基本类型
E遗址遗迹	EA史前人类活动场所	EAA人类活动遗址 EAB文化层 EAC文物散落地 EAD原始聚落
	EB社会经济文化活动遗址遗迹	EBA历史事件发生地 EBB军事遗址与古战场 EBC废弃寺庙 EBD废弃生产地 EBE交通遗迹 EBF废城与聚落遗迹 EBG长城遗迹 EBH烽燧
F建筑与设施	FA综合人文旅游地	FAA教学科研实验场所 FAB康体游乐休闲度假地 FAC宗教与祭祀活动场所 FAD园林游憩区域 FAE文化活动场所 FAF建设工程与生产地 FAG社会与商贸活动场所 FAH动物与植物展示地 FAI军事观光地 FAJ边境口岸 FAK景物观赏点
	FB单体活动场馆	FBA聚会接待厅堂（室）FBB祭拜场馆 FBC展示演示场馆 FBD体育健身场馆 FBE歌舞游乐场馆
	FC景观建筑与附属型建筑	FCA佛塔 FCB塔形建筑物 FCC楼阁 FCD石窟 FCE长城段落 FCF城（堡）FCG摩崖字画 FCH碑碣（林）FCI广场 FCJ人工洞穴 FCK建筑小品
	FD居住地与社区	FDA传统与乡土建筑 FDB特色街巷 FDC特色社区 FDD名人故居与历史纪念建筑 FDE书院 FDF会馆 FDG特色店铺 FDH特色市场
	FE归葬地	FEA陵区陵园 FEB墓（群）FEC悬棺
	FF交通建筑	FFA桥 FFB车站 FFC港口渡口与码头 FFD航空港 FFE栈道
	FG水工建筑	FGA水库观光游憩区段 FGB水井 FGC运河与渠道段落 FGD堤坝段落 FGE灌区 FGF提水设施
G旅游商品	GA地方旅游商品	GAA菜品饮食 GAB农林畜产品与制品 GAC水产品与制品 GAD中草药材及制品 GAE传统手工产品与工艺品 GAF日用工业品 GAG其他物品

续表

主类	亚类	基本类型
H 人文活动	HA 人事记录	HAA 人物 HAB 事件
	HB 艺术	HBA 文艺团体 HBB 文学艺术作品
	HC 民间习俗	HCA 地方风俗与民间礼仪 HCB 民间节庆 HCC 民间演艺 HCD 民间健身活动与赛事 HCE 宗教活动 HCF 庙会与民间集会 HCG 饮食习俗 HGH 特色服饰
	HD 现代节庆	HDA 旅游节 HDB 文化节 HDC 商贸农事节 HDD 体育节

这样的类型划分，主要是针对旅游资源的普查和管理工作来设计的，具有很强的目的性和针对性。

（二）人文旅游资源的类型

1. 历史遗址遗迹类旅游资源

历史遗址遗迹是指人类在不同历史时期的生产和生活中所创造的，能够反映人类社会的物质文明与精神文明而又保存至今的遗物、遗址、遗迹、遗风。其中既包括固定的遗址遗迹，又包括非固定的历史文物、古老习俗等①。

历史遗址遗迹类旅游资源是历史遗址遗迹中能吸引旅游者前去参观游览并获得一定的经济效益和社会文化效益的旅游吸引因素（旅游吸引物）。按照国家标准可将历史遗址遗迹类旅游资源分为史前人类活动场所遗址遗迹、古代社会经济文化活动遗址遗迹、近现代历史遗址遗迹。

（1）史前人类活动场所遗址遗迹。史前人类活动场所遗址遗迹是指从人类形成到有文字记载以前的人类活动遗址遗迹，包括古人类化石、原始聚落遗址、生产工具和生活用品等。按照劳动工具的不同，可以将史前人类活动场所遗址遗迹分为旧石器时代和新石器时代。

（2）古代社会经济文化活动遗址遗迹。古代社会经济文化活动遗址遗迹分为古城遗址遗迹、古道遗址遗迹、古战场遗址遗迹和历史名人遗址遗迹。

著名的古城遗址遗迹有商都城殷墟遗址、西周都城丰镐遗址、春秋战国时期齐国都城临淄遗址、秦阿房宫遗址、汉长安城遗址、洛阳汉魏古城遗址、唐大明宫遗址、山西平遥明城池遗址、西藏古格王国遗址、西北丝绸古道楼兰故城遗址等。

古道遗址遗迹有战国时期和北魏时期修建的武关道、子午道、金牛道等，秦始皇修建的驰道，汉代修建的驿道，古代最长的国际性通道“丝绸之路”等。

古战场遗址遗迹有赤壁和夷陵古战场、晋楚城濮之战古战场、齐魏马陵之战古战

① 梁朝信．旅游资源开发．郑州：郑州大学出版社，2006．

场、曹袁官渡之战古战场、山西雁门关和甘肃的玉门关等。

历史名人遗址遗迹有秦始皇离宫、山东曲阜孔府、湖北秭归屈原故里、山西韩城市司马迁故里和四川成都杜甫草堂等。

(3) 近现代历史遗址遗迹。这一时期的遗址主要是革命斗争场所、革命人士纪念地等。著名的有清末洋务运动时建立的开滦矿务局码头遗址、广东虎门遗址、武昌起义军政府遗址、南京的中山陵、郑州二七纪念塔和南京大屠杀纪念馆等。

2. 古代建筑类旅游资源

古建筑是古代人们用土、木、石等材料，运用建筑技术及艺术建造的供人们生活、生产或进行其他活动的房屋或场所。

(1) 古代城防类建筑。我国古代城防类建筑主要包括古城墙和长城。长城是我国古代的军事防御工程，主要由关隘、城墙、城台、烽火台四部分组成。代表长城建筑史上三个高峰期的分别是秦长城、汉长城和明长城。

(2) 宫殿类建筑。我国古代宫殿建筑留存下来的并不多，现存的主要有北京故宫、沈阳故宫和西安的汉唐两代宫殿遗址。宫殿类建筑布局主要有以下几个特点：第一，前朝后寝、三朝五门；第二，左祖右社；第三，严格的中轴对称；第四，以黄色和红色为主。

(3) 古代坛庙建筑。我国古代坛庙建筑庄严古朴，气势雄伟，是祭祀神灵的场所。大致可以分为五大类：

第一，太庙和社稷坛。如明清时期的北京社稷坛，设三层方台，汉白玉砌筑，坛上铺五色土，以象征“普天之下莫非王土”和祈求全国风调雨顺，五谷丰登。

第二，祭祀天地、山川、神灵的坛庙。如北京的天坛、地坛、日坛、月坛、先农坛，泰山的岱庙，嵩山的中岳庙，衡山的南岳庙，华山的西岳庙，辽宁的北镇庙，广州的南海神庙都非常有名。

第三，孔庙等名人祠庙。山东曲阜孔庙规模最大，与孔府、孔林被联合国批准列为世界文化遗产。除了奉祀圣贤的，还有奉祀名臣义士的，如北京文天祥祠、山东邹县孟轲庙、山西解州关帝庙、山西太原邑姜祠（晋祠），以及四川成都和河南南阳的武侯祠等。

第四，家庙。比较有名的家庙是安徽龙川胡氏祠堂、广州的陈家祠堂等。

第五，神庙。如城隍庙、妈祖庙、土地庙、龙王庙。

(4) 桥和水利工程建筑。我国有“桥的王国”之称。我国建造了各式各样的桥梁，形成了自己独特的桥梁风格。如杭州西湖断桥的“断桥残雪”令人流连忘返，扬州瘦西湖上的二十四桥使人眷恋难忘，北京颐和园昆明湖上的十七孔桥叫人陶醉其间。泉州的洛阳桥、北京的卢沟桥、河北的赵州桥与广东的广济桥并称为我国古代四大名桥。

水利在我国有着重要的地位和悠久的历史，各朝各代基本上都把兴修水利作为治国安邦的大计。我国有许多著名的水利工程建筑，其中京杭大运河、都江堰、灵渠和坎儿井并称为我国古代四大水利工程。

(5) 民居建筑。我国民居建筑分为北方院落民居、南方院落民居、南方天井民居、岭南客家民居、西北窑洞民居和南方自由式民居。现存的居民建筑绝大多数都是明清两代的民居，如徽州古民居、山西平遥民居、北京四合院、福建土楼、粤东围拢屋等。其中客家围屋、北京的四合院、山西的窑洞、广西的杆栏式和云南的一颗印被称为中国五大民居。

（6）古代陵墓建筑。旧式帝王墓称作陵，王侯墓称作冢，圣人墓称作林，百姓墓称作坟。我国古墓葬分为帝王陵寝和纪念性陵墓。著名的帝王陵墓有秦始皇陵、唐乾陵和昭陵、明孝陵和十三陵、清东陵和西陵。具有代表性的纪念性陵墓有黄帝陵、炎帝陵、舜陵、禹陵、曲阜孔林、洛阳关林、秭归屈原墓、韩城司马迁墓、成都武侯祠、呼和浩特昭君墓、杭州岳飞墓等。

（7）古代建筑小品。古代建筑小品包括牌坊、牌楼、华表、阙、经幢、碑、影壁等。

3. 古典园林类旅游资源

园林是一种空间艺术，是自然美与古典美的高度统一。园林是在一定空间内，由山、水、动植物和建筑物等共同组成的一个有机综合自然整体。

根据园林不同的建筑风格，古典园林可以分为西方古典园林和中国古典园林两大类。与西方园林注重人为表现力不同，我国的园林体现了“天人合一”这一精髓。

中国古典园林的分类方法很多：按占有者身份，可以分为皇家园林、私家园林和寺观园林；按所在地的自然环境以及所形成的布局风格、造型艺术，可以分为北方园林、江南园林、岭南园林和少数民族园林。中国古典园林所蕴含的精湛的造园技法为世人称赞，历代相传。中国古典园林的构成要素，可以概括为筑山、理池、建筑、树木花草和书画墨迹等五个方面。

4. 都市城镇类旅游资源

（1）历史文化名城。如北京、西安、南京、开封、洛阳、杭州、安阳等。

（2）特色小城镇。我国的特色小城镇很多，如有“盐都之称”的自贡，并称为江南水乡三古镇的周庄、同庄与角直，绍兴水乡柯桥镇，山西省大寨村，江苏省江阴市华西村等。其中最有名的就是并称中国四大名镇的河南朱仙镇、江西景德镇、广东佛山镇和湖北汉口镇。

（3）现代都市风光。现代化都市应具备以下几个条件：有强大的经济基础，在市场上有聚集力、扩散力和影响力；城市基础设施完善，具有枢纽功能、服务功能、金融功能和信息功能；产业结构合理，第三产业发达，其中旅游业活跃，发挥关联、带动作用；人均总产值和人均消费水平高，科技成果转化生产快，教育发达，人才资源雄厚，劳动者素质高；高水平的社会管理和高质量的城市生态环境。

5. 宗教文化类旅游资源

宗教旅游，是指以宗教朝觐为主要动机的旅游活动。宗教文化旅游资源具有极强的吸引功能、极高的观赏价值和深厚的文化内涵。它对游客具有很强的吸引力，原因主要包括三个方面：一是宗教本身，二是宗教建筑，三是宗教艺术成就。

6. 民俗风情类旅游资源

民俗旅游资源具有多种属性和特征，是人文旅游资源的重要组成部分，对游客具有很强的吸引力，这种吸引力是由其所具有的特征决定的，具体表现为以下几个方面：第一，传承性与文化性；第二，民族性与地域性；第三，差异性与独特性；第四，真实性与神秘性；第五，参与性与体验性。它可以满足游客对异地文化的认知需求，充实了旅游资源的内容，有利于旅游资源的开发。

民俗风情旅游资源主要包括饮食民俗、服装服饰民俗、民居民俗、婚恋嫁娶习俗、丧葬习俗、民间艺术工艺品、酒文化、茶文化、文化用品以及节日习俗等。

7. 文化艺术类旅游资源

文化艺术类旅游资源主要具有以下几个特点：第一，大众性和强烈的感染力；第二，空间移动的灵活性；第三，融合性与有形性；第四，时代性与继承性的统一；第五，稳定性与发展性的统一。

文化艺术的内容非常丰富，主要形式有游记散文、诗词、小说、楹联、神话传说、戏剧、音乐、电影、绘画、书法等，在旅游活动中发挥着独特的作用，已经成为一种重要的旅游资源。

三、人文旅游资源的构成要素

人文旅游资源主要包括文物古迹、民俗风情、聚落景观、现代设施、宗教文化和文学艺术等构成要素。

（一）文物古迹

在人类发展的历史长河中，不同阶段具有不同的文化现象和文化特征，形成了许多反映时代特点和地域特色的文物古迹，它是人文景观中最为重要的一种旅游资源。随着现代旅游活动的发展，“好古”成为广大旅游者普遍的心理倾向，凭吊悠久的历史文化古迹成为旅游者外出的动机之一。于是，许多古人类遗迹遗址、历史事件发生地、军事遗迹与古战场等，成为重要的旅游资源。它们以其丰富的历史内涵、深厚的文化底蕴、独特的艺术魅力和优美的外观造型，深深地吸引和感染了游人。

（二）民俗风情

常言道，“百里不同习，千里不同俗”。世界民族众多，其居住的自然地理环境和历史文化积淀不同，在语言、居住、生活方式、宗教信仰、婚恋丧葬、艺术文化等方面，表现出明显的差异，形成了各自独特的风俗，犹如一幅内容丰富、形式多样、情趣浓郁、绚丽多姿的民俗风情画卷，成为人文旅游资源中最活泼、最生动和最富特色的内容。毫无疑问，这对那些怀有强烈的求知、猎奇心理和参与需求，渴望能够亲自领略和体验异民族生活情趣、探索社会演化进程和民族文化差异的旅游者，具有极大的吸引力和诱惑力。

（三）聚落景观

聚落景观，是世界各地城市和乡村的历史与现实、社会经济与文化整体面貌的综合表现。各种特色鲜明，能充分体现地域文化的聚落已经成为人文旅游资源的重要构景要素。其中，那些具有较高历史认知、审美欣赏价值的传统村落（如江南六大古镇、皖南黟县的西递与宏村等），以及拥有完善配套设施，代表着当今社会生产力最新发展水平的现代城市更成为旅游市场的宠儿。

（四）现代设施

作为旅游资源的现代设施，主要指集中反映当代建设成就与时代特征，关系国计民生的大型工程设施和满足现代人类文明生活需要的文化休闲设施与康体娱乐设施。例如，大型工程设施中的长江三峡大坝、上海东方明珠广播电视塔和德国的奔驰汽车公司等，文化休闲设施中的中国美术馆、悉尼歌剧院、巴黎卢浮宫和洛杉矶好莱坞电影城等，康体娱乐设施中的北京动物园、奥兰多迪士尼世界、温布尔顿网球场等。这些现代设施已经成为重要的人文旅游资源构景要素和旅游活动的重要载体。

（五）宗教文化

宗教是一种特殊的社会文化现象，它之所以能成为旅游资源的构景要素，是与其作为一种意识形态的强大感召力和它在地域上的广泛分布分不开的。基于对宗教的敬仰和对宗教圣地的向往，以朝圣为主要目的的宗教信徒在空间上的流动，自古就非常频繁，成为较早的旅游活动之一。另外，以建筑、雕塑、壁画等为主要形式的宗教艺术，具有极高的美学价值，加之庄严隆重且颇具神秘感和新奇感的宗教活动，对于广大非宗教信徒也具有极强的吸引力。毋庸置疑，宗教文化是人文景观旅游资源的重要组成部分和主要的构景要素。

（六）文学艺术

文学艺术是一种社会意识形态，是客观物质世界与心灵精神层面“心物交融”的结果。文学自出现之日起，就与旅游结下了不解之缘。旅游最能激荡起作家的情怀，促使他们以文学特有的形式描绘自然山水之秀美，抒发旅游中人之情思，作家高远的审美意境和独特的艺术表现使其所到之处的旅游观赏价值也大大提升。作为人文旅游资源构景要素的文学艺术，它们或者本身就是旅游者观赏的对象，能给人以美的享受；或者丰富了有关旅游资源的内容，增添了游人的游兴；而更多的则是通过其传播，大大提高了旅游资源的知名度和吸引力。

四、人文旅游资源的旅游功能

（一）形象直观地了解人类文明史

人文旅游资源是动态历史的静态显示，记录了一个民族成长过程中特定的历史文化状态。人们旅游的过程就是对人文旅游资源历史过程的回顾，可以更为形象直观地了解人类文明史。每一种人文旅游资源都是按照历史成长的脚步排序的，如古典园林的历史沿革、古建筑的历史沿革、宗教形成的历史背景、饮食文化的历史演变、各民族民俗民风形成的历史背景等，没有哪一部分能离开人类的历史。

（二）增长知识与陶冶情操

对人文旅游资源观赏的过程，也是学习的过程，最能满足旅游者求知、求奇、求新的需求。如在观赏中国的古建筑时，其深厚的文化底蕴，能让旅游者学到很多传统文化知识。故宫作为中国古建筑中礼制建筑的代表，处处渗透着传统文化内容，包含敬天祀祖、皇权至上、以中为尊、阴阳五行等文化，等级制在建筑的高度与色彩、彩画的式样、屋顶的设计、鸱吻的数量、房屋间数的面阔进深、数字的使用等方面都有体现，可以说是一部丰富的实体教科书，令人为古人的智慧和聪明所折服。

（三）享受美与观赏美

人文旅游资源能够引导人们深入其中，产生情感的升华。每一类人文旅游资源都有其独特的美，这种美往往不是单一的，更多的是综合的，因此在旅游中旅游者不仅可以直观得到美的享受，更可使这种美在现实生活中得以升华和超越。如对美食的体验，不仅可以满足味觉美，更可以体会到不同地域的民风民俗。

（四）促进文化交流

旅游不是简单的人员流动，从某种意义上说旅游本身就是一种大规模的高层次的文化交流，每个旅游者既是文化的实体也是载体，旅游过程就是文化交流的过程。身到异地，首先感受到当地的文化气息，同时将自身的文化带给了旅游目的地。这种交流是积极的、进步的，使不同地域的文化得以促进和发展。

第二节　人文旅游资源开发管理

一、人文旅游资源开发的意义

（一）有利于保护人文旅游资源

人文旅游资源是人类历史文化的结晶和精华，是古人留下来的宝贵遗产。有效地开发人文旅游资源，有利于更好地保护人文旅游资源，但是人文旅游资源的开发也要注意选择合适的时间，力度也要控制得当。

（二）有利于丰富旅游者的精神文化世界

文化是旅游的核心，旅游业的精髓在于文化。风景只是旅游资源的外在美，而文化是旅游资源的内在美，只有利用文化充实旅游资源，这样才能使旅游资源更具吸引力。人文旅游资源的开发和利用，有利于让旅游者了解文化、增长见识见闻、培养情操，在浓厚的人文气氛中，体会文化的内涵，得到一定的文化提升，丰富自己的精神世界。旅游者得到了心灵的享受，也会促使旅游行业走上一个更高的水平。

（三）有利于促进当地的经济发展

人文旅游资源的开发能够有效拉动当地经济的发展，大大推进当地旅游产业化的进程。

二、人文旅游资源开发的具体措施

（一）完善人文旅游资源的评估体制

人文旅游资源的评估工作应该由中介机构开展，评估者将结果交付中介机构，中介机构与政府进行直接联系。政府不是主导的责任人，应把权力下放，这就使评估人员开展相关工作时，不会受到利益等其他因素的干扰，从而增加了评估的客观性。地方政府应该对评估过程进行及时的监督和制度化，从而约束中介机构的评估工作，保证评估结果的科学性、有效性。

（二）有步骤有计划地开发人文旅游资源

人文旅游资源的开发需要设立一个高的起点，然后分步骤、有计划地进行。人文旅游资源开发应与国内外的旅游发展动向一致，深入了解旅游资源的现实情况，分析自身的各项优劣势以及发展规律。针对每个人文景点的特点，提出不同的开发策略，可以整体开发，也可局部开发。人文旅游资源开发需要与其他资源的开发协调一致，而且要突出重点，有先后难易之分。在开发方案的实施方面应该有近期和远期的安排，按照步骤有条不紊地进行。

（三）依托政府开发人文旅游资源

进行人文旅游资源开发必须坚持政府的主导作用，依靠政府的宏观调控来引导旅游业健康成长，但政府主导并不等于政府经营或政府包办。旅游业的发展主要还是要靠市场和企业，政府的工作是制定政策、法规来引导和规范市场行为。具体地说，就是政府牵头、组织，企业进行具体的开发和经营。

（四）加大人文旅游资源的普及活动

人文旅游资源是旅游资源的重要组成部分，令人遗憾的是，一些资源开发人员并未真正认识到丰富多彩的人文活动内容特别是民俗事项、事件等的真正内涵及价值。要解决这类认识上的问题，需要人文学者、管理部门、媒体的共同努力。学者要加强对当地历史文化的研究，帮助人们了解这类人文旅游资源的旅游价值，并使其成为民俗旅游、民俗节庆、名人旅游的珍贵资料。旅游主管部门及媒体要加强对人文活动旅游资源的宣传，普及人们对人文旅游资源的认识。

（五）在开发的基础上做好保护工作

开发人文旅游资源固然重要，但如果不合理地开发，就会造成资源的破坏和浪费，不利于人文旅游资源的再开发。因此在开发过程中，应处理好长远利益和近期利益的关系，权衡好保护人文资源和发展旅游经济的关系。

历史文物保护在城镇经济建设发展中具有重要意义，要加强对历史文化城镇及历史文物的保护、抢救和整治，提高城镇文明水平和现代化水平。同时要正确处理好历史文物保护与经济建设之间的关系，正确处理局部利益和全局利益、短期效益和长远效益之间的关系。要贯彻“保护为主、抢救第一”及“有效保护、合理利用、加强管理”的原则，把文物保护纳入当地经济发展计划，制定相应政策和措施。

三、各类型人文旅游资源的开发与管理

（一）历史遗迹类旅游资源的开发管理

历史遗迹类的旅游开发方向需要依据历史遗迹本身的特征和价值以及目标客源市场的需求来确定。一般采取以下几种方式：

以历史遗迹为对象或原料，就地保护、复原历史原貌，发展主题文化旅游产品，如遗产旅游、怀旧旅游、教育旅游、宗教旅游、考古旅游等，其中既包括文化观光产品，也包括文化体验产品。

以历史遗迹为素材，加以模拟仿造，形成仿古产品，如模仿穴居、巢居遗址开发富有文化特色的主题酒店客房产品，模拟人类活动遗址开发主题公园等。

以区域文化遗址为文脉，构建文化品牌，树立地方旅游形象或文化形象，营造旅游文化、休闲文化氛围，如开平碉楼、花都洪秀全故居、中山孙中山纪念地等。

同时，可依据非固定的历史文物特征与价值以及旅游市场的需求进行开发，主要表现为两种形式：一是以博物馆形式进行集中展示，开展博物馆旅游；二是通过模拟仿造历史文物开发旅游商品，特别是旅游纪念品，使其成为旅游产品的有机组成部分。此外，具有地方特色的历史文物也是地方旅游品牌形象的文脉基础，形象逼真的历史文物仿造品，还可以成为旅游企业特别是酒店酒楼的绝佳装饰品，从而达到提升文化品位的效果。

（二）古代建筑类旅游资源的开发管理

一般而言，将建筑旅游资源转化为旅游产品主要从两个方面入手。第一，充分发掘建筑的历史、思想与艺术内涵，开展建筑遗产旅游；第二，将建筑旅游资源进行移植仿造，成为旅游设施或其他商业设施的一部分，如推出仿古酒店设施、度假设施等。

（三）古典园林类旅游资源的开发管理

古典园林在进行开发时一方面可以发掘园林文化内涵，开展园林旅游，满足人们审美求知和亲近自然的需要；另一方面，需要在园林中适当地建设游乐设施设备，发展园林休闲项目。同时，可以通过对园林的模拟仿造，装点商业、旅游与休闲环境。

（四）都市城镇类旅游资源的开发管理

都市城填旅游的开发方向主要包括以下几个方面：文化遗产旅游，如广州“一日读懂两千年”的旅游线路；民俗风情旅游，包括社区旅游、美食旅游等，如北京胡同游项目、“吃在广州”的美食旅游；园林风景旅游，如城市公园，包括动物植物园、主题公园游等；会展旅游、购物旅游，以及商务旅游；节事旅游，如体育、文化、商业节事活动旅游；休闲旅游，为了满足外来游客和城市居民的休闲娱乐需要，城市需要规划休闲地带、建设休闲设施、开发休闲项目。总之，城市旅游的开发必须以城市文化特色为基础，依据目标客源市场和城市居民的需要，因地制宜地开发旅游产品。

（五）宗教文化类旅游资源的开发管理

1. 挖掘文化内涵，提高旅游文化品位

宗教文化旅游资源的文化内涵十分丰富，开发时要注意文化内涵的发掘和选择，根据旅游产品的现实要求与价值取向，把宗教文化中最本质、最宝贵的精品发掘出来，从而使游客获得极大触动。同时，利用文化生态学原理和原则，营造庄严、雄伟、亲切、神秘、含蓄的氛围，是强化展现宗教文化吸引力的有利手段。将回归自然、历史复归定位为宗教旅游资源开发的核心内涵较为恰当，如道教文化体现了返璞归真、乐生养生的核心文化内涵，可以依托优良的生态环境开展以养生、乐生为主题的旅游活动。

2. 动态开发和综合开发结合

宗教文化旅游与民俗、娱乐等活动渗透融合，开发运作正在朝大型化、综合性方向发展。旅游部门和旅游企业可利用圣诞节、开斋节、佛诞日以及庙会等宗教节庆组织开展宗教文化旅游活动，促进旅游业的发展①。

3. 重视旅游产品开发

重视宗教文化旅游产品的开发，如开发寻宗探祖的宗教文化旅游产品、修禅旅游产品、宗教建筑及园林旅游产品、宗教饮食旅游产品、宗教艺术欣赏旅游产品、宗教节日庆典旅游产品、佛茶文化旅游产品等②。

4. 防止宗教文化异化

宗教文化旅游资源的开发，应充分尊重宗教文化的本真和宗教的文化氛围，正确处理好经济效益和社会效益的关系，适当控制游览区的游客容量，搞好保护性开发，防止

① 阮卫红，余学新．试论宗教文化的旅游价值及开发利用．社会主义研究，2007（5）．
② 陈荣富，周敏慧．进一步发展我国现代宗教文化旅游事业．江西社会科学，2001（9）．

商业化和“伪文化”的出现。宗教旅游开发要保持和体现宗教文化意境。此外，开发宗教旅游资源应遵循保护性开发、建设性开发、开发后保护的可持续发展原则，防止宗教文化在旅游开发中出现异化。

（六）民俗风情类旅游资源的开发管理

民俗风情类旅游资源开发需要注意因地制宜、民族（或地域）特色、文化内涵、本真风貌、市场需求、综合效益，以及多样与专题、保护与开发并重。从国内外对民俗风情的开发看，民俗风情的开发方向，一方面是发展民俗旅游、开展民俗娱乐、制造民俗商品，进而形成民俗产业，包括民俗旅游业、民俗展览业、民俗表演业、民俗制造业（手工或机器）；另一方面是装饰美化企业环境和生活环境，特别是商业企业、旅游企业和旅游地环境，塑造商业企业、旅游企业与旅游地的品牌形象，进而创造民俗文化主题，提升商业企业、旅游企业和旅游地及其产品的文化品位。

民俗旅游是文化旅游中的特色部分。在民俗旅游中，民俗风情不仅可以成为旅游审美、休闲娱乐、文化体验和科学考察的对象，而且可以成为旅游购物的对象。从具体实践运作来看，民俗风情的旅游开发方向或形式主要包括主题公园式、资源凝聚式、本原式、节会式、物品式、主题附会式等，除此之外，还包括节庆旅游等方面的资源开发。

1. 主题公园式

主题公园式是指将散布于一定地域范围内的典型民俗集中于一个主题公园内表现出来，如深圳中国民俗文化村、北京中华民族园、台湾九族文化村、云南民族文化村。这一模式的优点是可以让游客在短时间内领略到原本耗时耗力才能了解到的民俗文化，其缺点是在复制加工过程中会损失很多原有的民俗文化信息内涵，如果建设态度不够严谨，可能会歪曲民俗文化。

2. 资源凝聚式

资源凝聚式是对现已消失的民俗文化通过信息搜集、整理、建设、再现，让游客了解过去的民俗文化。如美国的“活人博物馆”中，员工作为几百年前的抵美移民而出现，身着16、17世纪美国劳动人民的服饰，向游客表演用方形的扁担挑水、用原始农具耕作、用独轮车运输等古老的传统习俗以及各种民间舞蹈，吸引了大量国内外游客。杭州和香港的宋城、无锡的唐城、吴文化公园也属此类。这种模式的优点是可以令时光“倒流”，满足游客原本不能实现的愿望，但也存在着缺点。

3. 本原式

（1）天然民俗村寨——原地浓缩式。一些少数民族村落或民俗文化丰富独特的地区由于时代的发展已在建筑、服饰、风俗等方面有所淡化，不再典型，或者民俗文化的一些重要活动（如节庆、婚嫁）只在特定的时期才会呈现，令游客不能完全领略当地民俗文化的风韵。因此当地政府或投资商在当地选取合适地段建设以当地民俗文化为主题的主题园，集中呈现其民俗精华，如海南中部的苗寨和黎寨风情园均属此类。其优点是便于游客充分了解当地或该民族的民俗文化精髓，其缺点是在真迹旁边造“真迹”，形成自然对比，对有些游客不能构成吸引力。

（2）原生民俗项目——原生自然式。它是在一个民俗文化相对丰富的地域中选择一个最为典型、交通也比较便利的村落对旅游者展开宣传，以村民的自然生活生产方式和村落的自然形态为旅游内容，除了必要的基础设施建设外几乎没有加工改造，如广东连南三排瑶寨、夏威夷毛利人村落等。其优点是投资很少，让游客有真实感，能自然地与当地居民交流，甚至亲身参与劳作，有很大的活动自由度；其缺点是难以将旅游开发带来的利益公平地分配给村民，村民的正常生产生活受到干扰后可能产生抵触或不合作情绪，难以保证村民们在接待游客时保持热情、友好的态度。

4. 节会式

还有一些特定的民俗文化只存在于较短的时段内，激发短暂的旅游人流。主要有两种情况：一是出于民族民俗传统的节庆活动，如内蒙古的“那达慕”大会、回族的“古尔邦节”、白族和彝族的“火把节”等，在节庆期间会吸引大量的旅游者；二是流动性的民俗文化表演活动，如贵州组织民间表演队到国外演出松桃苗族花鼓、滩堂戏、下火海等，展现了民间文化艺术风采，每到一处也吸引了不少外国民众来欣赏，进而吸引游客前往贵州旅游。

5. 物品式

旅游商品是实用性、纪念性和工艺性的有机结合。如果在此基础上，再赋予民俗特色，那么旅游商品就更富有个性，游客也更乐于购买。民俗的形态多样，可以是有形的，也可以是无形的；既有物化的，又有观念上的；既可以为固化的，又可以为活化的。那些有形的、物化的民俗事象，如工艺品、饮食、日用品等，均可以开发为民俗旅游商品，以满足游客的需要。我国民俗旅游资源中，像北京的景泰蓝、景德镇的瓷器、贵州的蜡染制品、苏绣、湘绣、杨柳青的年画、歙县的徽墨等，早已转化为著名的民俗旅游商品，为游客所喜爱。深挖民俗文化内涵、开发民俗旅游商品将是对物质性民俗风情进行商业与旅游开发的基本方向。

6. 主题附会式

主题附会式是指将民俗文化主题与某一特定功能的旅游业设施结合起来，形成相得益彰的效果，如苏州名园网师园传统上仅白天对外开放，让游人欣赏江南园林的造园艺术和文化内涵，夜间不对外开放。但网师园推出的“古典夜园”活动，利用园内各厅堂分别表演一两段苏州评弹、昆曲等各种类型的地方民俗文化艺术，游客可以领略苏州园林在夜景下的意境。另外，北京“傣家村”餐厅从建筑外型、内部装潢、员工服饰、饮食风味、歌舞表演各方面均反映傣族民俗文化，形成一个主题餐厅。

（七）文化艺术类旅游资源的开发管理

文化艺术类旅游资源的开发特别需要注意虚实结合，将文艺作品所描写的人、物、活动、情景与现实中具体的人、物、活动、情景融为一体，或者结合与文艺作品相关的旅游资源、旅游环境，或者创造文艺作品描写中所涉及的人、物、活动、情景，从而将精神性的旅游资源化为实体性的旅游景观。文学艺术的旅游开发方向可以有下列选择：

1. 主题产品

模仿文艺作品中所描绘的活动、实物、情景创建主题公园、主题项目是文艺旅游资源开发的主要方向之一，其中以文学名著、影视作品最为突出，如《清明上河图》与开封的清明上河园、《三国演义》与三国城、《红楼梦》与大观园、五羊传说与广州五羊塑像等。

2. 博物馆、图书馆、艺术馆展览

以绘画、书法、工艺美术等艺术类旅游资源较为普遍，其中常常以文艺作品的作者故居作为博物馆、图书馆、艺术馆进行展览，如成都的杜甫草堂、眉山的三苏祠、绍兴的鲁迅故居等。

3. 艺术旅游

以欣赏、学习、体验艺术为目的的艺术旅游构成了艺术类旅游资源开发的主要方向之一，如到敦煌看壁画、到庐山看《庐山恋》等。

4. 点缀装饰

点缀装饰旅游企业、旅游产品、旅游环境，形成主题，如酒店的艺术装饰、园林的“点景”艺术、旅游地的品牌提炼等。

5. 文艺节庆

将文艺旅游资源开发为文艺节会，在有限的时空内进行集中展示，如天津中国京剧艺术节、杭州的小百花越剧节、广州的国际粤剧节、浙江的音乐舞蹈节、香港的亚洲国际电视电影节等。

第三节　人文旅游资源保护管理

一、历史遗址类旅游资源的保护管理

（一）历史遗址类旅游资源的价值

历史遗址因具有历史文化、科学艺术和观赏游憩价值，从而成为重要的旅游吸引物。历史遗址的旅游价值具体体现在以下几个方面：

1. 纪念价值

文化遗址是人类过去社会活动的原初地，对后人具有纪念意义，人们通过瞻仰、凭吊活动，产生思想感情上的共鸣，从而成为怀旧旅游的对象。目前开发的怀旧产品包括：怀古旅游、寻古旅游、寻根旅游、古堡旅游、名人故居及墓地旅游、祭祖旅游等。

2. 教育价值

文化遗址作为先人文化创造的遗留，渗透着一种思想意义、感情色彩与艺术审美，具有知识性和教育性，成为教育旅游的素材，如红色旅游就是进行革命传统教育的典型，又如遗产旅游实际上也是一种文化教育。

3. 体验价值

文化遗址作为人类过去社会活动的原初地，可以使人们回到历史事件的发生地，给人们一种身临其境的感觉，从而具有体验意义。

（二）历史遗址类旅游资源的保护

加强历史遗址类旅游资源的保护，既满足了旅游可持续发展的需要，又适应了文物保护的要求，可以从以下几方面着手：

1. 历史遗存的保护

历史遗址保护首先要积极保护这些遗存物、遗存状态。在旅游开发过程中，必须严格评估旅游活动方式的影响后果，杜绝游客触摸、践踏、攀附、拍照等行为。

2. 遗存环境的保护

在历史遗址的周围，应划定遗址保护控制区，维护环境的原貌和自然状态，注重历史景观特色和环境氛围的延续。

3. 出土文物的保护

历史遗址出土的可移动文物，可通过建立专题性博物馆等形式，使其置于积极的保护之下，避免遗失、损坏、盗窃、风化等现象的发生，同时这也为旅游展示提供了可能。

4. 历史遗址的修复重建

在旅游开发中，有的地区致力于遗址的修复重建，对此应采取谨慎态度。在缺乏可靠历史或考古学依据、难以做到“修旧如旧”时，应避免盲目修复。对于列入文物保护单位的历史遗址，应以保护性修缮为主，不能全面重建。

二、古代建筑类旅游资源的保护管理

（一）古代建筑类旅游资源的价值

建筑既是科技、艺术的体现，也是价值和精神的展示。原始建筑、古代建筑文化不仅具有实用性，而且具有历史性、思想性与艺术性，呈现出地域和民族特色，从而能满足旅游者的求美、求知、求古、求异心理，具有很强的旅游吸引力。具有艺术性和思想性的现代建筑与后现代建筑同样具有旅游观光功能。

（二）古代建筑类旅游资源的保护

古代建筑因经历了上百年甚至上千年的自然风化和人文破坏，出现了影响原有特色的破损、变色。可以采用复原培修的办法，采用原材料、原构件，或在必要时用现代构件进行加固，以保持原貌为准则，即整旧如故。切忌翻新而失去古的特色①。

《中华人民共和国文物保护法实施细则》中对古建筑的保护有明确的规定，其要点为：第一，保护古建筑的视廊。为保证古建筑物的空间构图完整和周围园林借景的需要，在视线范围内控制新建建筑物的高度，而且其外观、形式、色调均需与古建筑物的环境风貌相协调。第二，仿古重修需要特批。第 14 条规定：纪念建筑物、古建筑等文物已经全部毁坏的，不得重新修建；因特殊需要，必须在另地复建或者在原址重建的，应当根据文物保护单位的级别，报原核定公布机关批准。

三、古典园林类旅游资源的保护管理

（一）古典园林类旅游资源的价值

园林不仅具有文化研究与文化教育价值，而且具有美学和游乐价值，能够满足人们观光欣赏、追求知识、休闲娱乐的需要，从而具有了旅游休闲价值。

（二）古典园林类旅游资源的保护

其一，应将保护古典园林确立为一种观念，即传统建筑类古典园林都应属于文物，要改变古典园林等同于公共游憩活动场所的观念。

其二，可以借鉴国外经验，完善我国现行的保护制度，强化对违法事件及责任者的处罚力度，普及对古典园林及文物建筑存在价值的教育宣传等工作，让更多的人尤其是从事古典园林管理工作的人员认识到古典园林保护的重要意义，防止和杜绝建设性破坏及修复性破坏的发生。

四、都市城镇类旅游资源的保护管理

（一）都市城镇类旅游资源的价值

城市作为人类文化的综合体和人类文明的代表，集中了人类社会大部分的人文旅游资源，其中既包括了历史文物古迹、现代城市建筑等静态的物质文化资源，也包括了城市居民的生产活动、商业活动、休闲活动、日常生活等动态的社会风情资源，它们构成一个城市的文化特色，使城市成为重要的旅游地。这些城市文化的旅游价值主要体现在两个方面：一方面是观光欣赏价值。这是由城市文化的思想性、审美性决定的，其中以城市的标志性建筑表现最为鲜明。例如，纽约的自由女神像不仅蕴含着丰富的思想意义，而且具有高度的艺术审美。另一方面是休闲娱乐价值。城市不仅是休闲文化和体育设施的集中地，而且也是大型活动，包括节庆、体育、商业等活动的举办地，从而也是休闲娱乐的理想之地。此外，城市文化还具有教育价值，是教育旅游的对象。

---

① 鄢志武．旅游资源学．武汉：武汉大学出版社，2003.

（二）都市城镇类旅游资源的保护

保护都市城镇不仅是为了保存珍贵的历史遗存，用作展览、旅游、开展文化活动，更为重要的是留下城市的历史传统、建筑的精华。保护这些历史文化的载体，从中可以获得新的有中国特色的建筑和城市建造灵感。

五、宗教文化类旅游资源的保护管理

（一）宗教文化类旅游资源的价值

宗教文化艺术和名胜遗迹是我国重要的历史文化遗产，有着巨大的旅游价值。宗教信众的进香、拜佛、朝圣活动产生了巨大的旅游流，宗教建筑、雕塑、活动、氛围等也强烈吸引着许多普通游客。其特点包括：区别于一般的旅游，呈现出其独特的魅力，体现出更加丰富多彩的资源形式；客源市场相对稳定；吸引功能强大，重游率高；生命周期长；参与程度高；游客集中，受外界影响较小等。可以说，宗教文化激发了人们的求知、审美、猎奇的心理需求，同时它对现实世界人类的启迪、安慰、寄情的作用则满足了现代人对精神生活的强烈需求。

另外，由于宗教信仰的不同，宗教派别的差异，全世界的宗教信徒都有自己向往的圣地。对于宗教信徒来说，能够到这些地方朝圣可以算是其一生的愿望，并且虔诚的宗教信仰情结也会促使他们一次又一次地前往心目中的圣地。

（二）宗教文化类旅游资源的保护

首先，必须重视宗教自身的发展及宗教文化旅游资源的开发利用。其次，景区在注重经济利益的同时要注意保持当地的生态平衡，对游客容量、环境的承受能力作出科学的预测，并采取相应的防护措施。最后，对宗教文物古迹的修复与重建应尽量保持其历史原貌，坚持“修旧如故”的原则，切忌不伦不类，破坏宗教景点原有的价值和风格。

六、民俗风情类旅游资源的保护管理

（一）民俗风情类旅游资源的价值

1. 旅游审美价值

民俗风情具有质朴美、神秘美、艺术美、和谐美等美的形态，是旅游审美的主要对象，尤其表现在原住民文化中。

2. 休闲娱乐价值

民俗风情具有娱乐性，如民族体育、民俗节庆、民俗游乐等，吸引着旅游者参与体验，使旅游者放松身心。

3. 文化体验与科学考察价值

不同民族和地域的民俗风情千差万别，形成了各自独特的文化生态环境，构成了文化体验的真实情景；同时，也成为考察研究文化演变、文化差异的现实材料。

4. 装饰美化和品牌塑造价值

由于民俗的审美性和差异性，民俗不仅可以成为旅游企业的环境装饰品，如酒店、景区、旅游商店等，而且可以营造旅游地的文化氛围，在公共场所、商业场所可以利用物质民俗进行点缀美化，从而提升旅游企业和旅游地的文化品位，构建文化品牌形象。

（二）民俗风情类旅游资源的保护

民俗风情旅游资源与历史文物资源一样，关键在于保护管理，但由于民俗风情是动态的旅游资源，与静态的历史文物旅游资源相比，除了主要通过博物馆形式加以保护管理外，对民俗文化的行为、制度和精神层面的保护管理需要依据文化演变规律，对民俗文化的载体——当地居民、民俗旅游者、民俗旅游经营者，乃至地方政府的行为和观念加以规范和引导。

与文物保护不同，民俗文化保护是一项系统工程。首先，旅游地文化是一个包括群体价值观以及相关制度、行为、物质的组织系统，具备了组织的特征，类似组织文化建设，需要通过族群文化的继承与发展形成群体价值观，达到族群认同目的。其次，民俗文化及其环境（自然、社会、经济、政治）构成了一个物质、能量、信息交换的文化生态系统，需要将自然生态、社会生态、文化生态的保护有机结合起来。自然生态保护解决循环再生问题，社会生态保护解决利益均衡问题，文化生态保护解决和谐互动问题。最后，旅游活动各方，包括当地居民、旅游者、政府、旅游经营者，形成了一个利益相关的社会系统，需要认识互动与利益协调，应注意文化教育与生态管理，以培养当地居民的文化自信自尊，促使旅游经营者保护性经营，强化政府生态性管理，教育旅游者生态性消费。

在对节庆文化的保护管理方面：首先，要保护继承好节庆文化的象征物；其次，使本地居民和外来旅游者认同本地节庆文化，最好持续举办（特别是民间自发举办），形成品牌，如青岛啤酒节；最后，防止节庆活动的虚假化、低俗化、过分商业化倾向，注意提炼主题和提高品位。

七、文化艺术类旅游资源的保护管理

（一）文化艺术类旅游资源的价值

1. 旅游审美价值

文艺作品一般具有语言美、思想美、艺术美、意境美等，文艺旅游资源构成了旅游审美的重要对象。如《桃花源记》对世外桃源的描写就是语言美、思想美与意境美的集中体现。

2. 休闲娱乐价值

许多文艺作品所描写的内容、所运用的表现形式都具有消遣休闲、娱乐身心的价值，尤其以民间故事、神话传说、影视作品、戏曲表演等表现最为明显。

3. 装饰美化价值

文艺作品构成旅游企业、旅游产品、旅游商品的装饰素材，达到丰富文化内涵、提升文化品位的效果。香格里拉酒店、三国之旅、梁山之旅、阿诗玛系列旅游商品等就是典型例子。

4. 提升实体旅游资源的文化品位

许多实体旅游资源与文艺作品所描写的内容、情景息息相关，如《枫桥夜泊》与寒山寺、《白蛇传》与雷峰塔、《岳阳楼记》与岳阳楼、《滕王阁序》与滕王阁，如果没有这些文学作品对它们的描述，其文化价值、旅游价值也将大打折扣。

5. 树立旅游地的品牌形象

文艺作品所描写的内容、情景除了涉及实体旅游资源外，还涉及一些旅游目的地，如《水浒传》与梁山水泊、《芙蓉镇》与芙蓉镇、《失去的地平线》与香格里拉，借助文艺作品的名气，很容易塑造旅游目的地的旅游品牌形象，形成旅游热点。

6. 提高旅游活动各方的文化素养

文艺作品旅游资源具有文化教育价值，如果开发利用得当，则是提高参与旅游活动中的各方（旅游者、旅游经营者、当地居民，甚至地方政府等）文化素养的极好的教育素材。

（二）文化艺术类旅游资源的保护

文化艺术类旅游资源一方面会受到天灾、自然风化等自然因素的影响而遭到破坏，另一方面也会因为游客活动、规划不当、环境污染等人为因素而遭到损害。因此，需要对文化艺术类的旅游资源进行合理科学的开发，严格控制游客容量，大力开展文化艺术保护宣传，还可以通过制定国家法律法规和地方政策来完善文化艺术的保护措施。

另外，要注意对文学艺术所描写和表现的实物与地理环境的保护和建设，因为它们是文艺旅游资源的实体部分。

【本章小结】

1. 人文旅游资源具有历史性、区域性、观赏性、垄断性、文化属性、不可再生性和可创造性等特点。人文旅游资源主要包括文物古迹、民俗风情、聚落景观、现代设施、宗教文化和文学艺术等构成要素。

2. 人文旅游资源开发有利于保护人文旅游资源、有利于丰富旅游者的精神文化世界、有利于促进当地的经济发展。人文旅游资源开发的具体措施包括：完善人文旅游资源评估体制、有步骤有计划地开发人文旅游资源、依托政府开发人文旅游资源、加大人文旅游资源的普及活动、在开发的基础上做好保护工作。

3. 根据历史遗址类、古代建筑类、古典园林类、都市城镇类、宗教文化类、民俗风情类和文化艺术类的本身特征提出相应的开发管理措施。在剖析历史遗址类、古代建筑类、古典园林类、都市城镇类、宗教文化类、民俗风情类和文化艺术类七种类型人文旅游资源所具备的价值的基础上，针对其不同特点提出相应的保护管理措施。

【复习思考题】

1. 人文旅游资源有哪些类型？
2. 人文旅游资源的旅游功能有哪些？
3. 如何开发不同类型的人文旅游资源？
4. 如何经营管理不同类型的人文旅游资源？
5. 如何保护不同类型的人文旅游资源？

【案例分析】

云台山：从无人知到天下识

10 几年前，云台山还是一派萧条景象：职工只有 69 名，年接待游客不足 20 万人次，门票收入不超过 400 万元，知名度和影响力也仅限于河南省内和毗邻的河北邯郸地区。现如今，云台山风景区已成为集全球首批世界地质公园和众多国字号荣誉（首批国家 AAAAA 级旅游景区、国家地质公园、国家自然遗产、国家森林公园、国家水利风景名胜区、国家文化产业示范基地、全国文明风景旅游区、国家级猕猴自然保护区）于一身的顶级风景名胜区。是什么使云台山从一个无人问津的区域性景区迅速发展成为世界知名、全国一流、游客向往的旅游胜地？

一方面，云台山在自然景观资源方面家底殷实。景区面积 240 平方千米，含百家岩、红石峡、子房湖、泉瀑峡、潭瀑峡、猕猴谷、叠彩洞、茱萸峰、万善寺、峰林峡、青龙峡等主要景点。山区地形复杂，气候随海拔与山势山形变化各异、差异明显。这里泉源丰富、植被茂盛，原始次生林覆盖了整个山峦，各种树木和奇花异草种类达 500 多种。这里地貌特征很有特色，集秀、幽、雄、险于一身，泉、瀑、溪、潭于一谷，有着亚洲落差最大的瀑布，被称为“缩小了的山水世界，扩大了的艺术盆景”。

然而，在中国最不缺的就是景色绝伦的名山大川。云台山真正名扬海内外，还要从它大力挖掘人文旅游资源开始。文化是旅游的灵魂，旅游是文化的载体。据说，魏晋时期的“竹林七贤”曾在云台山百家岩隐居 20 余年。云台山百家岩景区一直在挖掘、整理“竹林七贤”相关文化与遗迹，对历史文物进行保护和修复，并以魏晋文化为特色，打造集观光、休闲、修学、文化体验、徒步等综合旅游产品于一体的高品位旅游区，将“竹林七贤”作为云台山特色文化旅游品牌来培育。

景区重视开展各类文化活动，深挖景区文化内涵，提升景区文化品位。相传，王维名诗《九月九日忆山东兄弟》于景区茱萸峰有感而作。同时，景区所在的修武县还是陈氏太极拳的发源地。利用“重阳登高”与“太极拳”这两大文化品牌，景区先后组织开展了云台山风光摄影大赛、十万太极人穿越云台山、重阳节登高等，大力弘扬焦作山水文化与太极文化。为了弘扬茶文化，云台山先后在红石峡、小寨沟等景点建立了与周围环境相融合、相协调的茶社，赋予茶以文化内涵，游客品茗赏景，寄情山水的同时，拉长了产业链。同时，云台山还开发景区温泉资源，利用温泉和药膳，发展养生文化和保健养生游。

此外，景区相继召开中国旅游景区创新发展云台山5A景区峰会、豫韩文化交流年河南启动仪式、中国云台山国际旅游节，赋予云台山水更多的文化元素；赴韩国举办云台山旅游产品说明会、云台山风光摄影展宣传周，加强与国际旅游文化交流；成立“竹林七贤”文化艺术研究会，组织召开两年一届的竹林七贤文化研讨会，挖掘竹林七贤内涵，传播竹林七贤文化；《走遍中国》栏目精心拍摄的《云台山传奇》，以及《探索发现》栏目5集纪录专题片《竹林七贤》的播出，进一步介绍了云台山景区深厚的文化底蕴和丰富的隐士文化；《百家讲坛》主讲人、上海同济大学文学系副教授刘强来到云台山探索竹林七贤文化，促进了云台山文化的传播；2012年，中央电视台电影频道百集大型纪录片《中国通史》栏目走进云台山拍摄《魏晋风度》，深度挖掘云台山魏晋文化；为响应国家旅游局“2012欢乐健康游”主题年活动，每年举办“九九登高节”，打造成群众参与度高和高规格的专业性运动赛事。同时，景区成为中国摄影家协会、中国作家协会等中央级文艺团体的创作基地，成为中国地质大学、北京师范大学、中国科学技术大学和中央民族大学等国内高校的产学研基地，通过与各高校、科研机构的交流合作，实现了文化产业与旅游产业互融共进、互利共赢。景区还相继邀请了阎肃、石顺义、雷蕾、舒婷、汪国真等著名词曲作家和诗人，以及北京荣宝斋书画院百位著名书画家来景区采风，创作了《云台恋歌》《青青云台山》等十几首歌曲，并与多位著名歌唱家合作录制了MTV。

分析内容：云台山从无人知到天下识的原因是什么？试讨论“文化是景区发展的核心竞争力”这一命题。

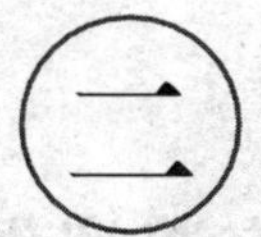

第十二章

非物质文化遗产旅游资源开发与管理

【学习目标】

学习本章之后，你应该能够：

1. 掌握非物质文化遗产的概念，了解非物质文化遗产的10分法和16分法；
2. 理解非物质文化遗产的主要特征；
3. 掌握非物质文化遗产开发和经营管理的主要原则，熟练识别非物质文化遗产的开发模式；
4. 识别非物质文化遗产保护的基本方式和基本原则；
5. 理解掌握非物质文化遗产保护的具体措施。

【章前引例】

宜昌市位于湖北省西北部，地处长江三峡的西陵峡口，古称“夷陵”，悠久的历史和举世瞩目的三峡水利工程使宜昌闻名于世。长江三峡旖旎的自然风光，百岛湖清江土家风情，巴人遗风，诗人屈原、美人王昭君、圣人关羽等古代名人文化遗址，三国古战场历史遗风，三峡水利枢纽人文景观等构成了宜昌重要的旅游资源。自2005年国家非物质文化遗产项目保护、申报工作启动以来，宜昌市政府着手对非物质文化遗产进行收集、整理，截至2014年，宜昌共有非物质文化遗产64项。其中，国际级非物质文化遗产有：下堡坪故事、兴山民歌、土家族撒叶儿嗬、屈原故里端午习俗等；省级遗产资源有：下堡坪民间故事、远安花鼓戏、长阳南曲、青林寺谜语、王昭君传说、兴山民歌、宜昌丝竹、五峰土家告祖礼俗、枝江吹打乐、长江峡江号子、宜昌薅草锣鼓、长阳吹打乐、兴山围鼓、杨林堂鼓等；市级遗产文化资源有：十五溪故事、远安嫘祖庙会、夷陵版画、宜都五眼泉石雕、宜都故事、五峰打溜子、秭归建东花鼓子、枝江千层底布鞋等。宜昌非物质文化遗产旅游资源涵盖音乐、舞蹈、戏曲、礼俗等类型，内容丰富、形式多样，为宜昌旅游增添了无限魅力。

第一节　非物质文化遗产旅游资源概述

一、非物质文化遗产的概念

非物质文化遗产，又称口头或无形遗产。非物质文化遗产既是历史发展的见证，又是珍贵的、具有重要价值的文化资源。我国各族人民在长期生产生活实践中创造的丰富多彩的非物质文化遗产，是中华民族智慧与文明的结晶，是连接民族情感的纽带和维系国家统一的基础。保护和利用好我国非物质文化遗产，对落实科学发展观，实现经济社会的全面、协调、可持续发展具有重要意义。

（一）联合国教科文组织关于非物质文化遗产的定义

根据联合国教科文组织《保护非物质文化遗产公约》的定义，非物质文化遗产是指被群体、团体、有时为个人所视为其文化遗产的各种实践、表演、表现形式、知识体系和技能及其有关的工具、实物、工艺品和文化场所。换句话说，非物质文化遗产来自某一文化社区的全部创作，这些创作以传统为根据，由某一群体或一些个体所表达，并被认为是符合社区期望的作为其文化和社会特性的表达形式，其准则和价值通过模仿或其他方式口头相传，包括各种类型的民族传统和民间知识、各种语言、口头文学、风俗习惯、民族民间的音乐、舞蹈、礼仪、手工艺、传统医学、建筑术以及其他艺术。《保护非物质文化遗产公约》中将非物质文化遗产的范围简单地归为以下几个方面：口头传统和表述；表演艺术；社会风俗、礼仪、节庆；有关自然界和宇宙的知识和实践；传统手工艺技能。

（二）我国政府关于非物质文化遗产的定义

《国家级非物质文化遗产代表作申报评定暂行办法》中对非物质文化遗产定义如下：

非物质文化遗产是指各族人民世代相承的、与人民群众生活密切相关的各种传统文化表现形式（如民俗活动、表演艺术、传统知识和技能，以及与之相关的器具、实物、手工制品等）和文化空间。

其中，这里所指的文化空间是指定期举办传统文化活动或集中展现传统文化表现形式的场所，需要指出的是这里的文化空间兼具空间性和时间性。非物质文化遗产的范围主要包括：口头传统，包括作为文化载体的语言；传统表演艺术；民俗活动、礼仪、节庆；有关自然界和宇宙的民间传统知识和实践；传统手工艺技能；与上述表现形式相关的文化空间。

（三）我国学术界关于非物质文化遗产的界定

国内学者在有关非物质文化遗产的定义上面，在充分尊重联合国教科文组织和我国政府有关定义的基础上，更加注重从我国文化的具体实际出发，有针对性地增加了一些能够体现中国特色的内容，充分展示了我国非物质文化遗产的现状和特色。非物质文化遗产的范围主要包括：

1. 各种口头表述形式

主要包括对群体有意义的诗歌、史诗、神话、民间传说以及其他形式的口头表述，也包括作为其载体的语言。

2. 传统表演艺术

主要包括戏剧、音乐、舞蹈、曲艺、杂技、木偶、皮影和宗教表演等表现形式。

3. 社会风俗、礼仪、节庆

包括重要的节庆、游戏、运动和重要集会等活动，如有原始感的打猎、捕鱼和收获等习俗，日常生活中的有意义的居住、饮食、习俗，人生历程的各种形式（从出生到殡葬）、亲族关系，以及确认身份的仪式、祭祀仪式和宗教仪式。

4. 有关自然界和宇宙的知识和实践

主要包括时空观念和宇宙观，对于宇宙与宗教的信仰、巫术、图腾崇拜文化，记数和算数方法，历法纪年知识，有关天文和气象的知识和预言，有关海洋、火山和气候的知识以及农耕活动和植物的知识等。

5. 传统的手工艺技能和文化创造形式

包括冶炼等传统工艺技术知识和实践，医药知识和治疗方法，书法与传统绘画，保健与体育知识，畜牧产品、水产品、果实的处理，食品的制作和保存，烹饪技艺，工艺美术生产、雕刻技术，包含设计、染色、纺织等环节在内的纺织技艺，丝织技术，包含文身、穿孔、彩绘在内的人体传统绘饰技术等。

二、非物质文化遗产的分类

2006 年 5 月 20 日，中华人民共和国国务院发出《关于公布第一批国家级非物质文化遗产名录的通知》，批准第一批国家级非物质文化遗产名录（共计 518 项），并予以正式公布。正式公布的《第一批国家级非物质文化遗产名录》将我国非物质文化遗产划分为 10 大类，即：民间文学；民间音乐；民间舞蹈；传统戏剧；曲艺；杂技与竞技；民间美术；传统手工技艺；传统医药；民俗。

但是，在后来的考察和保护工作中，学者们发现我国关于非物质文化遗产的这种分类法存在着缺陷。因此，我国民俗学者、民族民间文化的研究者们经过不断实践探索，在总结以往调查研究和保护经验以及多方学者检验讨论的基础上，采用先进的科学编码方法，对我国的非物质文化遗产又进行了分类。其中，由我国艺术研究院中国民族民间文化保护工程国家中心编写的《中国民族民间文化保护工程普查工作手册》第二部分非物质文化遗产分类代码，是非物质文化遗产分类体系研究的一项重要成果。

手册中将我国非物质文化遗产的种类分为两层。其中，第一层按照学科领域将其分为16个基本类别（一级类别），即：民族语言；民间文学；民间美术；民间音乐；民间舞蹈；戏曲；曲艺；民间杂技；民间手工技艺；生产商贸习俗；消费习俗；人生礼俗；岁时节令；民间信仰；民间知识；游艺、传统体育与竞技。

在这16个一级类别分类科目中，每一个一级类别又被细分为二级类别，作为非物质文化遗产分类代码结构的第二层级。如在一级类别民间文学目录下，二级类别主要有神话、传说、故事、歌谣、史诗、长诗、谚语、谜语和其他，共9个二级类别。

三、非物质文化遗产的特征

非物质文化遗产内容丰富、种类繁多，要想把握非物质文化遗产的内涵，我们必须掌握非物质文化遗产的基本特征。

（一）独特性

非物质文化遗产一般是作为艺术或文化的表达形式而存在的，体现了特定民族、国家或地域内的人民的独特的创造力，或表现为物质的成果，或表现为具体的行为方式、礼仪、习俗，这些都具有各自的独特性、唯一性和不可再生性。而且，它们间接体现出来的思想、情感、意识、价值观也都有其独特性，是难以被模仿和再生的。例如，剪纸艺术既是我国工艺美术中特有的一种艺术样式，也是民间流行的一种表达情感的手段，可用于日常的装饰，也可用于节日的庆贺。同时剪纸也是一种象征符号，充满了丰富的意义，是中国人特有的祈福和祝福的方式，有独特的审美价值。任何民族的文化、文明中都含有独特的传统的因素、某种文化基因和民族记忆，这是一个民族赖以存在和发展的“根”。失去了这些，也就失去了自己的特性和持续发展的动力。非物质文化遗产蕴含了特定民族的独特的智慧和宝贵的精神财富，是社会得以延续的命脉和源泉。

（二）活态性

非物质文化遗产重视人的价值和创造力，重视技术、技能的高超、精湛和独创性，以及通过非物质文化遗产反映出来的该民族的情感、智慧、思维方式和世界观、价值观等因素。非物质文化遗产虽然有物质的因素、物质的载体，但其价值并非主要通过物质形态体现出来，非物质文化遗产的表现、传承需要语言和行为等动态的过程。如音乐、舞蹈、戏剧等表演艺术类型，图腾崇拜、巫术、民俗、节庆等仪式，以及器物、器具的制作技艺都是在动态的过程中得以表现的。而且，非物质文化遗产的活态性还表现在其“灵魂”，即创生并传承它的那个民族（社群）在自身长期奋斗和创造中凝聚成的特有的民族精神和民族心理，集中体现为共同信仰和遵循的核心价值观上。具体而言，它表现在非物质遗产的价值、存在形念和特性等方面。非物质文化作为民族（社群）民间文化，它的存在必须依靠传承主体（社群民众）的实际参与，体现为特定时空下的一种立体复合的能动活动，如果离开这种活动其生命力便无法展现。一切现存的非物质文化事项，都需要在与自然、现实、历史的互动中，不断变化、变异和创新。总之，特定的价值观、生存形态以及变化品格，造就了非物质文化的活态性。

（三）传承性

从历时性来看，非物质文化遗产的传承主要依靠世代相传保留下来，一旦停止了传承活动，也就意味着消亡。其传承方式往往是口传心授，从而打上了鲜明的民族、家族的烙印，而传承人的选择和确定主要着眼于与被选择者的亲密关系和对其保密性的认可。通常，以语言的教育、亲自传授等方式，这些技能、技艺、技巧从前辈那里传到下一代，正是这种传承才使非物质文化遗产的保存和延续有了可能，成为历史的活的见证。

（四）流变性

从共时性来看，非物质文化遗产通过民间自发的相互学习等文化交流方式流传到其他民族、国家或区域，这就形成了非物质文化遗产的传播。但这种传播具有活态流变的性质，使得非物质文化遗产是继承与变异、一致与差异的辩证结合。其在传播过程中，常常与当地的历史、文化和民族特色相互融合，从而呈现出继承和发展并存的状况。但应该看到，虽然有变化和发展，但仍然存在基本的一致性；如果完全不同，也就失去了其特质。

（五）综合性

非物质文化遗产是各个时代生活的有机组成部分，是特定时代、环境、文化和时代精神的产物，必然与当时的社会生活有着千丝万缕的关系。而且，由于它基本上是集体的创造，从而与局限于专业或专家的文化有所不同，这就导致了它的综合性。其综合性表现在：从其构成因素来讲，非物质文化遗产往往是各种表现形式的综合，如戏曲就蕴含了文学、舞蹈、音乐、美术等多种表现方式；从功能来看，非物质文化遗产往往具有认识、欣赏、历史、娱乐、消遣、教育、科学等多种作用。例如，藏戏艺术有很强的综合性，它是我国较为古老的民族剧种之一，至今仍然流传于西藏、四川、青海、甘肃和云南、贵州等地以及印度等国，其主要剧目有《文成公主》《诺桑王子》等。

（六）民族性

民族性是非物质文化遗产的最大特点。非物质文化遗产是不脱离民族特殊的生活生产方式，是民族个性、民族审美习惯的“活”的显现。它依托于人本身而存在，以声音、形象和技艺为表现手段，并以身口相传作为文化链而得以延续，是“活”的文化及其传统中最脆弱的部分。因此对于非物质文化遗产传承的过程来说，人就显得尤为重要。

非物质文化遗产体现了特定民族的独特的思维方式、智慧、世界观、价值观、审美意识、情感表达等因素。有时，随着文化交流的深入，某种非物质文化遗产流传到了其他地方，不同民族会使其打上不同民族文化的烙印。从民族的形式特征方面看，民族的人种（包括肤色、形体等）、服饰（尤其是该民族创建期的有显著特色的服饰）、饮食、生产方式、语言、风俗等，大都受自然生态的影响很大，部分还有遗传的作用；从更深层的民族特性来看，世界观、信仰、思维方式、宗教观、价值观、民族的文化、心理结构、审美趣味、生活方式、民族认同等，这些因素是长期形成的，表现在日常生活和行为的方方面面，有很强的稳定性，不易改变。

（七）地域性

每一个民族大都有其特定的生活和活动的地域，该地域的自然环境对该民族有很大影响，进而会在此基础上形成该民族的文化特征。通常，非物质文化遗产既典型地代表了该地域的特色，也是该地域的产物，与该地域息息相关。离开了该地域，便失去了其赖以存在的土壤和条件，也就谈不上保护、传承和发展。从而，地域性既体现又进一步强化了非物质文化遗产的民族性。

第二节　非物质文化遗产旅游资源开发管理

一、开发和经营管理的原则

（一）因地制宜的原则

我国地域辽阔，旅游资源丰富，但东西差异显著，南北风格不同。不论开发何种非物质文化旅游资源，都应根据当地的资源情况和开发条件，作出符合实际的决策，做到因地制宜，具体应做到：开发的非物质文化旅游产品符合当地的社会经济发展状况，能满足近期客源市场的需求；产品内容要有地方特色；在对物质文化旅游资源开发的时候，既要注重对原文化的保护，又要注重对文化遗产的再创造和再设计；在建设过程中，尽量借鉴当地风格，使用当地材料。

（二）注重特色的原则

非物质文化遗产旅游资源自身已经形成特色，因此，保护特色是开发这类旅游资源的又一原则。注重特色能达到标新立异的效果，从而在激烈的市场竞争中保住自己的一席之地，发展和扩大自己的优势。我国开发非物质文化遗产旅游资源应该坚持中华民族的特色，因为只有民族的才是世界的。各地在开发旅游景点景区时，也应该强调地方特色，包括当地的资源特色、民族特色、文化特色。

（三）系统经营管理的原则

同自然旅游资源和人文旅游资源一样，非物质文化遗产旅游资源在其开发管理过程中也有许多的管理部门，这些管理部门具有各自特定的管理功能，它们有机结合起来，形成一个管理系统。因此，在非物质文化遗产旅游资源的经营管理过程中也应当将整个管理看作一个系统，科学有效地进行管理，以便非物质文化遗产旅游资源的社会效益和经济效益得到最大化的发挥和应用。

具体来说，在非物质文化遗产旅游资源的管理过程中要做到以下两点：

1. 明确的目标

明确的目标是高效运行的保障。非物质文化遗产旅游资源的管理，涉及文化部、民族研究机构、营销开发部门、财务部等，这些不同角色在非物质文化遗产旅游资源的经营管理中，会有不同的侧重点。但是，这些不同的部门应该有一个共同的管理目标，这样才能保障在开发和经营非物质文化遗产旅游资源的过程中，各个部门协调一致、高效能运行，最终达到非物质文化遗产旅游资源的社会效益、经济效益和生态效益最大化发挥。如果目标不明确，或确认目标错误，必将导致整个系统紊乱和管理混乱。

2. 管理系统的整体性和层级性

非物质文化遗产旅游资源的开发管理不仅涉及遗产传承者、遗产所在地居民、遗产资源开发企业、旅游者和国家等多方面、多层级，而且涉及食、住、行、游、购、娱这旅游六要素。因而，在对非物质文化遗产旅游资源开发和经营管理的过程中，应该注重整个系统的协调性和层级性。没有整体性，开发管理就会一片混乱，从而破坏非物质文化遗产旅游资源。同样，在管理过程中，如果不注重层级性，没有明确的分工、合作，就会出现管理落实不到位，散漫无序的现象。

二、具体开发模式

在对非物质文化遗产旅游资源开发管理中应该根据多种分类模式，有针对性地进行开发和管理。

（一）民间表演艺术类

民间表演艺术类非物质文化遗产旅游资源可采用俱乐部式的开发模式。由旅游企业出面组织，在非物质文化遗产资源富集地，建立民间表演艺术爱好者俱乐部，在自愿、互助、互惠的基础上吸纳旅游者和当地居民参与。俱乐部活动的设计以满足旅游者社交需要、娱乐需要、社会需要、促进非物质文化遗产的传播与保护为目的，以表演类非物质文化遗产为资源，以欣赏、学习、参与非物质文化表演节目为活动内容。俱乐部成员的构成可分为两部分：一是当地居民，具有固定性；二是前来旅游观光的旅游者，具有流动性。成员性质不同，拥有的权利和义务也不同。居民成员负责俱乐部活动内容的开发工作，并定期向旅游者成员征询俱乐部活动设计、安排意见，通报俱乐部活动，邀请他们参与；旅游者成员须承担相应的活动项目经费，定期交纳俱乐部会费，并享有免费参与俱乐部活动、免费食宿的权利。俱乐部式开发模式将非物质文化遗产的知识性、趣味性、文化性融入旅游活动，它有效地利用了现代娱乐活动的组织方式，既调动了旅游者的参与性、积极性，又提高了地区非物质文化遗产旅游产品的知名度。

（二）民间美术和记忆类

民间美术和记忆类非物质文化遗产旅游资源可采用博物馆式开发模式。博物馆作为一种搜集、保管、研究、陈列有关历史、文化、艺术、科技等方面的文物或标本的机构，不仅是展览一个国家和民族文明的重要窗口，而且是进行国民教育、科普宣传、历史文化和艺术熏陶的重要课堂。博物馆开发模式包括：一是在工艺美术、工艺技艺资源比较丰富典型的地区，对其进行整理收集，建立成具有地域特色的非物质文化遗产博物馆；二是对工艺美术、工艺技艺两个大类非物质文化遗产进行细分，建立专项非物质文化遗产博物馆，如民间刺绣博物馆等。在馆内，由高素质的导游人员进行翔实的讲解，或配有简洁明了的图文说明，或通过生动形象的录像满足旅游者观光层次的需要。博物馆式开发是一种大众化旅游产品的开发模式，可以满足现代人们求知的旅游需求，促进旅游业的繁荣。

另外，由于这种非物质文化遗产的特殊性，我们还可以采用集市式开发模式和工艺生态村开发模式。

（三）民俗类

民俗类非物质文化遗产旅游资源可选择实地民俗文化村开发模式和节庆式开发模式。实地民俗文化村是指在民族地区较典型的村落进行民俗文化的开发、经营保护和利用，以此展现一个民族的生活现状。

民俗活动是参与性极强，体现人与人广泛交往的社交文化活动。它通过民间习俗这个载体，为社区居民与居民、社区居民与游客、游客与游客的社会文化交往提供了一个活动空间。对民俗活动进行节庆式开发模式时，应注意以下几点：慎选节庆举办地点，要遵循交通便利、特色突出、文化内涵深厚、资源丰富的原则；谨慎选定节庆主题，要综合分析，广泛征询意见。如春节习俗的旅游开发，春节是最重要的传统节日，各地习俗不同，可充分利用春节习俗和饮食习俗，推出以春节为主题的旅游项目，提供与春节主题旅游活动性质相关的食宿、交通、娱乐等旅游服务。

（四）民间文学类

民间文学类非物质文化遗产旅游资源的开发可采用茶馆式开发模式。茶馆是一种多功能的饮茶场所，一方面可以品茶，另一方面也为人们聚会、休闲、社会交往提供了良好的场地。茶馆根据设计装潢的不同风格以及所在地区的状况，可分为庭院式茶馆、厅堂式茶馆、乡土式茶馆、综合式茶馆等。可根据其功能和类型的不同，建立不同的主题茶馆。例如，在民间文学流传城市地区的娱乐休闲中心或旅游景区内建立庭院式民间文学茶馆；在民间文学流传的乡村地区，建立乡土式民间文学茶馆。茶馆经营的产品除传统的品茶、美食品尝外，可提供百家讲坛、谜语天地等休闲产品。游客可以坐在八仙桌旁边品茶，边听故事、猜谜语，享受茶馆的惬意氛围。民间文学茶馆建立应注意三点：

一是选择的地点要交通方便、具有地域特色；二是民间故事主讲人的选择要适宜；三是茶馆氛围的营造要具有特色性、传统性、舒适性。

（五）医药知识类

对医药知识类非物质文化遗产旅游资源的开发可采用度假村式开发模式。即在医药非物质文化遗产特色突出的地区建立度假村，利用我国传统医学为游客提供康乐保健服务，可推出中医美容旅游、中医健身旅游、中医医疗旅游等活动项目。例如，在西藏、云南、四川等医药类非物质文化遗产集中地，利用当地自然与文化资源，建立中医度假村，在度假村内建立医药知识旅游点、针灸按摩推拿馆、足疗保健馆等场所对医药类非物质文化遗产资源进行系列开发，让旅游者通过参与这些中医药旅游活动，获得健康、欢乐和知识。

第三节　非物质文化遗产旅游资源保护管理

联合国教科文组织《保护非物质文化遗产公约》中，对保护对象的具体内容进一步进行了阐述，包括遗产各个方面的确认、立档、研究、保存、保护、宣传、弘扬、传承（特别是通过正规和非正规教育）和振兴。非物质文化遗产的保护是一项系统的文化工程，它包括深入民间的田野考察、清点，对非物质文化遗产的确认、评定，通过建立数据库等方法对非物质文化遗产立档、保存，对其文化内涵、审美价值的探索、研究，对传承人的扶植与保护，对非物质文化遗产的宣传、弘扬，以及做好传承中的振兴工作，等等。这一概念揭示了非物质文化遗产保护的根本目标，即维护和强化其内在生命，增进其自身可持续发展的能力，确保非物质文化遗产的生命力。

一、非物质文化遗产保护的基本方式

非物质文化遗产保护的基本方式，主要有如下几项：

第一，建立保护名录制度。非物质文化遗产代表作名录体系的建立是保护工作的基础，既是抢救保存的前提，也是传承、弘扬的依据。

第二，将非物质文化遗产转变为有形的形式。通过搜集、记录、分类，建立档案，用文字、录音、录像、数字化媒体等手段，对保护对象进行全面、真实、系统的记录，并积极搜集有关实物资料，予以妥善保存。

第三，维持非物质文化遗产在其产生和发展的原生环境中的最初活力。

第四，实现产业化的保护方式。在保护的基础上，注重发展其经济效益，实现生产性、产业化的保护方式。

第五，注重对文化传承人的保护。非物质文化遗产作为活态文化，其精粹是与具有该项目代表性的传承人联结在一起的，因此对项目传承人的保护应该是保护工作的重点，要以传承人为核心主体，通过传授、培训以及宣传，使非物质文化遗产项目得到传承，传承人的地位得到尊重。

二、非物质文化遗产保护的基本原则

以上几种保护的基本方式是建立在立法保护的基础之上的，我们在保护非物质文化遗产的过程中应该坚持保护原则和保护方式紧密联系、互相补充。

第一，坚持抢救和保护并重的原则。多数非物质文化遗产具有很强的地域性、脆弱性和不可再生性，这就要求我们在开发和保护非物质文化遗产的进程中坚持抢救和保护并重的原则。

第二，坚持积极保护的原则。非物质文化遗产活态性、流变性的特点，决定了我们要尽可能避免以静止、凝固的方式去保护它们。在既不改变其按内在规律自然演变的生长过程，又不影响其未来发展方向的前提下，尽可能寻找生产性保护的方式及与旅游开发等的良性互动结合。

第三，坚持创造整体性社会保护的环境的原则。任何民族、社区或地域群体，非物质文化遗产的遗存都不会是单一的。因此，从保护方式和形成保护生态两方面创造整体性保护的环境十分重要。只有这样，众多非物质文化遗产项目才会在交互的影响中得到更好的延续和发展。

三、非物质文化遗产保护的具体措施

（一）立法保护

非物质文化遗产是不可再生的珍贵的文化资源，必须加强对它们的保护。在人们的文化保护意识还没有充分树立起来之前，立法显得格外重要。并且，保护非物质文化遗产不是短期行为，而是一项长期而艰巨的系统工程，需要一代代人们的努力。要实施好这项工程，仅有应急性措施是远远不够的，必须有坚实的法律和政策的规约和保障。可以说对非物质文化遗产的法律保护，是进行抢救与保护非物质文化遗产工作的前提和基础。目前，我国有关非物质文化遗产方面的法律法规有《中华人民共和国非物质文化遗产法》《传统工艺美术保护条例》《国家非物质文化遗产保护专项资金管理办法》《中国非物质文化遗产标识管理办法》以及各种地方法令法规等。我国有关非物质文化遗产的法令法规已经相当成熟和完善，健全的法律法规，使得我国的非物质文化遗产保护工作有法可依、有章可循，而现阶段保护工作最主要的任务是要确实做到依法办事、执法必严。

（二）建立科学管理机制

我国的非物质文化遗产种类繁多、覆盖广阔，保护工作涉及许多政府行政管理部门，如文化部门、文物部门、旅游部门、公安部门、工商部门等。《中华人民共和国非物质文化遗产保护法》中规定："国务院文化主管部门负责全国非物质文化遗产的保护、保存工作；县级以上地方人民政府文化主管部门负责本行政区域内非物质文化遗产的保护、保存工作。县级以上人民政府其他有关部门在各自职责范围内，负责有关非物质文化遗产的保护、保存工作。这部法律的颁布实施不仅从法律上确立了文化部门作为保护非物质文化遗产的行政主管部门的地位，而且由于有了法律的授权，其能更好地履行管理职责。

（三）加强宣传教育

人民群众是非物质文化遗产的创造者、传承者，也是非物质文化遗产的保护者。保护非物质文化遗产的工作，倘若没有人民群众的参与，就不能收到良好效果。所以，抢救与保护非物质文化遗产不是某些部门、某些人的事，而是一个全社会共同参与，且常抓不懈的大事，这件大事应当成为全民的共识、全民的自觉行动。我们应通过新闻媒体，加强舆论宣传，调动广大群众的积极性，使人人都懂得保护非物质文化遗产的重要性，明白为什么要保护，以及怎样保护，在全社会形成爱护、保护非物质文化遗产的风气。

（四）重视人才队伍建设

保护工作的开展离不开专业理论知识和实践经验的指导。非物质文化遗产保护方面的专家经过长期的保护研究已经形成了一套完备的，具有很强指导性的理论，这为保护抢救工作的开展提供了理论依据。

而培养非物质文化保护工作方面的人才，是确保非物质文化资源保护工作有效持续推进的保障。因此，在我们的抢救保护非物质文化遗产旅游资源的过程中还应该注重人才的培养，通过开展传承和培训工作活动，建设高效能的非物质文化旅游资源从业人员队伍。如蒙古族长调民歌大师哈扎布、长调女歌唱家宝音德力格尔，退休后回到草原故乡，举办长调歌手培训班，培养出一批优秀弟子，为蒙古族长调民歌的传承提供了有力的保证。浙江绍兴市群众艺术馆为了对绍兴平湖调进行抢救性保护，先后举办了绍兴平湖调的少儿班、成人班，定期进行培训。新昌县为了抢救保护新昌调腔这一“戏曲活化石”，组织了调腔培训班，并在此基础上组建起了新昌调腔剧团，收到了很好的效果。

（五）建立系统科学的非物质文化遗产体系

对非物质文化遗产的保护和管理是一项浩大的系统工程，它不仅仅涉及文化的多样性和国家的政治文化体制，而且还与当代国家的经济发展密切相关。因此，建立系统、科学的非物质文化遗产体系是保护管理工作的重中之重。

首先，开展普查工作，收集整理资料，建立完整的资料数据库。普查工作是抢救与保护非物质文化遗产的首要任务。其中的一项重要工作是采集作品和记述民俗。全面而科学地采集好非物质文化遗产作品，忠实地记录各种民俗文化现象，才能保存流传至今的非物质文化遗产的真实面貌，从而为我们从民间文化角度研究民众的思想和世界观提供可能，为党和政府制定、实施非物质文化遗产保护规划乃至文化发展国策提供可靠而科学的依据。所以，做好普查工作，摸清底数，才谈得上对遗产旅游资源的保护和管理。

其次，建立和完善国家级、省级、市级和县级的非物质文化遗产名录。通过非物质文化遗产名录体系的建设，逐步形成健全的国家级、省级、市级、县级的四级宝塔形遗产保护体系，推动我国遗产资源保护管理工作的有序健康、持续发展。

最后，做好遗产资源的评估鉴定工作，命名非物质文化遗产的杰出传承人。保护和管理非物质文化遗产，既是为了守护我们的精神家园，也是为了在文化传承中为新时代的文化创新提供不竭的动力。当今时代，文化力成为经济社会发展的重要推动力在本质上决定着人类的生产和生活方式，而非物质文化遗产是增强国家软实力的深厚的精神资源和文化根基。我们要立足于非物质文化遗产的保护，继承优秀传统，促进文化创新，不断增强文化力，推动国家发展软实力，创造一个更加有利于可持续发展的和谐社会。

【本章小结】

1. 联合国教科文组织《保护非物质文化遗产公约》中将非物质文化遗产定义为：被群体、团体、有时为个人所视为其文化遗产的各种实践、表演、表现形式、知识体系和技能及其有关的工具、实物、工艺品和文化场所。

2.《国家级非物质文化遗产代表作申报评定暂行办法》将非物质文化遗产定义为：各族人民世代相承的、与人民群众生活密切相关的各种传统文化表现形式（如民俗活动、表演艺术、传统知识和技能，以及与之相关的器具、实物、手工制品等）和文化空间。

3. 非物质文化遗产具有独特性、活态性、传承性、流变性、综合性、民族性和地域性等特征。非物质文化遗产开发与经营应遵循因地制宜的原则、注重特色的原则和系统经营管理的原则。针对民间表演艺术类、民间美术和记忆类、民俗类、民间文学类和医药知识类不同类型的非物质文化遗产应采用不同的开发模式。

4. 非物质文化遗产保护的基本方式主要有：建立保护名录制度、将非物质文化遗产转变为有形的形式、维持非物质文化遗产在其产生和发展的原生环境中的最初活力、实现产业化的保护方式和注重对文化传承人的保护。非物质文化遗产保护的具体措施主要有：立法保护、建立科学管理机制、加强宣传教育、重视人才队伍建设、建立系统科学的非物质文化遗产体系。

【复习思考题】

1. 什么是非物质文化遗产旅游资源？
2. 非物质文化遗产旅游资源的特征有哪些？
3. 是否应该开发非物质文化遗产？怎样开发？
4. 在开发非物质文化遗产的过程中，应该遵守什么样的原则？

【案例分析】

《印象刘三姐》

2004年3月，首部开世界和中国山水实景演出先河的原创性文化精品——《印象刘三姐》在桂林阳朔漓江书童山下公演，自此印象系列风靡中国。其中，《印象刘三姐》一直保持着全国演出业中观众最多、影响力最大、年营业额最高的演出地位，堪称我国文化产业的成功范本。

《印象刘三姐》由国内著名导演张艺谋、王潮歌和樊跃等携手中外67名艺术家加盟创作，演出方案修改了19次，投资近1亿元人民币，历时5年零5个月。歌剧因地制宜，以漓江水域为舞台，以12座山峰和广袤天穹为背景，创造性地将壮族歌神——刘三姐的山歌、广西少数民族风情、漓江渔火等多种元素融入桂林山水之中，诠释了人与自然的和谐关系。全场演出约70分钟，演出人员约700人，整个演出如梦如诗、气势恢宏。

在立项之初，《印象刘三姐》就确立了整体营销思路。公司引入了日本理光公司桂林销售总监出任票务销售总管，联络各大旅行社，把文化与旅游产业捆在一起，形成利益共同体，把票务市场做大，形成多赢。此外，整个《印象刘三姐》及其园区工程由清华大学建筑学院设计，遵循绿色艺术、环保先行的理念，特别强调保护漓江江岸和水面的原生状态，打造园区环保的品牌。在园区周边建设道路、绿化、停车场、餐饮、足浴、桑拿等配套项目，加上桂林阳朔丰富的休闲旅游方式，如骑自行车、登山、攀崖、泥浴、看演出、民俗游、逛东街、游西街等，形成了一条多环节联动的产业链，保证了项目的可持续发展。《印象刘三姐》开创了文化产业发展票房销售—带动旅游—地产增值—商业服务—拉动就业—品牌效应—吸引投资—股份升值的新模式。

在参演的人员中，《印象刘三姐》三分之二的演员是附近农村的渔民。他们白天劳作，晚上划着渔舟演出，既真实地展现了漓江儿女古朴的生产生活方式，又增加了收入。此外，作为产业后续发展，项目组还建立了张艺谋漓江艺术学校，以教学—实践—就业一条龙为办学模式。学校毕业生部分考入专业艺术高校和文艺团队，部分被《印象刘三姐》的演出机构录用为演职员，既发掘了艺术人才，也保证了演出队伍人员的稳定和质量。

《印象刘三姐》不仅带动了当地经济的发展、人们生活水平和当地知名度的提高，其形成的经济、社会、文化、生态等多方面的良好综合效益，反过来又让《印象刘三姐》这个文化品牌更具有知名度。

分析内容：《印象刘三姐》的开发与经营对于地方文化的传承和保护起到了什么作用？

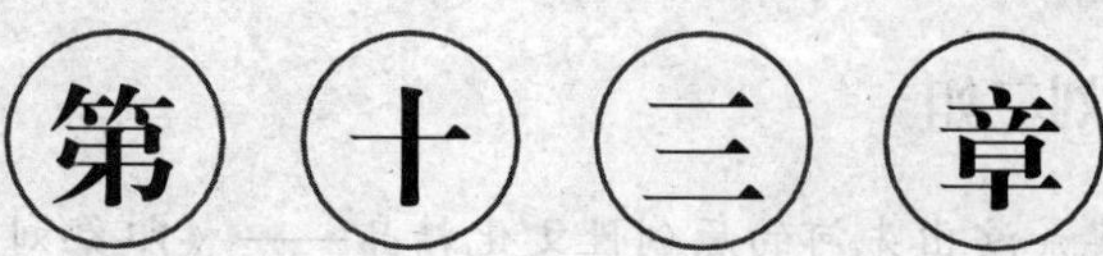

第十三章 旅游资源利用的可持续发展

【学习目标】

学习本章后，你应该能够：

1. 了解可持续发展理论的相关概念；
2. 理解旅游业发展与可持续发展理论之间的关系；
3. 理解旅游业可持续发展的基本思路；
4. 掌握旅游业可持续发展的实现形式。

【章前引例】

广东台山市是著名的侨乡，依山临海，风景秀美，拥有温泉、海岛、生态、侨乡文化等丰富的旅游资源，丰富而独特的旅游资源既为台山市带来了可观的旅游收入，又为台山市打造旅游强市奠定了基础。

然而，在台山市旅游业快速发展的同时，很多问题也随之暴露出来，特别值得注意的是旅游资源的保护及可持续发展问题。台山市政协经济科技委员会通过一系列的调查，发现的问题主要表现在以下两个方面：一方面，由于资源保护意识薄弱，职责不明确，措施不到位，一些优质旅游环境和资源遭到破坏。另一方面，部分具备优质旅游资源的景区，由于规划水平低，很多资源都在规划过程中被无端糟蹋。例如：赤溪半岛铜鼓环岛公路旁乱建大排档，大煞风景，引起很多游客尤其是摄影爱好者强烈不满；三合镇嘉怡酒店规模小，以不规范渠道获取温泉资源，如放纵这种行为很容易重蹈从化温泉资源枯竭的覆辙；梅家大院的一些古老建筑随意翻新，与原建筑风貌格格不入；北峰山国家森林公园建筑布局混乱，风格也与周边自然环境很不协调；浪琴湾粗放经营，缺乏管理，脏乱差现象严重；飞沙滩、王府洲海浴场沙质化现象日渐恶化，亟待采取保护措施。这些严重影响了台山市旅游资源的可持续发展，必须引起高度重视。

第一节 可持续发展理论概述

一、可持续发展理论概述

自18世纪资产阶级工业革命爆发以来，社会生产力得到了空前解放，社会经济迅速发展，人类更是以牺牲赖以生存的环境为代价换取经济的增长，从而导致气候变暖、海平面上升、资源枯竭等危及人类生存与发展的全球性问题。20世纪60年代以后，随着公害问题的加剧和能源危机的出现，人们才逐渐认识到经济、社会和环境协调发展的重要性。

1962年，美国作家蕾切尔·卡逊的生态文学作品《寂静的春天》出版，揭露了人类滥用杀虫剂而导致灾难的具体事件，首次鲜明地将“生态”的概念注入人们的头脑中，标志着人们开始正视自己的行为，关心环境的时代的来临。1972年，联合国第一次人类环境会议在瑞典首都斯德哥尔摩举行，正式讨论了可持续发展的概念，第一次提出了“环境与发展”这一主题。1980年国际自然保护同盟的《世界自然资源保护大纲》向世界提出“必须研究自然的、社会的、生态的、经济的以及利用自然资源过程中的基本关系，以确保全球的可持续发展”，由于当时的人们缺乏环境保护的意识，这一观念并未在世界范围内得到理想的响应效果。1987年，世界环境与发展委员会（WCED）出版《我们共同的未来》报告，将可持续发展定义为“既能满足当代人的需要，又不对后代人满足其需要的能力构成危害的发展”。这一定义也是目前被学术界普遍引用并广泛认可的关于可持续发展的界定。1992年6月，在里约热内卢召开的联合国环境与发展大会上，全球100多个国家的首脑共同签署了《21世纪议程》，通过了以可持续发展为核心的《里约环境与发展宣言》。

自此之后，世界各国相继发表宣言和行动计划，掀起了经济和社会可持续发展的浪潮。如今，可持续发展理论已经成为世界范围内人类经济、社会发展的重大课题。

二、可持续发展的基本特征

（一）追求经济增长的质量

经济可持续发展是社会、环境可持续发展的基础。可持续发展强调经济增长的必要性，必须通过经济增长提高当代人生活水平，增强国家实力和社会财富。但可持续发展不仅要重视经济增长的数量，更要追求经济增长的质量，这就是说经济发展包括数量增长和质量提高两部分。数量的增长是有限的，而依靠科学技术进步，提高经济活动中的效益和质量，采取科学的经济增长方式才是可持续的。

（二）资源的永续利用和良好的生态环境

生态环境的可持续发展是实现经济、社会可持续发展的条件，经济和社会发展不能超越资源和环境的承载能力。可持续发展以自然资源为基础，同生态环境相协调，它要求在保护环境和资源永续利用的条件下，进行经济建设，保证以可持续的方式使用自然资源，使人类的发展控制在地球的承载力之内。要实现可持续发展，必须使可再生资源的消耗速率低于资源的再生速率，使不可再生资源的利用能够得到替代资源的补充。

（三）谋求社会的全面进步

实现社会可持续发展是可持续发展的最终目的。发展不仅仅是经济问题，单纯追求产值的经济增长不能体现发展的内涵。可持续发展的观念认为世界各国的发展阶段和发展目标可以不同，但发展的本质应当包括改善人类生活质量，提高人类健康水平，创造一个保障人们平等、自由、教育和免受暴力的社会环境。在人类可持续发展系统中，经济发展是基础，自然生态环境保护是条件，社会进步才是目的。而这三者又是一个相互影响的综合体，只要社会在每一个时间段内都能保持与经济、资源和环境的协调，这个社会就符合可持续发展的要求。

三、可持续发展的基本原则

（一）公平性原则

所谓公平是指机会选择的平等性。可持续发展的公平性原则包括两个方面：一方面是本代人的公平即代内之间的横向公平；另一方面是指代际公平性，即世代之间的纵向公平性。可持续发展不仅要实现当代人之间的公平，而且也要实现当代人与未来各代人之间的公平，因为人类赖以生存与发展的自然资源是有限的。从伦理上讲，未来各代人应与当代人有同样的权力来提出他们对资源与环境的需求。可持续发展要求当代人在考虑自己的需求与消费的同时，也要对未来各代人的需求与消费负起历史的责任，因为同后代人相比，当代人在资源开发和利用方面处于一种无竞争的主宰地位。而各代人之间的公平要求任何一代都不能处于支配的地位，即各代人都应同样有选择的机会空间。

（二）持续性原则

持续性是指生态系统受到某种干扰时能保持其生产力的能力。资源环境是人类生存与发展的基础和条件，资源的持续利用和生态系统的可持续性是保持人类社会可持续发展的首要条件。这就要求人们根据可持续性的条件调整自己的生活方式，在生态可能的范围内确定自己的消耗标准，要合理开发、合理利用自然资源，使再生性资源能保持其再生产能力，非再生性资源不至过度消耗并能得到替代资源的补充，环境自净能力能得以维持。可持续发展的可持续性原则从某一个侧面反映了可持续发展的公平性原则。

（三）共同性原则

可持续发展关系到全球的发展，要实现可持续发展的总目标，必须争取全球共同的配合行动，这是由地球整体性和人类相互依存性所决定的。因此，致力于达成既尊重各方的利益，又保护全球环境与发展体系的国际协定至关重要。正如《我们共同的未来》中写的“今天我们最紧迫的任务也许是要说服各国，认识回到多边主义的必要性”，“进一步发展共同的认识和共同的责任感，是这个分裂的世界十分需要的”。实现可持续发展就是人类要共同促进自身之间、自身与自然之间的协调，这是人类共同的道义和责任。

四、旅游与可持续发展

对于旅游业，人们有不同的认识：一种认为，旅游业是一项投资少、见效快、产出高的无烟产业，不像其他产业那样对环境造成污染；另一种认为，旅游资源主要是由可再生性资源组成，而旅游消费又基本上是一种“感觉消费”或“精神消费”过程，因此旅游资源不存在枯竭问题。其实不然，随着现代旅游业的发展，人们只片面地看到旅游所带来的经济效益，而忽略了旅游所带来的负面影响。透过现代旅游业快速发展的光环，冷静地观察其背后，就不难发现，一方面旅游促进社会、经济和文化的发展，另一方面对旅游资源的掠夺性开发、对旅游景区的粗放式管理、对旅游环境的污染、对旅游氛围的破坏比比皆是，结果导致旅游的社会经济和文化作用也在减弱，旅游的消极影响日益显现，并迅速损害旅游业赖以存在的环境质量，威胁旅游业的可持续发展。

旅游、自然、社会文化与人类环境的和谐统一，实现旅游者与旅游目的地之间的利益协调，实施旅游可持续发展，是满足当前和未来旅游业发展的必由之路。旅游业可持续发展是在保护自然和人文环境下，为旅游者提供高质量的旅游环境，兼顾旅游目的地居民的生活水平，以系统的、协调的、全局的、长远的方式来发展旅游，协调旅游目的地生态环境、旅游目的地社区和居民、旅游者三者之间的关系，使旅游业稳定、健康、可持续发展。

（一）旅游业可持续发展的主要内容

第一，满足旅游目的地与旅游者的双重需要，即发展旅游业应在满足旅游目的地的需要，提高和改善居民的生活水平和生活质量的同时，又满足旅游者的旅游需要。

第二，旅游发展限制，即旅游与旅游业的发展要适时又适度。旅游可持续发展的首要标志，就是旅游的开发要与环境条件相协调统一。旅游业可持续发展只有在保护环境的基础上实现旅游资源优化配置，才能保证旅游环境系统自我调节功能的正常发挥，而最终达到旅游与旅游业可持续发展的目的。

第三，公平合理。一是指同代人的社会平等，二是指不同代人之间的平等。其核心是体现对旅游资源具有平等享受的条件和机会，即可持续旅游与旅游业发展必须与当地人民相联系，使其具有参加旅游开发的决策权与平等分享旅游活动所带来的经济、社会和文化利益，特别是直接和间接就业方面的利益，同时又不能危及后代子孙的利益。

（二）旅游业引入可持续发展理念的必然性

首先，环境保护成为旅游业可持续发展的内在要求。良好的环境是旅游业建立和发展的前提，是一个国家或地区旅游业赖以存在和发展的最基本条件。“二战”后，全球经济的迅速发展是以全球性的生态破坏和环境污染为代价的，损害了作为旅游生存和发展基础的旅游资源和环境，也大大降低了旅游的质量。

其次，随着旅游业的规模越来越大，旅游活动所涉及的范围越来越广，旅游业对环境、生态的负面影响日益凸显出来。不合理的旅游开发对环境的负面影响使人们不得不审视“旅游是无烟工业”观点的局限性。人们开始意识到旅游也会带来污染，发展旅游也要有可持续发展的思想。

最后，旅游需求的变化也促使旅游必须引入可持续发展理念。全球生态环境的恶化引起人类社会对环境质量的普遍关注和对传统大众旅游方式的反思。随着人们环境意识的增强，旅游客源市场对旅游的感知、期望、态度和价值观念取向也发生了相应变化。越来越多的旅游者追求一种知性之旅，即在旅游过程中接受知识和文化的洗礼，在大自然的怀抱中陶冶情操、放松身心、增长知识、开阔视野。

（三）我国旅游业可持续发展面临的主要问题

尽管独特的自然景观和历史文化遗址，为我国旅游业的开发和发展提供了丰富的旅游资源，但旅游业所面临的实际环境问题却不容乐观。由于人们对旅游与环境之间的关系尚缺乏科学理解，那种“旅游业是无烟工业”的观念还较流行，生态旅游的发展大多还停留在初级阶段，强调对旅游资源的开发而忽视了旅游本身对环境的影响和资源的破坏，主要表现在以下几个方面：

1. 旅游资源的粗放开发和盲目利用

许多地区在开发旅游资源时，缺乏深入的调查研究和全面的科学论证、评估与规划。特别是新旅游区的开发，由于开发者急功近利，在缺少必要论证与总体规划的条件下，便盲目地进行开发，造成许多不可再生旅游资源的损害与浪费。如被誉为“童话世界”的九寨沟，由于上游和周边森林大面积砍伐，这里原湖泊水位每年降低 6 ~ 30 厘米，致使黄龙钙华堤已开始退化、变色。如再不采取保护措施，这里的岩溶湖将会过早衰亡。

2. 生态旅游发展存在诸多问题

我国生态旅游发展起步较晚，其发展过程存在诸多问题。主要表现在：各种冠以生态旅游字样的项目大量涌现；各地在制定旅游规划中，都毫无例外地将生态旅游作为主要的、新型的产品；用衡量大众旅游发展的指标（如旅游收入和人次）来衡量生态旅游的发展等。

3. 旅游者的不文明旅游加重了旅游景点的破坏

旅游景点经常会出现旅游者攀爬名胜古迹，在部分古迹上乱刻乱画的现象，名胜古迹的本来风貌和存在寿命受到严重威胁。旅游者随手丢垃圾的不良行为，也大大影响到风景区的美观。更有少数旅游者，在旅游区内进行狩猎、采集、露营、野炊等活动，这既加重了旅游区的生态负担，又可能造成物种的减少，使旅游区的生态平衡受到严重破坏。

（四）旅游业实现可持续发展的思路

为使旅游业持续发展，充分发挥旅游业的经济效益和社会效应，针对我国旅游业可持续发展中面临的主要问题和障碍，提出如下相关思路，以期更好地探索旅游业可持续发展之路。

1. 加强宣传教育，提高公民的环保意识和可持续发展意识

通过发展教育提高从业人员素质是旅游业可持续发展的保证。旅游业是一个涵盖范围非常宽泛的综合性产业，相应地，对于旅游的宣传教育内容也是一个非常复杂的综合系统。这就要求旅游教育必须紧跟旅游业的发展态势，深入研究旅游业的发展特点，从中选择旅游教育的主体内容。旅游区的管理者、经营者、旅游者及当地居民素质的高低，直接影响着旅游景区可持续发展的质量与综合效益，因此要树立公民的环境保护意识和忧患意识，做到自觉地保护旅游资源，保护生态环境。同时要克服“旅游业是投资少、收效快”的朝阳产业的片面思想，把旅游资源和生态环境的保护和建设纳入旅游景区可持续发展的轨道上来。

2. 在旅游资源开发过程中，要坚持可持续发展的方式

旅游资源开发需要各级政府机构、社会组织和公众的广泛参与和合作，因此，国家应建立全国性的旅游资源开发规划和相应的管理法规，以指导和协调旅游资源开发，约束旅游资源开发中的不良行为，把旅游资源开发中的外部不经济效应减小到最低程度。同时，政府还应更多地采取排污收费制度、环境税、押金制度、排污交易制度等经济手段，通过财政和金融措施对那些有利于环境保护和有效利用资源活动的或是能够产生积极作用的外部性活动者提供支持，包括各种优惠贷款、赠款、补贴以及有利于可持续发展的基金等形式，使旅游环境问题在旅游业发展过程之中得到解决。

3. 加强对旅游环境保护的宏观管理

旅游环境保护工作应突出“防胜于治，防先于治”的管理思想，使旅游环境保护工作宏观地贯串旅游规划、开发、发展和巩固等各个阶段。规划时，应通过科学合理的环境预测和估计，对环保的点、面可能造成破坏的程度和范围以及景区超载情况的有效调控等问题进行宏观管理，应切实避免旅游开发与发展中重产值、轻环境的短期行为。

第二节　旅游资源的可持续利用

旅游资源是实现旅游业可持续发展的物质基础，在对旅游资源进行开发的过程中，必须正确处理旅游资源保护和利用这一现实矛盾。在“度假时代”大背景下，一方面是旅游业的迅猛发展，另一方面是旅游资源在有效利用等方面面临的压力和威胁越来越大。旅游资源的可持续利用是旅游业可持续发展的核心问题，是旅游业实现良性生命周期演化的根本途径，也是实现旅游资源开发与利用效益平衡点的关键，已经成为旅游资源开发利用的共识。与此同时，在推进旅游资源可持续利用的过程中，创新管理是一种实现旅游资源可持续利用的有效方式，可以有效促进旅游资源吸引力的再生与更新。

旅游资源的可持续利用是指既满足当代人的需要，又不损害后代人的旅游活动的资源开发和利用。旅游资源可持续利用实际上是一种代际分配合理，部门配置得当，空间布局优化，经济、社会和生态综合效益得到最佳发展的旅游资源利用方式。其基本内涵是在综合考虑旅游资源和环境资产的跨代配置基础上，逐步提高旅游资源的生产能力和承受能力，为旅游业的可持续发展提供永续的资源利用条件。它以生态环境效益、社会环境效益和文化环境效益为前提，保护自然资源和旅游资源的旅游环境，尽量减少对环境的破坏；以经济效益为中心，通过科学的规划、开发、利用，不断提高旅游资源的利用效率和利用效益；以社会效益为目的，满足人类精神文化的需要，促进社会稳定、可持续发展。

一、旅游资源的绿色可持续利用

要实现旅游资源的保护利用，就要对旅游资源进行绿色开发。绿色开发基本包括三个方面：首先，在旅游资源的开发观念上，变单纯追求经济效益为追求经济效益、社会效益和环境效益相统一。其次，实现从追求规模到追求效益的转变。由于受传统经济发展模式的影响，我国旅游产品开发存在片面追求发展规模，而不注意旅游资源的利用度的问题。目前旅游景点开发的热潮仍然在持续，这就造成了传统景点的客流分流的态势加强，使得各景区要从单纯追求人数、追求规模过度到深化利用、追求效益、延长停留时间上，变资源消耗型开发为内涵拓展型开发。而延长停留时间的最主要办法就是挖掘旅游资源开发利用的文化内涵，增加景区娱乐参与节目，提高产品的科技含量，广泛利用社会资源。这样，既丰富了旅游者的科学知识，又满足了其好奇心，并可带动当地经济的发展。最后，在旅游资源的开发规划上，应坚持规划先行、保护第一和可持续发展原则。

二、旅游资源的深度开发可持续利用

旅游资源的深度开发改变了过去对旅游资源的粗放式开发利用，是提高旅游资源利用率的有力手段。旅游资源深度开发是一个系统工程，是将各类旅游资源进行科学配置、有机组合而形成高质量旅游产品的基础开发过程。旅游资源的深度开发可以通过以下几种途径进行：

（一）深度挖掘旅游资源的文化内涵

文化内涵是旅游发展的灵魂，文化性是旅游产品生命的精髓。旅游产品的竞争可以分为三个层次，最低层次的竞争是价格竞争，第二层次的竞争是质量竞争，处在最高层次的竞争则是文化竞争。对旅游资源的文化挖掘可以通过对旅游资源进行专题化、系统化的开发利用实现。围绕某一专题将各处相关的旅游资源串联起来，可以凸显和深化旅游资源的这一特点，让旅游者对其有更深刻的体会，如温泉旅游、红色旅游、三国专题旅游等。

（二）塑造旅游资源地品牌

旅游地品牌传递着一种承诺，代表着一种难忘的旅游经历，有助于巩固和增强有关目的地愉快经历的回忆。很多的旅游资源作为国内的自然保护区或者国家风景名胜区，都是作为一种品牌的标识被旅游者所认同的。此外国家和各个地方评定出来的风景名胜区，从 A 到 5A 旅游景区、国家历史文化名镇、优秀旅游城市等，它们之所以被广大的旅游者所认同也是由于其旅游资源的品牌效应。

（三）提高旅游资源的附加值

附加值是指在产品原有价值的基础上，通过生产过程中的有效劳动新创造的价值，即附加在产品原有价值上的新价值。它是企业给顾客提供的产品除其核心价值之外的所有质量，这些核心质量之外的价值，正是在一定时期内顾客购买此商品时最期望获得的利益或好处。增加旅游资源附加值的方法有以下几种：

1. 增加服务价值

旅游资源在开发利用的过程中要努力提高服务质量，增加旅游资源的附加值。首先，确立以游客为中心的理念。在旅游资源的开发规划过程中，在旅游项目的设计以及旅游服务配套设施的安排上，要以游客为中心，全心全意为游客服务；同时要让所有工作人员都认识到他们的工资和奖金是游客给予的，从而使真诚为游客服务成为旅游从业人员的自觉行为。其次，各个旅游资源区要制定完善的服务规范和规章制度，包括具体的语言规范、操作规范以及考核奖惩制度等，使服务有章可循、便于操作。最后，要建立一支高素质的服务人员队伍，以保证服务措施的有效实施。

2. 增加旅游资源开发利用的科技含量

在旅游资源开发领域，要注意引进先进的技术，如环境保护技术、旅游资源开发技术、旅游资源管理技术等。很多旅游资源开发由于科技水平不到位，给资源造成极大的破坏；还有很多旅游资源由于科技水平达不到，不得不暂时保持现状，如西安的秦始皇陵。同时，科学技术本身也是一种很好的旅游资源，如各种工业旅游、科技园旅游活动，都将科学技术作为一项很重要的旅游资源。

3. 提高旅游资源的文化附加值

文化消费是现代市场消费的重要趋势，随着人们生活、知识水平的提高，消费不仅仅是维持人的生理机能的行为，同时还是一种文化行为。文化附加值在旅游资源开发中的作用尤为突出，因此要在旅游资源的开发利用过程中，用某种文化来串联各个旅游资源，形成文化主题，使之具有浓厚的文化色彩，从而使游客陶醉其中。

三、旅游资源的再开发可持续利用

旅游资源的开发利用由两部分构成：一是旅游资源初次开发利用；二是已开发利用旅游资源的再开发，可以通过旅游资源整合，改变旅游资源地域组合、线路组合等开发利用的具体方式，增加已经开发的旅游资源的吸引力，实现旅游资源的再开发。对旅游资源进行整合主要包括规划整合、形象整合、产品整合、线路整合。规划整合要与原来的旅游规划相符合，与社会经济发展规划相符合，与环境保护、农业等其他相关规划相一致。旅游规划整合是旅游资源整合开发、整合产品建设、整合营销、整合管理的基础。形象整合要求在某一个区域内，根据旅游资源的总体特点和市场状况，制定旅游资源的利用方向和发展方向，确定区域旅游资源的整体形象，借此整合区域内的旅游资源，使其服从或服务于区域旅游的整体形象，从而形成鲜明的旅游形象，形成有吸引力的旅游目的地。产品整合，是指整合自然、人文、社会、设施等旅游资源，形成观光、度假休闲、科考、特种旅游等综合旅游产品。线路整合，是指利用旅游资源在区位、交通和功能上的联系，将分散的旅游资源组织起来，组成整体旅游线路推出，从而共享客源市场，丰富旅游内容，从而提高对游客的吸引力和旅行社运作的可行性。

【本章小结】

1. 可持续发展是人类对工业文明进程进行的反思，是人类为了克服一系列环境、经济和社会问题，特别是全球性的环境污染和广泛的生态破坏，以及它们之间关系失衡所做出的理性选择。可持续发展理论的基本特征包括追求经济增长的质量、资源的永续利用和良好的生态环境、谋求社会的全面进步。可持续发展理论的基本原则包括公平性原则、持续性原则和共同性原则。

2. 旅游业可持续发展是在保护自然和人文环境下，为旅游者提供高质量的旅游环境，兼顾旅游目的地居民的生活水平，以系统的、协调的、全局的、长远的方式来发展旅游，协调旅游目的地生态环境、旅游目的地社区和居民、旅游者三者之间的关系，使旅游业稳定、健康、可持续发展。

3. 旅游资源的可持续利用是指既满足当代人的需要，又不损害后代人的旅游活动的资源开发和利用。旅游资源可持续利用实际上是一种代际分配合理，部门配置得当，空间布局优化，经济、社会和生态综合效益得到最佳发展的旅游资源利用方式。旅游业可持续利用可以采取的方法有旅游资源的绿色可持续利用、旅游资源的深度开发可持续利用、旅游资源的再开发可持续利用三种途径。

【复习思考题】

1. 旅游可持续发展主要体现在哪些方面？
2. 旅游规划开发中如何做到旅游资源的可持续？
3. 旅游资源可持续与旅游可持续发展的联系与区别是什么？

【案例分析】

大运河可持续发展之路

京杭大运河是世界上开凿最早、里程最长的人工运河。

千百年来，在运河的开挖、修治和使用过程中，由于自然环境和人文因素的作用，在运河区域形成了一条独具特色的文化长廊，积淀了丰富的文化遗产。1855 年黄河在河南兰考铜瓦厢决口，致使京杭运河南北断流，1901 年漕运完全废止。大运河废弃以来的百余年间，由于自然或人为因素，沿河风貌和人文景观都发生了很大变化。目前，除一些重点文物得到较好的保护外，大多数遗产由于缺乏保护资金、认识管理不到位、规划不科学等，保护现状不容乐观：一些河段水质较差，杂草丛生，两岸垃圾随处可见，交通和卫生条件亟待改善；一些附属河工建筑物或因年久失修或因破坏性改造而失去传统风貌；一些目前仍发挥作用的河道也因拓宽或改建，使原有景观遭到人为破坏；部分运河古镇由于不适当开发，历史真实性及风貌完整性遭到破坏。另外，大运河非物质文化遗产的保护现状也不容乐观。随着经济的高速发展，生活水平的不断提高，运河区域大量的风俗信仰、戏曲曲艺、文学歌谣、民间艺术等非物质文化遗产也在日趋消亡，大运河面临严峻挑战，若再不加强保护，大运河的历史遗存和自然生态环境将不复存在。

运河文化遗产作为不可再生的珍贵资源，体现了运河文化区域内所具有的特定历史信息，代表了一种具有独特创造性的历史、文化、艺术和科学成就。但作为一种线型文化遗产，大运河有着跨区域、跨管理单位、历史信息叠加程度高、流动性强、边界模糊的特点，使得运河保护问题十分复杂。因此，如何完整地发掘整理运河文化遗产，科学地保护好、管理好、利用好大运河，是我们必须积极面对的问题，至少应注意以下几点：第一，应摸清运河的文物家底和保存现状，搞好运河文化遗产资源调查。第二，应将运河申遗与遗产保护协调起来，在申遗的大框架下有针对性地保护。第三，注意保护遗产的真实性、延续性与完整性。第四，要建立健全大运河保护的长效机制，这就要求在客观上打破行政界限，在国家层面下设立一个跨区域、跨部门、跨专业的运河保护协调机构，尽快编制和实施保护规划。第五，要加大宣传力度，加强对运河价值、特色的认识与宣传，特别要注意发挥民间团体组织在运河保护宣传中的作用。第六，非物质文化遗存保护应着眼于继承和弘扬优秀的地方文化艺术，注意发掘和保护具有地方特色的传统戏曲、传统工艺、传统产业、民风民俗等。第七，运河遗产可在保护的前提下进行合理的开发利用，要在深入调查的基础上，制定详细的保护开发规划，注意挖掘文化内涵，合理有效地配置资源，避免只注重开发而轻视保护的做法。总之，加强运河文化研究及保护，既是大运河申遗的迫切需要，也是运河区域经济文化建设的内在要求。运河文化遗产保护要以科学发展观为统领，正确处理好保护与改造的关系，既要注重保护历史文化资源的真实性、风貌的完整性，又要注意科学利用和合理开发，而运河文化遗产的开发利用必须建立在切实保护好的基础之上。

分析内容：运河遗产在旅游发展过程中如何实现可持续发展？除了实例中提到的方法之外，是否还有其他方法？

策划编辑：段向民
责任编辑：段向民
责任印制：冯冬青
封面设计：何　杰

图书在版编目（CIP）数据

旅游资源开发与管理 / 邓爱民，张大鹏主编 . --北京：中国旅游出版社，2016. 2（2018. 7 重印）

中国旅游业普通高等教育应用型规划教材

ISBN 978-7-5032-5443-7

Ⅰ. ①旅… Ⅱ. ①邓… ②张… Ⅲ. ①旅游资源开发—高等学校—教材 ②旅游资源—资源管理—高等学校—教材 Ⅳ. ①F590. 3

中国版本图书馆 CIP 数据核字（2015）第 265684 号

书　　名：旅游资源开发与管理

主　　编：邓爱民　张大鹏
出版发行：中国旅游出版社
（北京建国门内大街甲 9 号　邮编：100005）
http：//www. cttp. net. cn　E-mail：cttp@ mct. gov. cn
营销中心电话：010-85166503
排　　版：北京旅教文化传播有限公司
经　　销：全国各地新华书店
印　　刷：河北省三河市灵山芝兰印刷有限公司
版　　次：2016 年 2 月第 1 版　2018 年 7 月第 2 次印刷
开　　本：787 毫米×1092 毫米　1/16
印　　张：15. 25
字　　数：320 千
定　　价：36. 80 元
I S B N　978-7-5032-5443-7
